いま宗教に向きあう 3

世俗化後のグローバル宗教事情

世界編 I

いま宗教に向きあう 3

世俗化後のグローバル宗教事情

世界編 I

責任編集 藤原聖子

岩波書店

目　次

装丁＝森　裕昌

序論　二〇世紀から二一世紀への流れ

藤原聖子

本シリーズ・世界編のイントロダクションとして、二一世紀に入るまでの世界の宗教事情、言い換えれば「近代化の過程で宗教はどう変化したか」について、これまでどのようなことが言われてきたかをまとめておく。言うまでもなく地域的多様性は存在するのだが、宗教社会学者たちは大きな流れについてあえて理論化を試みてきた。以下ではその大よその共通理解を図化して示した後、本巻の各章をその中に位置づけながら紹介する。また、本序論の直後に置いた【争点1】では、「世俗化」をめぐる論争を、二一世紀に入ってから参入したハーバーマス、ベック、テイラーらの議論をも含めて整理する。

一　近代化の過程で宗教はどう変化したか

二〇世紀の宗教の変化に関するマスターナラティヴは次のようなものである。

二〇世紀中ごろまでは、宗教は近代化とともに衰退すると予想されていた。だが世紀後半には、一方では先進国の対抗文化運動期に、新宗教運動やニューエイジ運動と呼ばれる新たな種類の宗教が台頭し、他方ではイラン・イスラーム革命やアメリカのプロテスタント福音派に代表される、原理主義や復興運動と呼ばれる伝統的宗教への回帰現象が起こった。冷戦終結後は、旧共産圏でもこれらの二種の宗教運動が見られるようになった。科学が発達すれば宗教は消滅するという単純な考え方はもはや全く通用しなくなっている。

類型化するならば、近代化に対する宗教の対応は、Ⓐ順応する(宗教も近代的特徴を獲得する)、Ⓑ批判・抵抗する、に分かれ、Ⓑにはさらに(a)近代を超えようとする、(b)伝統に戻ろうとする、の二パターンがある。これらを順に「近代派」「超近代派」「伝統回帰派」と名づけ、時間軸と組み合わせたのが**図**である。近代派から順に流れを説明しよう。

近代派は、宗教がリベラルな近代的価値観に適合するよう、教義や組織形態を変化させるケースである。欧米諸国では一九世紀以降、顕著になった変化であり、非欧米圏でも列強諸国の影響下、都市部を中心に見られるようになる現象である。

キリスト教であれば、聖書中の奇跡に関する記述やイエスを神かつ人であるとする三位一体論すらも、非合理・非科学的であるとして距離を置いたり、女性や同性愛者の聖職者を認めたりといったことがとくに進歩的な特徴になる。ユダヤ教やイスラームであれば戒律遵守に柔軟になる、ヒンドゥー教であれば集団的な儀礼・慣習よりも個人の内面的信仰を重視するといったことが目立つ特徴である

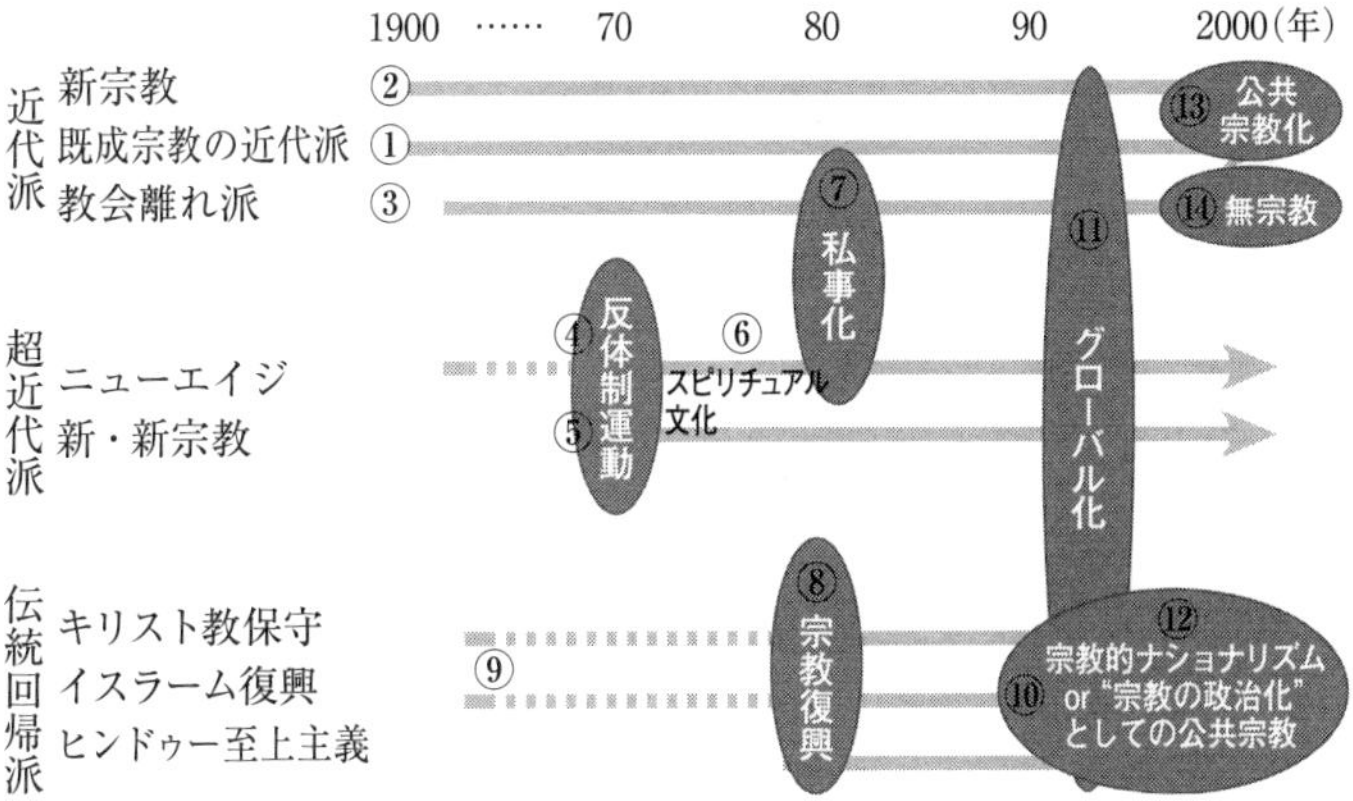

図 近代化に対する宗教の対応

注：各楕円はとくにその現象が顕著になった時期を指す（それ以降は消滅するということではない）．点線部分はそれぞれの運動の先行形態が遡って存在することを示す．なお，本文中で説明するように，「新・新宗教」は日本のネーミング．英米ではこれが狭義の新宗教（NRM）になる．

［図の①］。

キリスト教の中で、イエスは人間だと割り切り三位一体論を否定するユニテリアン派が、自他からもはや「キリスト教ではない」と認識されることがあるように、近代派の中には新たな教団を立ち上げる者もいる。一九世紀にキリスト教から派生し、通常、新宗教と見なされる教団の一例にアメリカ生まれのクリスチャン・サイエンスがある。名称からして宗教と科学の融合を図るというこの教団は、それだけでなく、人間の原罪を強調する伝統的プロテスタントに比べ、ポジティヴ・シンキングに通じる楽観的な人間観・救済観を持つという点でも近代的な特徴を示す［②］。M・ヴェーバーを踏まえれば、近代化の起点では、現世否定度が極端に強いカルヴィニズムの（パラドキシカルな）影響があったとしても、一九世紀には人間も社会も進歩すると信じる現世肯定的な世界観がプロテスタントの内外から広がったのである。

しかし、近代化の影響はまた、宗教が時代に即応した改革を行い、活性化を図るという方向ではなく、信者が教会に行かなくなる、地域コミュニティの中で教会の影が薄くなるという逆の方向にも現れる[③]。この後者の現象の広がりを指して、宗教が衰退している、社会が世俗化していると学界で言われるようになるのが一九六〇年代である。

ところが、時をおかずに、また新たな宗教運動が注目されるようになる。産業化による環境破壊や管理社会化に異議を唱える欧米先進国の反体制的運動から、ヨガや禅といった瞑想に傾倒するヒッピーの若者たちが現れた。科学万能主義に反発し、科学では解明できない神秘の世界を希求し、無機質化する社会の中には自己の存在意義を見出せないと感じた彼(女)らは、既存のユダヤ・キリスト教とは異なるタイプの宗教に魅力を見出したのである。アジアの宗教やシャーマニズムなどの先住民の宗教文化や、オカルト・神秘思想の類を吸収し、西洋近代合理主義を超える新時代(アクエリアスの時代)を切り開こうとするこの運動は、ニューエイジと名づけられた[④]。このような対抗文化的宗教運動は、個々人で実践される場合もあるが、凝集性の高い教団の形をとることもあり、後者は狭義での「新宗教運動」(New Religious Movements, NRM)となる[⑤]。一九世紀に興った、前述のクリスチャン・サイエンスやモルモン教(末日聖徒イエスキリスト教会)がキリスト教系の新宗教であるのに対し、この時代を代表する、インド人のグルが率いるラジニーシ教団やハレー・クリシュナ教団などは欧米社会にとってさらに新奇なものと受け取られたためである(日本ではこれに対応する教団は「新・新宗教」とネーミングされたが、欧米社会では新宗教というとまずこれらのアジア系教団やサイエントロジーのようなＵＦＯ

／心理学系教団を指す)。

ニューエイジ運動は対抗文化期には既成社会に真っ向から対立するものだったが、その後、一九七〇―八〇年代になるとメインストリーム化し、消費文化に取り込まれていく。ビジネスパーソンが自己啓発法の一つとして座禅を組む、あるいはZenがアジアン・テイストの癒しグッズを指す流行語になるといったように。そのような組織の形をとらない、個人化した宗教的関心、とくに「自分探し」「自己実現」「癒し」「ヒーリング」をキーワードとする宗教文化は「スピリチュアル」(スピリチュアリティ)と呼ばれるようになった〔⑥〕。その担い手には、かつてヒッピーだった人たちだけでなく、近代派の中で教会とは疎遠になった人たちもいる。何教徒かと聞かれれば、「クリスチャンだ」とは答えるが、実態は日本でいう「無宗教」に近く、自宅で人生哲学的宗教書を読んだり、ヒーリングミュージックを聴いたり、マクロビオティック食品(西洋近代医学とは原理を異にする健康法の一つ)を愛用していたりといった人たちである。宗教集団類型論上は、かつてE・トレルチが、「チャーチ」「セクト」に対して立てた「神秘主義」(中世キリスト教神秘主義ではなく、神秘思想に関心を持つ人たちによる緩やかなネットワークのこと)という類型に該当する。トレルチの周囲、すなわち二〇世紀前半のヨーロッパでは、S・ゲオルゲやR・シュタイナーを中心とした知識人サークルがこれに当たったが、この時代はそれが大衆文化化したということである。

そのようなスピリチュアル文化も、源流をたどれば一九世紀後半にもその前身を見出すことができるのだが、一九七〇―八〇年代には、これが宗教の「私事化」現象として研究対象になっていった〔⑦〕。早くはT・ルックマンがそれを「見えない宗教」と名づけ、宗教は近代化とともに衰退するのではなく、個人化・内面化しつつ生き延びるのだという予想を立てたが、一九八〇年代にその風潮を問題化したのはR・ベラー『心の習慣』だった。この書に事例として登場するアメリカのセラピー好きの若い看護婦、シーラ・ラーソンは、自分だけの信仰、「汝自身を愛せ、汝自身に優しくあれ、汝らたがいに気遣いあうべし」という信条を「シーライズム」と名づけるのだが、ベラーはそれを不健全な個人主義であると批判した。人それぞれに充実した生を営めばよいとするシーラたちの考えは、ベラーにしてみればミーイズムで、コミュニティを衰退させるものだったからである。

こういった、ニューエイジからスピリチュアル文化への流れはまた、ベラーとは政治的立場を異にする保守派からも批判を受けるようになる。対抗文化運動がもたらした自由な生き方は、モラルを軽んじ、善悪の区別を相対化してしまうという危機感を持った人々が、近代化する以前の伝統的宗教を理想化するようになった⑧。アメリカでは、聖書の記述を文字通り信じ、伝統的家族形態と道徳を重んじる保守的なプロテスタント(福音派)が一九七〇年代の末から増え始めた。イスラーム圏でも、一九七九年のイラン革命を皮切りに、欧米社会のリベラルな価値観をよしとせず、伝統的なイスラームにもとづいて社会秩序をたてなおそうとするイスラーム復興運動が勃興した。ただし、その「イスラームらしさ」の解釈が全く一律ではないことは、欧米社会で保守的イスラームを象徴する女性のヴェールやイスラーム服が、地域によって多様な展開を示してきたところなどに現れている。

これらプロテスタント保守派やイスラーム復興運動を代表例とする伝統回帰現象は、当初、宗教的原理主義(ファンダメンタリズム fundamentalism)と呼ばれた。現在は、偏見を含むとして学術的には用いられなくなっているが、この呼称が生まれた一九二〇年代には、先駆的な形態がアメリカでもイスラーム圏でも現れた。アメリカでの反・進化論教育運動(スコープス裁判)やエジプトのムスリム同胞団の結成である[⑨]。この時期の回帰現象に比べると、一九七〇年代末から今日に続く保守派の特徴は、政治化が著しく、政教一致社会の実現を目ざしているところにある。イスラーム復興運動は一九二〇年代の時点でも、植民地支配からの独立運動と結びついており、政治的ではあったが、ムスリム同胞団などは政権に就くことがなく、地下組織化した。それに対して、現在の伝統宗教復興は、アメリカであれば人工妊娠中絶の違法化、同性婚制度化への抵抗などの政治的活動として拡大し、イスラーム圏でもシャリーア(イスラーム法)を復活させるイスラーム革命や、トルコの公正発展党などの(親)イスラーム政党の活発化が続いている。

二一世紀に入ってからは、こういった政治的なイスラーム復興を「イスラーム主義」(Islamism)と呼ぶことも一般化した。宗教は本来的に政治とは別物である・あらねばならないとするのが、西洋近代的リベラリズムの見方に過ぎないと考えれば、そのような前提を持たないイスラームについて、「政治化した」という表現を使うのはカテゴリー錯誤だという異論があるかもしれない。これについては【争点2】で敷衍するが、ここでの「政治化」とは、主として体制派よりも非体制派が、何らかの政治的要求を掲げて活発に活動することで可視化するさまを表している。

イスラーム主義は、中東圏であれば、世俗的なアラブ・ナショナリズムに代わる、民族集団を超える統合原理となっているが、逆に伝統宗教の復興が民族主義に結びつく場合もある。ヒンドゥー至上主義とも呼ばれるインドのヒンドゥー・ナショナリズムや、批判者側からは日本の国家神道復活の動きと目される、神道政治連盟や日本会議はその例になる。アメリカのプロテスタント保守派も愛国主義的・排外主義的である。紛らわしいことに、この分野の研究を先導してきたM・ユルゲンスマイヤーは、イスラーム主義タイプもヒンドゥー・ナショナリズムタイプもまとめて「宗教的ナショナリズム」と呼んできた[⑩]。この「宗教的ナショナリズム」は宗教的原理主義の言い換えなのである。

冷戦が終結し、一九九〇年代に入ると、グローバル化が、かたやアメリカの一極支配として、かたや移民問題として問題化されるようになる。そのようなグローバル化は、インターネットというメディアの拡大を通して、宗教の近代派・超近代派・伝統回帰派のすべてに異なる影響を与えていった[⑪]。その説明としてもっともありふれたものは、グローバル化への反動として伝統回帰派を位置づけるもの、すなわち、グローバル化により個人・集団のアイデンティティや生活基盤が揺らぎ、結果として伝統回帰や排外主義が進んだとするものである[⑫]。二〇〇一年アメリカ同時多発テロ事件については、その背景として、アメリカの親イスラエル中東政策や中央アジアでのソ連との確執といった以前からの問題に加えて、一九九〇年代に加速したアメリカの経済的覇権に対する反発や、中東出身の実行犯が欧米社会で受けた疎外経験が指摘されてきた。つまり、政治的なイスラーム主義の運動にグローバル化が拍車をかけた、伝統回帰派が過激化したということである。

宗教の政治化という現象は、宗教が個人の心のよりどころに留まらず、社会的な影響力を持つようになったことを示している。グローバル化、市場原理を至上とする新自由主義が世界的に格差を拡大していく中で、社会的公正の実現のために、政治活動のみならず社会事業など何らかのアクションを起こすようになったのは、伝統回帰派に留まらない。地域コミュニティの再生やオルタナティヴなコミュニティの創造を目ざして、近代派や超近代派からもネットワークを積極的に構築・活用するということが起こる。いずれも、近代化の過程で起こった宗教の「私事化」に対する反対方向の動きである。これを「公共宗教」(public religion)化と呼ぶことが、J・カサノヴァの一九九四年の主著以降、浸透した⑬。

他方、伝統回帰派の過激化は、宗教に嫌悪感を持つ人々も増やしていった。二一世紀に入ってからは著名な科学者を中心とする「新・無神論者」(New Atheists)による宗教批判が話題になる。そこまで攻撃的でなくとも、統計調査の類で、自分は何教徒でもない、と積極的に「無宗教」の選択肢を選ぶ人が欧米諸国で増えだした、あるいはそのような人は国によっては二〇世紀から一定数存在したのだが、彼(女)らが、二一世紀に入ってから学術的研究の新たな対象になり始めた。前述のスピリチュアルな人たちよりも、さらに積極的に、無宗教というアイデンティティに意味を見出した人たちということになる⑭。

このような無宗教を自認する人は、世論調査で宗教帰属は「なし」の欄を選ぶというところから、「ナン(ズ)」(None(s))と総称されている。ナンズがどのような年齢・社会階層で、どのような政治・社会観を持つのかは国によって異なり、たとえばアメリカのナンズには、無宗教だが神の存在は信じているという人が多く、政治的にはリベラルで、若者に増加中であるのに対し、イギリスのナンズにはこれといった共通特徴がなく、とくに階級・ジェンダー・政治意識との相関関係はないといった指摘がなされている。さらに言えば、無神論・無宗教者の増加は欧米先進国のみの現象ではなく、たとえばインドでは、ヒンドゥー・ナショナリストとムスリムの対立が深刻化する中、無宗教が一番だという人が増えているという研究報告(1)がある。

二　本巻の構成

　以上の流れを踏まえ、本巻は、「伝統的宗教の復興／変容」「新宗教運動・スピリチュアリティの現在」「グローバル化とダイバーシティ」の三部から構成されている。部のタイトルからは、第一部が見取り図の「伝統回帰派」、二部が「超近代派」、三部が図の⑪に対応しているように見えるが、二一世紀の個々の事例を位置づけようとすると、もはや単純に図のどこかに一対一対応するわけではないことが章から章へと進むほどにわかる。同じ団体が近代・超近代・伝統回帰という三種の特色を状況によって使い分けたりしているのである。

　第一部は、イスラーム・ユダヤ教・キリスト教・道教といった伝統的宗教が、二〇世紀後半から現在にかけてどのように変化しているかを具体的に描き出している。いずれも一部の先鋭的集団のみに注目するのではなく、多くの信者を巻きこむ動きをカバーしている。対象地域に関しては、イスラーム復興[⑧]後、また冷戦終結後の動向を追うという観点から中東、東南アジア、東欧・ロシア、中国に焦点を絞っている。

　第二部は、新宗教の例として日本でもよく知られる統一教会(世界平和統一家庭連合)から始まるが、この教団を韓国の伝統的宗教文化の文脈からとらえるという新しい試みである。九〇年代以降、共産主義という敵を失うことにより一種の伝統復興を起こしたのである。第8―10章は教団の形をとらない非制度的宗教の展開を取り上げているが、それぞれ二〇世紀のニューエイジ・スピリチュアル文化の代表的な現象[④]とは異なる特徴――英米ではなく独・北欧での、しかも保守・反動的展開や、フィクションという表現形式――に注目している(2)。

第三部は、グローバル化とともに爆発的に拡大しているキリスト教・ペンテコステ派の南米での状況(第11章)、ヨーロッパに比較すればダイバーシティの先進国であるアメリカがどのような共存の方法を模索しているか(第12章)を分析し、さらにグローバル化を推進してきたインターネットの宗教への影響を振り返るとともにダイバーシティの対象をＡＩにまで広げて論じていく(第13章)。

注

(1) Johannes Quack, "Organised Atheism in India: An Overview," *Journal of Contemporary Religion*, Volume 27, Issue 1, 2012.

(2) 英米新宗教教団(ＮＲＭ)の現状については、信者高齢化の影響を論じた次の論文を参照。アイリーン・バーカー「新宗教における高齢化の問題――老後の経験の諸相」(高橋原訳)『現代宗教２０１４』国際宗教研究所、二〇一四年。

参照文献

カサノヴァ、ホセ　一九九七、津城寛文訳『近代世界の公共宗教』玉川大学出版部(原著出版一九九四)。

ケペル、ジル　一九九二、中島ひかる訳『宗教の復讐』晶文社(原著出版一九九一)。

ベラー、ロバート他　一九九一、島薗進・中村圭志訳『心の習慣――アメリカ個人主義のゆくえ』みすず書房(原著出版一九八五)。

ユルゲンスマイヤー、マーク　一九九五、阿部美哉訳『ナショナリズムの世俗性と宗教性』玉川大学出版部

（原著出版一九九三）。
ルックマン、トーマス　一九七六、赤池憲昭、ヤン・スィンゲドー訳『見えない宗教——現代宗教社会学入門』ヨルダン社（原著出版一九六三）。
Baker, J. O. and B. G. Smith 2015, *American Secularism: Cultural Contours of Nonreligious Belief Systems*, NYU Press.
Clarke, P. 2006, *New Religious Movements in Global Perspective*, Routledge.
Heelas, P. and L. Woodhead eds. 2005, *The Spiritual Revolution: Why Religion Is Giving Way to Spirituality*, Blackwell.

【争点1】 結局、宗教は衰退したのか、していないのか?

藤原聖子

序論で示したように、二一世紀には、公共宗教化も無宗教化も同時展開している、すなわち、宗教が社会的影響力を再獲得したという指摘も、さらなる宗教離れが起こったという指摘もなされているのである。結局のところ、世界的には宗教は衰退したのか、していないのか。

英米宗教社会学の世俗化論争

この問いは、「社会は世俗化し続けているのか、それとも世俗化は終わったのか」という「世俗化論争」として、この半世紀余り宗教社会学を賑わせてきた。現在は、「世俗化説は誤りであった」という意見の方を聞くことが多い。この場合、「世俗化説」とは、「近代化とともに宗教は不要になり、消滅に向かう」という説を意味し、それが「誤りだった」とは、その予測が、二〇世紀後半以降に宗教復興が起こったという事実により、外れたということを指す。そのように世俗化説を批判する学者から、二一世紀を「ポスト・世俗(化)の時代」であるとする声も二〇〇〇年代半ばによく聞かれるようになった。

しかし、この論争は決してきれいに決着がついたわけではない。おそらく議論が対立・錯綜するその根本的な原因は、「宗教は衰退しているのか」は、「宗教」の定義次第で、「衰退」も解釈次第で変わってしまうことにある。そうであれば、世俗化説は、立証も反証も不可能なテーゼになってしまう。J・

カサノヴァは、定義のずれにより不毛な議論を繰り返すことがないように、世俗化現象を三種に分類整理してみせた。すなわち、(1)社会の機能分化、(2)宗教の衰退、(3)宗教の私事化、である。(1)は、政教一致から政教分離体制への移行を典型とするように、政治・経済・教育・医療等の機能を、宗教組織ではなく世俗的機関が持つようになる現象を指す。生活レベルでは、伝統社会においては教師・医師・弁護士の役目も果たしていた村の牧師の仕事が、日曜に教会で礼拝をとり行うのみになるといった変化のことである。宗教の社会の中でのプレゼンスが減少していくことになる。(2)は、その日曜礼拝に出席する人も減っていくという現象である。(3)は序論で述べたように、教会に行かなくなった人が、家で好みの宗教書を読んでいるというケースである。カサノヴァは、(1)の意味での世俗化は不可逆だが、(2)と(3)には反証があるとした。典型的には、アメリカの福音派がメガ・チャーチと呼ばれる巨大な教会に信者を集めている、さらに政治的・社会的な影響力を持つといったことが(2)と(3)の反証にあたる。

それに対して、いや、アメリカが特殊なのであって、ヨーロッパでは依然として(2)や(3)の意味での世俗化も進んでいるという学者たちもいる。だがこれに対しては再反論も可能である。たとえば教会出席率が低下し、私事化するというのは、宗教が縮小しているとも言えるが、これを宗教の純粋化であると肯定的にとらえる人もいる。つまり、宗教はいったん教団を構えると、次第に組織を維持することの方が目的化し、信者が利用されるということが起きがちだから、個人が私的に自由に信仰しているという姿は、宗教が進歩したということではないかという意見である。あるいは、私事化の結果、教会出席者は減ったがスピリチュアル文化は広がったのかを調べるとして、たとえば占いをやる人が国民の一〇%いるという調査結果が出た場合、それは「一〇%しかいない」から大したことはないととるべきなのか、科学教育が徹底されていても「一〇％もいるとはすごい」ととるべきなのか。

さらには、教会に行かなくなったという現象を、本当に信仰心の低下の指標としてよいのだろうか。比較のために、日本のコンテキストでは教会出席率を墓参り率などに置きなおして世俗化が起こっているかどうかを測定しようということが試みられてきた。しかし、墓参りに行かなくなるという現象は、宗教的信仰が薄れた結果なのか。家族で一緒に行事をするということがなくなったという、家族形態や人間関係のあり方の変化に起因する部分も大きいのではないか。そう考えていくと、欧米社会の教会出席率の低下の方も、信仰心の低下の証拠だとは一概に言えなくなってくる。かつてのクリスチャンは信仰が強いから教会に通っていたのか。親戚や知り合いも来るからとか、子どもの躾のためにといったことではなかったのか。

つまり、たとえ教会出席率やスピリチュアル・グッズ所有率について確かなデータがとれたとしても、それらのエビデンスを積み重ねれば「社会全体が世俗化した・していない」と結論づけられるかというと、そう単純にはいかないのである。カサノヴァが不可逆だとした⑴の機能分化についても、ＩＳ（イスラム国）の誕生は真っ向からの反証になるのだが、これについてもＩＳはフェイクだからと無視したり、あるいは少なくとも欧米社会は分化したままだから世俗化説は間違っていないという開き直りも出たりするのである。さらには、「機能」という言葉もくせものである。「宗教」をキリスト教やイスラームム、あるいはスピリチュアル文化に限定せず、宗教的機能を果たしているものなら何でも「その人にとっては宗教だ」という言い方を可能にしてしまうからである。たとえば、音楽ファンにとってはひいきのミュージシャンが教祖の役割を果たし、その音楽が生きがいになっている、といったように。

もう一つ、見解が分かれる原因として、論者によって世俗化を判断するときのタイムスパンが異なるということもある。宗教意識に関する世論調査が始まるのは早くても半世紀前であるため、その中の期間での数値の増減を証拠に、「宗教は衰退した、していない」と論じる者もいれば、もっと長期的な視座から論じる者もいる。後者の中には、宗教集団は時間とともに体制化し活気を失うので、新たな吸引力ある小集団が生まれるということが繰り返されるのだ（「チャーチ」→「セクト」→「チャーチ」→「セクト」のサイクル）という見解もある（R・スターク）。この説においては、数十年の世論調査の比較によって「近代化のために宗教が廃れた」とする意見は、サイクルのうちの一部分（＝もっとも最近の「チャーチ」→「セクト」の部分）のみを見て判断しているだけだと批判される。

以上の議論を踏まえると、世界的に宗教は衰退したのか、していないのかという問いを続けることは生産的ではない。意味があるのは、世俗化論争の中で出された個々の論点やモデルを活用して、あるいはそれらへの批判を通して、近代化の過程で宗教に何が起こったかを個別事例に即してとらえていくことであろう。

この方針に立つと、世俗化論者の大御所であるK・ドベラーレによる整理は、カサノヴァの前掲の分類とともに今なお参照価値がある。彼は世俗化をマクロ、メゾ、ミクロのレベルに分けて論じた。マクロレベルの世俗化とは、カサノヴァの⑴に対応し、制度的宗教（類型論でいう国教的「チャーチ」）が、政治・経済・教育などの社会の諸システムを支配することがなくなった状態を指す。この世俗化は「ライシテ化」とも呼ばれる。ライシテはフランスの政教分離制度を指す言葉として知られているが、分析概念としては特殊フランス的なものではなく、世俗化のこの部分、とくに国家機関と宗教制度の分離を指す。メゾレベルの世俗化とは、個々の教会などの宗教組織が、世俗社会に順応する様を指す。たとえばある村のクリスマスの飾りつけのキャラクターが、突然ディズニーに代わったというような変化である。ミクロレベルの世俗化は、カサノヴァの(2)(3)を、個人の信仰や実践に起こることであるという面を明確にした見方である。ドベラーレはこのレベルの世俗化を「信仰心の低下」としてとらえると、前述のように議論が泥沼化するため、それよりも教会のような宗教的権威が個人の信仰や実践に対するコントロール力を失った状態としてとらえるべきだと述べている。

ドベラーレはまた、マクロレベルの世俗化には「顕在的世俗化」と「潜在的世俗化」があるとした。顕在的世俗化は、典型的にはフランスのようなカトリック教会の教権支配が強かった社会で、法律上の変更により、聖職者には公立校や公的社会事業から退いてもらうという変化を指す。最近では、中絶や安楽死の合法化への動きは、これらを禁じるキリスト教伝統からの分離という点で、顕在的世俗化の例になる。潜在的世俗化は、たとえば時刻を知らせるのが、教会の鐘ではなく市庁舎の時計に代わり、宗教的に意味のない時間を厳密に刻んでいくという現象を指す。

世俗化論の広がり

ドベラーレやカサノヴァの議論は、イギリス・アメリカの宗教社会学で展開されてきた世俗化論争である(ドベラーレはベルギー人だが、イギリスの学者と共同研究を行った)。これとは別に、ドイツには独自の世俗化論争が一九六〇年代から存在する。英米の世俗化論争と接点がないのは、ドイツの論争は「政治神学」のカール・シュミットとハンス・ブルーメンベルクの間で行われた、哲学的な議論だからということがある。また、シュミットの「近代国家論の枢要な概念はすべて世俗化された神学的概念である」という世俗化のテーゼが意味しているのは、「近代化において社会は脱宗教化した」ということではなく、むしろその反対に「近代社会は実のところキリスト教をひきずっているのだ」ということなので、英米宗教社会学の世俗化説とは主張が反対であり、絡みようがなかったのである。ところが、二一世紀に入り、序論で述べたように実社会の「政治化する宗教」に関心が集まると、シュミットの政治神学論にも新たな光が当たるようになる。シュミットの議論には、英米の宗教社会学者は、世俗化説の支持者であろうと批判者であろうと、暗黙の裡に(宗教は本来的に政治とは別であるとする)リベラリズムの観点から歴史をとらえているのではないかということに気づかせる力があるからである(英米でこれと似た観点を持つ者には、イスラームや中世キリスト教と近代リベラリズムを対照することで後者を相対化する、人類学者のT・アサドがいる)。

同じドイツで、社会学者だが(英米の学者から見ると)実証的な方法によらずに二一世紀に入ってから世俗化を論じている者に、J・ハーバーマスやU・ベックがいる。ハーバーマスの言う「ポスト世俗化」社会とは、これもまた英米宗教社会学者とはずれており、世俗化の後に復興した政教一致社会のことではない。むしろ社会が欧米流の政教分離を果たしていることが前提であり、そのような民主主義社会が宗教とどう共生するか、とくに政治的意思決定に多様な宗教の信者の声をどう反映させるかということが論じられている。ベックの『〈私〉だけの神』もまた、そこで説明される宗教の個人化現象は、ルックマン以来の私事化説と大同小異だが、問題関心はハーバーマスと同じく、二〇〇一年以降顕著になった宗教(と)の共存という新たな課題である。彼の言う「コスモポリタン化」(グローバル化の一つの帰結として、どの宗教に対しても寛容になること）については類似の諸概念とともに【争点4】で述べる。

もう一人、二一世紀に入って「ポスト・世俗」論の文脈でしばしば引き合いに出されるようになったのは、政治(哲)学者C・テイラーである。彼は、近代化の過程を宗教の衰退・復興といった「量」の観点からではなく、神を信じるということが非自明化し、一つの選択肢になったという「信仰の条件」の変化として見る。信じる者・信じない者双方に共通する世界のとらえ方が、「超越的枠組み」から「内在的枠組み」に変わることである。これは、前述のドベラーレが挙げた教会の鐘と市庁舎の時計が象徴する変化にあたる。近代以前は、神という超越的存在に依拠して社会生活が営まれ、為政者が権威づけられていたが、近代化において脱呪術化・政教分離が起こる。ところがそれによって宗教は公共生活から追い出されたのではなく、むしろ国家・民族が政治的アイデンティティを形成する上で宗教を使うという、力関係の逆転が起きる。俗なる時間の中で暮らしながら「我が国は神の国」と言う人たちがいるのが現代だと言うのである。このように宗教と近代的ナショナリズムの結合した状態を、彼は「新・デュルケーム的社会」、さらに宗教社会学で言うところの私事化段階(序論の**図**の⑦)を「ポスト・デュルケーム的社会」と呼んでいる。

以上のような世俗化論争は本巻だけでなく、シリーズ全体の前提となっている。

参照文献(序論の参照文献に加えて)

ウィルソン、ブライアン　一九七九、井門富二夫・中野毅訳『現代宗教の変容』ヨルダン社(原著出版一九七六)。

テイラー、チャールズ 二〇一一、上野成利訳『近代——想像された社会の系譜』岩波書店（原著出版二〇〇四）。

バーガー、ピーター 一九七九、薗田稔訳『聖なる天蓋——神聖世界の社会学』新曜社（原著出版一九六七）。

ハーバーマス、ユルゲン、ヨーゼフ・ラッツィンガー 二〇〇七、三島憲一訳『ポスト世俗化時代の哲学と宗教』岩波書店（原著出版二〇〇五）。

ベック、ウルリッヒ 二〇一一、鈴木直訳『〈私〉だけの神——平和と暴力のはざまにある宗教』岩波書店（原著出版二〇〇八）。

ボベロ、ジャン 二〇〇九、三浦信孝・伊達聖伸訳『フランスにおける脱宗教性《ライシテ》の歴史』白水社（原著出版二〇〇〇）。

マクガイア、メレディス 二〇〇八、山中弘・伊藤雅之・岡本亮輔訳『宗教社会学——宗教と社会のダイナミックス』明石書店（原著出版二〇〇二）。

Dobbelaere, K. 2002, *Secularization: An Analysis at Three Levels*, Peter Lang.

Taylor, C. 2007, *A Secular Age*, Harvard University Press.

De Vriese, H. and G. Gabor eds. 2009, *Rethinking Secularization: Philosophy and the Prophecy of a Secular Age*, Cambridge Scholars Publishing.

一　伝統的宗教の復興／変容

【争点2】 イスラームはテロを生む宗教なのか？

藤原聖子

二〇一四年から一五年にかけて、シリアとイラクを跨ぐIS（イスラム国）に関する報道が増えるにつれ、「あのような残忍な人たちはムスリムとは言えない。「イスラム国」という呼称を使うのはやめてほしい」という声が、国内外のイスラーム団体から上がるようになった。ふりかえれば、オウム真理教の地下鉄サリン事件の後も、少なからぬ人たち、とくに宗教家が「オウムは仏教ではない、宗教ですらない」と主張するということがあった。

だが他方で、オウム真理教は現代日本社会の何らかの側面を反映しており、信者は決して特殊な人たちではないという社会批評もあった。それを考えればISについても、過激ではあるが現代イスラームの一つの姿だと言ってもよいのだろうか。

事はそう簡単ではない。オウム真理教事件時、「私もまかりまちがえばオウムに入っていたかもしれない。若者たちの入信動機が少しわかる気がする」と言う人がいても、それによってその人が社会から追い出されることはなかったし、ましてや「日本人はみな潜在的オウム信者だ」、と日本人が他国から入国禁止対象になることはなかった。それに対して、とくに二〇〇一年以降、ムスリムがマイノリティである社会ではムスリム差別が深刻である。このような状況があることを鑑みれば、「ISはイスラームではない」とイスラーム団体は主張し続けざるをえないのだということに対して理解が必要である。

よって、ISやアルカーイダなどの「過激」視される組織について、それはイスラームなのかどうかという問いに答えを出そうとするのは、論理的に困難であるだけでなく（というのも、それは「イスラーム」や「宗教」の定義次第という面があるため）、倫理的にも問題なのである。[1] 関連する二つの争点についてさらに考えてみよう。

イスラームの「政治化」という形での宗教復興はなぜ起こっているのか？

イスラーム復興自体は、一九七九年のイラン・イスラーム革命後に顕著になる世界的なムーブメントである。しかし、伝統的なイスラームに回帰しようとするムスリムたちは必ずしも「政治化」するわけではない。つまり、政教一致のイスラーム社会を樹立すべく、現政権を倒そうという政治運動（「イスラーム主義」）を展開するわけではない。むしろそれを武力で成し遂げようとする急進派（「過激派」「ジハード主義者」）は割合としては小さい。では、「政治化」するムスリムはなぜそうなったのか？

これについては、西洋近代的な、政教分離を是とする世俗的民主主義がグローバル・スタンダードになることに対する反発だとする説がある。西洋の猿まねはおかしいと思うムスリムたちが、シャリーア（イスラーム法）に基づく社会の回復を強く求めるようになったという説明である。実際、現在のジハード主義に影響を与え続ける思想を二〇世紀初頭に打ち立てた、ムスリム同胞団のイデオローグ、サイイッド・クトゥブは、エジプトが西洋的近代化路線を歩む中、西洋的民主主義を批判した。それは人間が考えた政治体制であり、神が与えた法であるシャリーアに比べて不完全である、現に欧米社会の社会問題は一向に解決していないではないか、と言ったのである。

政教分離制は、プロテスタントのリベラル派と親和的である。近年の研究、とくにポスト・コロニアル批評の流れの中では、政教分離制の前提である、「宗教」と「政治」を本来的に別物とする理解は、キリスト教の近代的な形態であるリベラル・プロテスタントから来たものであるという議論がなされてきた。その代表は人類学者T・アサドである。政教一致を掲げるムスリムを時代錯誤とするような見方は、プロテスタント的宗教観に無自覚に立ち、その規範を他者に押しつけているとする批判である。

他方、むしろイスラーム過激派はイスラームがプロテスタント化した姿であるとする説もある。この場合、プロテスタント化とは、精神主義的宗教性、すなわち儀礼・慣習的な民間信仰の要素をそぎ落とし(「脱呪術化」)、「信仰のみ」「聖典のみ」に宗教性を限定することを指す。欧米社会の移民二世で突然イスラーム復興運動に目覚める若者たちは、ムスリム生活共同体から分離したまま、イスラームをもっぱら観念的なものとしてとらえるため、信仰を外的に表現しようとすると、一足飛びに政治運動に走ってしまうという意見である。日本ではイスラーム法学者の中田考に見られ、宗教学ではアメリカのB・リンカーンの九・一一テロ考などにある。

かたや「プロテスタントの反対だ」、かたや「プロテスタントと同じだ」とするこれら二説は矛盾するものではない。本巻序論で図示したところでは、イスラーム復興は近代を批判し、伝統に回帰しようとする第三グループの潮流である。しかし、本人たちの自意識の上では伝統重視であったとしても、伝統回帰派は何世紀も前のイスラーム社会と完全に同じものを復元するわけではなく、近代化を経た地点から、過去を理想化しそれに同一化しようとする。そのため、宗教改革を掲げたプロテスタントと似た特徴を帯びてくる。純粋に宗教的であることにこだわるのだが、その純粋性の理解が現代風なのである。

さて、政治的なイスラーム復興はシャリーアに社会全体が従うことを理想とするが、それとISなどが掲げる「カリフ制」はまた異なる。たとえばサウジアラビアはシャリーアに基づく政教一致国家だが、王制である。カリフ制再興を唱えるイスラーム主義者は、そのどこに魅力を感じているのだろうか。

カリフ制という言葉からは、アッバース朝のような巨大なイスラーム帝国による世界支配をねらっているのだという連想が生じやすい。だが、カリフ制再興論を読んでみると、重要なのは、（世界統一ではなく）イスラーム世界の統一であり、その中で既存の国境を廃止し、自由に往来することを可能にすることらしい。国境がなくなることがなぜそれほどまでに望まれているのか。

現代社会の難問に移民問題がある。仕事を求めて、あるいは地域紛争から逃れて人々が他国に移り住もうとする。二一世紀に深刻化しているのは、西欧諸国のムスリム移民と排外的な住民の対立である。仕事を移民に奪われる、移民の生活保護のために自分が収めた税金が使われることに怒りをもつ層が、移民を追い出し、国境を閉ざそうとする右翼政党の支持基盤として広がっている。だが、なぜそのように「自分たちは損をしている」という意識が生まれるのかといえば、国家を単位に損得を考えているのが一因である。現在の国民国家を廃止し、税金をイスラーム世界全体で集め、そこから保護が必要な人に支援金を出す（すなわち「喜捨」をグローバルなスケールで行う）。安全な場所を求めて逃げてきた難民を、国境で足止めせず、同胞愛の精神により受け入れる。イスラーム世界（現時点であれば中東から北アフリカ）全体が一つの国家になれば、それは可能なはずである。

そもそもイスラーム世界の内部に国境線を引き、分割したのは植民地時代の西洋列強諸国である。イスラーム主義者たちは、そのような国境を廃し、既得権益をむさぼる国王、神が与えたシャリーアを無視する為政者を一掃し、(2)シャリーアに忠実に統治するカリフを唯一の指導者とするならば、社会問題が劇的に改善されると期待しているのである。

テロの原因は何なのか？

そのような理想社会を実現したい。それがイスラーム主義者側から見た、「テロ」と敵対勢力から非難される武装闘争を行う主な理由である。政治が腐敗し、選挙ではそのような社会は実現できないという閉塞感もある。

それに対し、テロとイスラームは関係ないとする論説も多い。曰く、テロの原因は宗教ではなく、経済格差や疎外である。社会的弱者たち、とくに将来の展望がない若者や、弱者の側に立とうとするリーダーが社会を根本から変えようと暴力的手段に訴えるとする説である。つまり根本的問題は、移民を抑圧する欧米社会の体制派、あるいは格差を広げるグローバル経済の担い手たる欧米企業の側にあるとする。パレスチナ問題でイスラエルびいきを続けるアメリカや、問題の発端にあるイギリス外交に帰責する論もある。二〇一五年のシャルリー・エブド社襲撃事件後、「私はシャルリー」と団結するフランス社会を批判した、フランスの人類学者エマニュエル・トッドはこの典型である。彼はイスラーム過激派やISは実のところ、信仰復興どころか信仰の崩壊を示していると言う。つまり、確固たる拠りどころや希望を失い、自暴自棄になった若者たちにすぎないとしている。

さらには、ISの台頭で混迷を極めたシリア・イラクの内戦は、アメリカの軍産複合体が生み出した戦争の一つとする説もある。陰謀論めいているが、軍需産業のためにアメリカは恒常的に中東地域に戦争を作り出していると言うのである。この説においても、ISを宗教復興と見るのは表層的であり、むしろイスラーム過激派はアメリカの軍産複合体によって踊らされているだけだとなる。私たちはメディアで〝宗教戦争劇場〟を見させられ、自国も軍備増強が必要だと危機感を煽られている点でその戦略に取り込まれている(3)。

これらに対し、テロと宗教の間にはやはり関係があるとする説もある。武力行使を正当化するのが宗教思想だからというもので、たとえばアメリカの宗教学者M・ユルゲンスマイヤーの唱える「コズミック戦争」論がある。彼は、アルカーイダのテロの主要な原因はグローバル化に対する反発だが、テロ行為に道義的正当性を与えるのは、終末に向けて神の軍と悪魔の軍が地上で戦っているとする宗教的世界観であるとする。日本のイスラーム学者で似た論を展開しているのは池内恵である。彼はテロの原因を経済格差論に還元することをせず、ISの勃興についても、イスラーム政治思想史と地域研究・国際政治学の観点から説明づけるが、さらにイスラーム終末論ブームの影響を強調している。

これらの説が拮抗しているのは、単にテロの原因特定が難しいからというだけでなく、テロが誰の責任なのか、誰が非難されるべきかという問題と直結しているからである。テロと宗教は無関係だとする説は、一面では「イスラームは本来、暴力とは無縁であり、実行犯はイスラームと関係ない過激思想に染まったのだ」とイスラームを擁護しているようでもあるが、他面、実行犯を受動的な人たちとして描くことにもなりやすい。対して、実行犯はおかしな思想にたぶらかされたのではなく、それなりに理屈の通る考えを、真摯な信仰を持っていたのだというように実行犯に主体性を認めるのは、責任は彼らにあるとする主張だともとられやすい。つまり「テロの原因は何なのか?」も、答える者の発言の政治的・社会的影響について責任倫理が同時に問われる問いなのである。

注

（1）なお、イスラーム内部の論争としては、テロや暴力的行為はイスラームの教義によって正当化されるのかどうかをめぐるもの、言い換えれば「ジハード」概念とそれに伴う「ジャーヒリーヤ」概念の解釈論争がある。「イスラームは怖い」という偏見を取り除こうとするあまり、「ジハード」は本来「努力する」という意味で戦争とは関係がないとか、異教徒から攻め込まれた場合の防衛の戦いのみが正しいジハードであるといった説が広がっているが、それらはあくまで一つの解釈である。とくに現代的な専守防衛の意味でジハード概念をとらえること、そしてそれに基づき「過激派」が攻撃的ジハード、「穏健派」が防衛ジハードを支持しているとみなすことの問題性については、松山洋平『イスラーム思想を読みとく』ちくま新書、二〇一七年を参照。

（2）シャリーアを無視し、人民に対して圧政を行う為政者に対しては戦うべきだとする考え自体は、イスラームの伝統思想において（体制批判派の常として）少数派ではあるが存在する（「ハディースの徒」と言う）。松山前掲書参照。

（3）この説は日本ではイスラーム研究者の宮田律や一部のジャーナリストなどに見られる。

参照文献

アサド、タラル 二〇〇四、中村圭志訳『宗教の系譜——キリスト教とイスラムにおける権力の根拠と訓練』岩波書店。

アサド、タラル 二〇〇八、苅田真司訳『自爆テロ』青土社。

池内恵 二〇一五、『イスラーム国の衝撃』文春新書。

クトゥブ、サイイッド 二〇一七、岡島実・座喜純訳『イスラーム原理主義のイデオロギー サイイッド・クトゥブ三部作（改装版）』ブイツーソリューション。

トッド、エマニュエル 二〇一六、堀茂樹訳『シャルリとは誰か？——人種差別と没落する西欧』文春新書。

中田考 二〇一五、『カリフ制再興——未完のプロジェクト、その歴史・理念・未来』書肆心水。

ユルゲンスマイヤー、マーク 二〇〇三、古賀林幸・櫻井元雄訳『グローバル時代の宗教とテロリズム——いま、なぜ神の名で人の命が奪われるのか』明石書店。

Lincoln, B. 2002, *Holy Terrors: Thinking About Religion After September 11*, University of Chicago Press.

第1章　日常生活のイスラーム化

――イスラームの政治化に続くもの

八木久美子

一　イスラーム教徒として生きるとは

イスラームが包括的な性格の宗教といわれるのは、その教えが来世での救済など精神的な問題だけでなく、人間が経験するすべての事柄に関与するからである。実践を重んじる点において、イスラームはユダヤ教や儒教に似ている。とはいえ信徒が従うイスラーム法とは、神が嘉《よみ》する生き方をするためのもの、いいかえれば人間と神の関係のありように関わるものであり、人間社会のルールである法律とは根本的に性格が異なる(1)。

具体的には、イスラーム法とは神の語ったことばとされるクルアーンをもとに、さらには人々の手本とされる預言者ムハンマドの慣習を参考にして、個別具体的な状況において何をどうなすことが正しいかについて、イスラーム法の専門家つまり法学者たちが出す判断の集積である。理屈でいえばそれに従ってさえいれば、ムスリム、つまりイスラーム教徒として正しい生き方ができるはずだ。しかし問題はそれほど単純ではない。なぜならば判断を下した法学者たちはイスラーム法の専門家とはいえ、人間に過ぎないからである。人間は無謬ではない。だからこそ、ひとつひとつの規範としてのイスラーム法は、時代や状況の変化によって変わるのが当然だとされる。新しい状況に遭遇するたびに正しい答えを求め続けるがゆえに変化するのだとすれば、そうした変化はイスラームが生きた宗教であることの証拠とすらいえる。

この事実を前提に、ここではアラブ人のイスラーム教徒に焦点をあて、彼らが近年イスラーム教徒としてなすべき実践についてどのように議論してきたかを追っていきたい。イスラームはキリスト教や仏教と同じく普遍宗教であり、世界のイスラーム教徒人口のうちアラブ人が占める割合は四分の一程度にすぎないが、クルアーンの言語が彼らの言語であるアラビア語であることは重い意味を持ち、その結果、アラブ人こそクルアーンをもっとも正確に理解できるという発想につながる。彼らの議論を追うことで、今の時代にイスラーム教徒として生きることの意味を考えるための手がかりを得たい。

二　鍵となるふたつの語――「ムスリム」と「イスラーミー」

注目したいのは、「ムスリム」と「イスラーミー」というふたつのアラビア語の単語である。両方とも名詞とも形容詞ともなりうるが、わかりやすくするためにここでは基本的に形容詞としての用法に議論を限定する。これらの単語についてごく簡単に説明をしておくと、「服従、帰依する」という意味の動詞「アスラマ」が名詞になったものが「イスラーム」、そして「イスラーム」をさらに形容詞化したのが「イスラーミー」であり、「イスラーミー」についてはここでは「イスラーム的」と訳しておく。「ムスリム」という語はイスラーム教徒を意味する語としてはすでに日本語でもそのまま使われるようになっているが、これは文法的には動詞「アスラマ」が能動分詞になったものである。「ムスリム」と「イスラーミー」の用法はまったく異なるように思われるかもしれないが、実は両者の関係はそれほど単純ではない。前者は人について、後者はそれ以外について用いられると思われがちだが、これから順を追って見ていくとおり、この説明はあまり正確ではない。

まず、「ムスリム」の方から見ていこう。「ムスリム」という語は本来、固有名詞ではなく、「服従、帰依する（者）」という意味の分詞だというのはすでに見たとおりである。実際、日本語訳のクルアーンを見ると、「ムスリム」は必ずしもイスラームという特定の宗教に属する者とは訳されず、（アッラーに）「服従、帰依する（者）」とされているのがわかる。[2] しかしながら現在「ムスリム」という語が用いられる場合、その多くはイスラームという特定の宗教に帰属する者を指すのがふつうだろう。たとえば、「この国の人口の九割はムスリムである」というと、それは通常、個人の信仰のあり方や生き方ではなく、性別や職業と同じような社会的属性を指している。こうした意味の変化は、イスラーム誕生後一三〇〇年を超える歴史のなかで、いわゆる「生まれながらの」イスラーム教徒がイスラーム教徒人口の大半になり、その事実に基づいて社会的なルールや慣習が確立した結果として生じたとみるのが妥当だろう。

「ムスリム」の語は、「国民」「学生」といった人を指す語だけではなく、「社会」「国家」といった語を修飾することもある。この場合、それらの担い手あるいは構成員の宗教的／社会的属性を示しているのであって、その「社会」「国家」がイスラームの規範に適っている、イスラームの理念を忠実に反映しているという含意はない。だからこそ、昨今しばしば聞かれる「ムスリム社会の(再)イスラーム化が必要である」といった、一瞬首をかしげたくなるような表現が十分に意味をなすのである。

これとはっきりとした違いを見せるのが、「イスラーミー」の語である。(3) まずクルアーンには「ムスリム」の語が四一回出現するのに対して、「イスラーミー」は一度も登場しない。イスラーム法学の用語ですらない。それにもかかわらず、これらの語の頻度が近年高くなっていることは明らかである。たとえば、二〇一一年に出されたアラビア語の単語を頻度の高い順に収めた語彙集によれば(Buckwalter and Parkinson 2011)、「イスラーミー」は一八四位、「ムスリム」は二二九位であり、「イスラーミー」のほうがずっと頻繁に使われていることがわかる。また、代表的なアラビア語のコーパスを見ると、「イスラーミー」という形容詞がどのような名詞を修飾しているかがわかるが、上位から主なものを挙げていくと、「世界」「運動」「集団」「国家」「抵抗」など政治に関わる単語が並び、そのあとには「銀行」「教育」「芸術」「学校」など日常生活に密着した語が続いている。「イスラーミー」という語はなぜ近年、これほど多用されるのだろうか。あえて「イスラーム的」と命名されるのはなぜなのか。

これについて考えるにあたって、まず理解しておかなければならないのは、二〇世紀の最後に顕著になった「イスラーム復興」という現象である。ケペルなどが指摘しているとおり、これは世界中で起きたさまざまな宗教復興のなかでももっとも代表的なものである(ケペル 一九九二)。「生まれながらの」イスラーム教徒のあいだで、自らの宗教的アイデンティティに対する意識が目覚めたのであった。

アラブ世界の歴史を簡単にみておくと、二〇世紀の前半から一九六〇年代にかけて圧倒的な影響力を持った思想は世俗主義的なナショナリズムであった。この時代、イスラームは私的な領域に追いやられるか、公的な空間に姿を現すことがあるとしても、それは政治的な道具として為政者に利用されるだけであったといっていい。こうした状況に大きな変化が生まれ、イスラームが再び存在感を拡大しはじめるのが一九八〇年頃である。それだけが理由というわけではないが、一九七九年のイラン革命のインパクトはだれにも否定できないだろう。

たしかに、当初は政治的な色彩が強かった。世俗主義的な政策をとる国家権力を批判し、イスラームの教えに沿った社会の実現、イスラーム法に基づいた国家の建設を求める声が上がった。「イスラーミー」という語はこのころからしだいに広く使われるようになる。ただ、一九九〇年代になると、こうした政治的立場を鮮明にうちだす組織はしだいに力を失っていった。一部の組織から暴力に訴える動きが出ることで、一般社会の支持を失い、結果的に完全に抑えこまれてしまったのである。しかしこのことは、イスラーム復興そのものの終焉にはならなかった。なぜなら西洋化、世俗化を近代化と同一視することをやめ、イスラームへ立ち帰ることで自分たちの社会を再生させようという動きは、人々の日常生活のなかへ深く静かに流れこんでいったからである。

さきに「銀行」や「学校」という語に「イスラーミー」という形容詞がつくと紹介した。すでに日本でもかなり知られているが、「イスラーム銀行」とは利子を使わない銀行のことである。イスラームでは利子が禁止されているので、従来の一般的な銀行とは別のシステムに基づく金融商品を扱っている。「学校」に「イスラーミー」の語がつくとどうなるか。国によって状況が異なるので一概にはいえないが、政教分離原則が採用されている場合、公教育では十分な宗教教育がなされないという不安を受けて、イスラームについての授業に力を入れる私立学校のことを意味することが多い。

三　「イスラーミー」という語の持つ論争性

一言でいえば、「イスラーミー」の語に込められているのは、西洋的、世俗的なものに対する批判であり、異なる選択肢を求める声である。「イスラーミー」と名づけられたものは、すべてイスラーム教徒の支持を得ているというわけではまったくない。

この点について考えるために、ファトゥワーに注目してみたい。ここでは「バンク・イスラーミー」、つまり「イスラーム銀行」と、最近話題になっている「ウルス(あるいはファラフ)・イスラーミー」、つまり「イスラーム的」披露宴について出されたファトゥワーをとりあげる。

最初にファトゥワーについて簡単に説明しておこう。イスラーム教徒はどんな問題であれ判断に迷ったとき、イスラーム法学者に相談し、専門家としての見解を出してもらうのが常である。そしてこの見解のことをファトゥワーという。これには強制力はなく基本的には助言に過ぎないが、人々は法学者を尊敬しているからこそ助言を求めるのであり、その影響力は大きい。

実際、歴史をとおしてファトゥワーは重要な役割を果たしつづけてきた。ファトゥワーは専門家の知見が一般信徒に浸透していくためのもっとも重要なルートであると同時に、イスラーム法学に関する議論が専門家たちに閉ざされたものとなることなく常に人々の生活と密接に結びついたものであることを保証する制度でもあったからである。かつては対面で出されるのがふつうであったが、今では電話やEメールなどさまざまな媒体が使われる。また幅広い関心を集める事柄についてのファトゥワーは個人的な情報を削除したうえで公表されることが多く、とくに主要なウェブサイトに載せられたものは、国境線を越えて多くの人に読まれる。

まず、「イスラーム銀行」についてファトゥワーに特化したエジプトの公的機関である「ファトゥワー庁(ダール・ル・イフター)」から二〇一二年に出されたファトゥワーを見てみよう。「イスラーム銀行との取引についてはどのように判断されますか」という問いに対して、次のような趣旨の回答がなされている。「イスラーム銀行」とはイスラーム法の規範に従って取引を行う商業的な機関であり、イスラーム法学者の助言に従って運営されているのでおおっぴらに利子を扱う銀行よりもよい、というものだ。そのうえで、「イスラーム銀行」はイスラーム法的には問題がないにしても営利を目的としており、(イスラームの歴史的な制度としての)困窮者に必要な援助を提供するような国庫に相当するものではないことに注意するように、という但し書きが付けられている(URL①)。ただし、「イスラーム銀行」についてのファトゥワーはあまり多くはない。おそらくは一九七〇年代にこの種の金融機関が登場して以来、すでに市民権を得て人々のあいだに定着しているためであろう。

それと異なるのが、現在注目を集めている「イスラーム的」披露宴である。これについては非常に多くのファトゥワーが出ている。すでに述べたように、ファトゥワーは命令ではなく学者個人の責任においてだされる助言であるため、同じ事柄について多くの異なるファトゥワーが出ることは不思議でもなければ不都合でもない。それどころかファトゥワーの多さは、その問題が多くの人々の関心を集め、熱い議論の対象となっていることをものがたる。

では、具体的な例を見てみよう。「イスラーム的」披露宴についてはどのようなファトゥワーが出されているだろうか。最初にあげるのは、Islamwebというカタールの宗教省が運営するサイトに載っているものである。回答は非常に長いので、かなり省略して引用する。

問：イスラーム的披露宴をしたいと思っているのですが、家族が同意してくれません。どうやったら説得できるでしょうか。助言をお願いします。

答：〔略〕家族を説得するには、あなたは次のようにしなければなりません。第一に、あなたの正しい願いに対して家族の心が開かれるよう、神に祈らなければなりません。そして懸命にドゥアー（祈願）を行いましょう。

第二に、結婚という機会を祝い、喜び、集うことはイスラームが求めていることだと家族に説明し、宴会を開くことも、タンバリンをたたいて問題のない（内容の）歌をうたうことも、こうした機会を祝うことも、贈り物を交換することも、イスラーム法的に合法であると伝えましょう。ブハーリーやムスリムをはじめとするハディース学者が伝えるように、預言者は婚礼の際に宴会を開かれましたし、宴会を開くよう命じられもしました。〔略〕人が結婚し子をもうけるにあたって、預言者は「神の祝福あれ、二人が善きものにおいて結ばれますように」といわれました。歌うこと、タンバリンをたたくことについては、〔略〕「この結婚について告げ知らせよ。諸モスクにてそうせよ。タンバリンをうちならせ」とおっしゃいました。〔略〕

以上のことから明らかなとおり、家族にはこう説明するとよいでしょう。たしかに神の定めた法を超えることはならず、禁じられたものは避けなければなりません。男女が混ざることも、派手に着飾ることも、楽器の演奏も、踊りも、下品な歌も。しかし、これらの禁止事項さえ避ければよいのであり、ほかにもやりかたはあります。神はすべてをご存知です（ＵＲＬ②）。

同じような相談は、他のサイトにもくりかえし寄せられている。それらに共通する点として興味深いのは次のふたつである。ひとつは、相談者たる当人は「イスラーム的」披露宴に関心を持っている、あるいはそれを望んでいるのに、親や親戚がそれに反対して困っているという状況である。まさにイスラーム復興以前と以後の世代間ギャップといえようか。どちらにせよ、「イスラーム的」披露宴は極めて新奇なものであり、その土地、その階層で代々行われてきたものだけが持ちうる「本物らしさ」はないというのが大方の見方のようだ。

ここで確認しておくと、イスラームにおいて婚姻関係は契約によって結ばれるものであり、この契約の締結の場にはイスラーム法の専門家が同席するのが普通である。ただ婚姻関係が成立したと周囲の人々から広く承認されるためにはそれだけでは不十分であり、地域ごとに異なる数多くの複雑な手続きが必要となる。とはいえこれらはいわば慣習であり、イスラーム法によって定められたものではない。つまり、婚姻関係の成立を祝う宴はどうあるべきか、何が行われなければならないかについてイスラーム法上の規定はないのである。そのため祝い方についてはこれまで地方によって、さらには階層によって異なるのが当然とされてきた。結婚を祝う宴は総じて厳粛さとはほど遠く、近隣の人々もが加わって楽しむ、歌や踊りにあふれた華やかな場であったが、それを問題視することなどかつてはまずなかった。

ファトゥワーについてもうひとつ共通しているのは、法学者たちの論じ方である。彼らは口をそろえて、タンバリン以外の楽器を使わないこと、男女が入り混じらないことなどを要件として挙げ、これらを満たしているならばその披露宴はイスラーム法的に合法だといっている。彼らは「イスラーミー」という語を自らの議論のなかでは一切用いず、「(イスラーム法上)合法な」という意味の「シャルイー」という語を用いて論じる。換言するならば、法学者たちが説いているのはイスラームの一般的な規範の遵守であり、イスラームの規範に反していなければ、どのような披露宴でもよいということなのである。

ここでいったん話をまとめておこう。この「イスラーム的」披露宴をめぐっては複数の異なる立場がある。ひとつはイスラーム復興以前の世代が代表する立場、つまり代々行われてきた従来の披露宴をよしとするものである。この立場の人々にとっては、「イスラーム的」披露宴は慣習を無視し伝統を踏みにじるものでしかない。そしてもうひとつは、法学者たちが示す、イスラーム教徒が守るべき一般的な規範が守られていればそれでよいとする立場である。

では、「イスラーム的」披露宴なるものに強い関心を示す、比較的若い世代の人々はどうか。おそらく彼らはイスラーム教徒が長く行ってきた実践に何の問題も見いださない親の世代の見方に同意しないばかりか、先に紹介した法学者たちの回答にも満足しないだろう。あとで順を追って説明していくが、彼らが求めているのは西洋的でも世俗的でもないという意味において「イスラーム的」なもの、つまりイスラーム固有の性格を帯びたものである。彼らの見方は法学者とは微妙にずれ、古い世代のそれとは大きく異なっている。

看過することができないのは、イスラーム教徒のあいだに差異化を進める力が動いているという点である。「イスラーム的」披露宴というものが存在する、あるいはそういうものを作りだすべきであると主張する人々にとって、これまで広く行われてきた披露宴はイスラーム法に反した嘆かわしいものであり、そうした実践に疑問を抱かない者は糾弾の対象にすらなりうる。こうした考え方が生みだしかねないのは、自分たちだけがほんとうのイスラーム教徒であるという自己認識だ。

こうした問題点をみごとに指摘したファトゥワーがある。それは二〇一五年にエジプトの「ファトゥワー庁」から出されたもので、相談者はごく簡潔に「イスラーム的披露宴とは何ですか。イスラーム的な披露宴というものがあるという人々がいるのですが」と尋ねている。回答、つまり出されたファトゥワーを見ると、基本的には先の例と変わりないが、力点は別のところに置かれているのがわかる。

「イスラーム的披露宴」という用語は多くの人々が口にしています。ただ、この用語には否定的な含みがあります。というのは、この形式によらない披露宴はイスラーム的ではないということになってしまうからです。これは正しくありません。

なぜなら、宴会を開くこと、披露宴をすること、さまざまな機会を祝うことは、慣習によるものであって、こうした機会を祝うのにしなければならない特定の儀式などありません。その一方、祝うこと自体は禁止ではないにしても、イスラームが禁止事項と見なすイスラーム法違反の要素がある披露宴や祝賀会といったものもあります。たとえば、男女が入り乱れたり、肌を露出したり、踊ったりするものです。麻薬や酒類が出るものもあります。うんざりするような喧噪やばか騒ぎもそうですし、下品でふしだらな歌も同じです。こうしたやり方はイスラーム法上許されません。それを行う者は罪深い行いをしたことになります。その一方で、イスラーム法の規範にもイスラームの礼儀にもかなった披露宴のやり方もあります。上述したようなものが排除されていれば、そうみなされるのです。

イスラーム教徒が何かを祝うとき、それが結婚であろうと、アキーカ(4)その他の機会であろうと、イスラーム法が禁じているものを避けていれば、それはイスラーム法に適った祝い方ということになります。ですから、私たちは「イスラーム的披露宴」といういい方をすべきではありません。いと高き全能の神に賛美あれ(URL③)。

イスラーム固有の披露宴などというものはなく、イスラーム法の一般的な規範を守りさえすればよいのだという点においては先のファトゥワーと同じである。しかしながらこのファトゥワーについて注目すべきなのは、「イスラーム的」披露宴という名称を使うこと自体が否定されているという点である。その理由は「この形式によらない披露宴はイスラーム的ではない、ということになってしまうから」だと明言され、一部のイスラーム教徒が自分たちの解釈や実践のみを正しいと主張することでイスラーム教徒が分断されることに警鐘が鳴らされている。

四　「イスラーム的」であること、市場におけるその意味

規範を厳格に捉え儀礼を忠実に行う「宗教熱心な」イスラーム教徒とそれ以外のイスラーム教徒という二分は、すでに一般的になっている。前者を指す「ムタダイイン」というアラビア語もやはり、「イスラーミー」と同じく一九九〇年代以降よく使われるようになった。両者の違いは女性であればベールを着用するか否か、男性であればあごひげを蓄えるか否かから始まり、一般的な生活スタイルや行動様式にまで限りなく広がっていく。それがほんとうにイスラームの教えによるものなのかとは別に、西洋起源のものとは異なること、何らかの形でイスラームを連想させる特徴があることが意味をもつというのはすでに触れたとおりだ。

こうした流れは社会全体にも影を落とす。「イスラーム的」なものを意識的に選びとる人が、社会的に高い評価を受ける可能性、敬意を払われる傾向が生まれる。イスラーム復興以前、ベールの着用は教養のない遅れた女性、貧しい階層の女性を意味したが、現在では都市に生活する高学歴の女性たちが率先してベールを着けている。髪を覆うベールは信仰に支えられ道徳的な生き方をする女性の記号となり、そのような女性として自らを提示したいのであればベールが必要になるのである。今では巨大なモールのなかにいくつものベール専門店があり、最新流行のベールについての情報を載せたファッション誌が飛ぶように売れる。こうして、「イスラーム的」であることは、商品に付加価値をもたらすことにもなる。

「イスラーム的」披露宴に話を戻すと、先に紹介したファトゥワー以外にも実はさまざまな批判が向けられている。なかでも注目に値するのは、宗教の商品化、イスラームの商業的利用という批判であろう。「イスラーム的」披露宴と聞くと、クルアーンを朗誦し、ドゥアー（祈願）を唱えて新郎新婦の幸せを願う落ちついた雰囲気が連想されるだろうが、現場を見るとそういったものだけが「イスラーム的」披露宴と呼ばれているわけではないことがわかる。

「イスラーム的」披露宴はウェディング業界にとって、売れ筋の商品のひとつとなっている。男女別に出席者をふたつの会場に分け、男性の会場には男性のみからなる楽団を、女性の会場には女性の楽団を入れる。通常はタンバリン以外の楽器は使わず、歌うのはナシードと呼ばれる宗教的な歌に限定する。こうした楽団の多くは、「イスラーム的」披露宴を専門としており、ある女性楽団の場合、会場にいるのは女性だけであるにもかかわらず、メンバー全員が髪だけではなく目を除いて顔まで覆い隠している。しかしそれが慎み深さの表れではないことは、彼女たちの衣装が目の覚めるような派手な色の光沢のある布地でできていることから明らかである。単に「イスラーム的」な演出でしかないという批判が出るのは不思議ではない。

また「イスラーム銀行」についてもさまざまな批判がある。利子を回避するという点ではたしかに一致しているが、こうした銀行が扱う金融商品のしくみは複雑であり、その一部については利子という形態を避けるためのトリックに過ぎないという指摘が繰り返しなされている。一例を挙げると、ある人が車や家など高価なものを購入したい場合、銀行が代わって現金払いで購入してその商品をその人に引き渡し、後日、銀行は商品の購入代金に一定額を上乗せした金額を割賦払いで購入者から受け取るというものである。もうひとつの例は、銀行と資金を必要とする人のあいだで、次のような架空の売買を行う。銀行はその人からあるものを購入するが、あとでその人がそれを最初の額よりも高い値段で銀行から買い戻すことが条件となっているので実際にはものは動かない。どちらにせよ、銀行の利益分として上乗せされるものが実質的にはなんら利子と変わらないという指摘はあながち的外れとはいえないだろう。

しかしながら、こうした例をすべて金もうけのためにイスラームの名を利用する嘆かわしい真似と断罪するのは単純に過ぎる。冒頭に記したとおり、イスラームは包括的な性格の宗教であり、人間が生きていくうえで経験する事柄のなかに、その教えとは何の関係もない領域などそもそも存在しない。何を着るか、何を買うか、資金をどう調達するか、人生の重要な節目をいかに祝うかについて適切な選択肢が採られるべきだという発想は自然なのである。その意味において、イスラームという宗教は消費という実践と結びつきやすい(5)。

また、たとえさまざまな異論があるとしても、「イスラーム的」とされる商品が多く選びとられているとすれば、それはまさに消費というきわめて日常的なレベルにおいて、人々がみずからの実践をイスラーム教徒らしいものにしようとしているということである。グローバル化が進行する時代、他の宗教文化に属する人々の存在を日々、直接、間接に感じつつ、生きざるをえない状況が生まれているなかで、イスラーム教徒としての正しいふるまいを問い直す人々が増えるのは当然のことなのかもしれない。実際、こうした現象はアラブ圏のみでおきているわけではなく、東南アジアでも、北米でも同じような事例は数多く見られる。イスラーム法の専門家が命じるからではなく、多くの場合人々はみずから率先し選びとっていく。イスラーム教徒というアイデンティティはこうして意識的に強化され、再構築されつづけるのである。

最後につけ加えておくと、ここで紹介した事例はイスラーム教徒の社会内部の議論であり、これから向かうべき方向についての模索であると同時に、外部、つまり異教徒、異文化の存在を強く意識した動きでもある。世界の多くの地域で強くなっている、イスラーム教徒を他者化する傾向に対抗して、あるいはそうした姿勢を示す陣営をある種のオーディエンスとして、「劇的」な選択肢がとられているという解釈も可能であろう。

注

(1) ここではフィクフつまりイスラーム法解釈について論じている。なおイスラーム法の考え方については、中田(二〇一五)が参考になる。
(2) たとえば第二章第一三六節では「かれにわたしたちは服従、帰依します」とされている(三田 一九八三)。
(3) いわゆるIS(イスラム国)のアラビア語の名称は、「アル＝ダウラ・アル＝イスラーミーヤ」であり、この「イスラーミー」の語が使われている。
(4) 「アキーカ」とは、新生児の誕生を生後七日目に祝う慣習である。
(5) イスラーム主義勢力の市場への進出については、Haenni(2005)のなかで論じられている。

参照文献

ケペル、ジル 一九九二、中島ひかる訳『宗教の復讐』晶文社。

中田考 二〇一五、『イスラーム法とは何か?』作品社。

三田了一訳 一九八三、『聖クルアーン——日亜対訳注解』日本ムスリム協会。

Buckwalter, Tim and Dilworth Parkinson 2011, *A Frequency Dictionary of Arabic: Core Vocabulary for Learners*, Routledge.

Haenni, Patrick 2005, *L'islam de marché: L'autre révolution conservatrice*, Seuil.

ＵＲＬ

① http://aliftaa.jo/Question.aspx?QuestionId=2378（二〇一八年八月二五日閲覧。以下同）

② http://fatwa.islamweb.net/fatwa/index.php?page=showfatwa&Option=FatwaId&lang=A&Id=8283

③ http://www.dar-alifta.org/Ar/ViewFatwa.aspx?LangID=1&ID=12936

第2章　インドネシアの医療とイスラーム復興
——再創造された「預言者の医学」

嶋田弘之

一　東南アジアのイスラーム復興

イスラーム復興の多様性

東南アジア諸国は、ムスリム人口[1]が総人口に対して占める割合によって、ムスリムが多数派のインドネシア、ブルネイ、マレーシアの三国と、ムスリムが少数派の他の国々に大別される。統計（URL①）によれば、二〇一〇年の多数派三国での比率はそれぞれ約八七%、七五%、六四%、少数派諸国では、シンガポールの約一四%を除いて、ヴェトナム、カンボジア、タイ、東ティモール、フィリピン、ミャンマー、ラオスで一桁台かそれ以下である。これら大小のイスラーム社会で、特に一九七〇年代から八〇年代以降、中東を発信源とするイスラーム復興の潮流が高まりを見せるようになった。ここではイスラーム復興を「現状が充分にイスラーム的でないという自覚の下に生活様式や社会制度を「真正に」イスラーム的なものに改革しようとするムスリムの増加」と定義しておくが、これらの国々でのその実態は一様ではない。現状を形作る伝統的価値観や近代的制度が多様である上、それらをイスラーム的に改革する際の「イスラーム」の定義も一様でないからである。

若干の例を挙げれば、ムスリム少数派国家の一つフィリピンでは、南部のミンダナオ地方に多くのムスリムが暮らす。そこを拠点に活動する組織「モロ・イスラーム解放戦線」(Moro Islamic Liberation Front)には武力闘争のイメージが強いが、日常生活でのイスラーム復興にも積極的に関与している。彼らに特徴的なのは、グローバルなイスラーム共同体の一員としての意識と同時に、フィリピン南部の地をモロ民族の「先祖伝来の土地」として継承するという民族主義的な伝統観念を持つ点である。彼らにとって、超民族的でボーダーレスな宗教共同体の観念を土台とするイスラーム復興運動は、そうした民族の伝統を重んじる思想と両立していることになる(床呂・西井・福島編 二〇一二、九七―一二〇頁)。

あるいは、重んじるべき伝統がイスラーム社会の外部に由来するケースもある。タイ南部には、一八世紀まで栄えたイスラーム王国パタニの末裔としての意識を持つ「パタニ・ムスリム」がいる。この呼称によって彼らはパタニの伝統の継承者を自認するが、タイ政府は彼らを「タイ・ムスリム」と呼び、マレー語を母語とする彼らにタイ語教育を実施するなど、パタニ・ムスリムが国民として「タイらしさ」(それは仏教的価値観を含む)の伝統を重んじるように行政の舵を取ってきた。パタニ県のイスラーム学校の授業でもタイ語使用が増加しており、イスラーム復興もタイの伝統的な価値観と共存する形で行われていることが分かる(床呂・西井・福島編 二〇一二、一四五―一七〇頁)。

多数派国家に目を移すと、マレーシアではイスラームが「連邦の宗教」に位置づけられ、国政レベルで親イスラーム的な政策が進められやすい。特徴的なのは、国家運営が世俗主義に立脚しているため、イスラーム化政策が近代国家制度の制約下で進められてきた点である。そのため、イスラーム法に則った国家の建設を目指す勢力は野党を結成し、政府のイスラーム化政策は完全な意味でイスラーム的でないと批判する。世俗主義、自由、人権などの近代的価値観をどの程度教義と両立させうるかという点で、与党側と野党側のムスリムのイスラームの定義が異なるのである（塩崎 二〇一六）。

インドネシアではイスラームは国の宗教ではないが、ムスリムが多数派である事実は充分に国家の宗教政策に反映されている。政府が公認する「宗教《アガマ》」（agama）の条件が、イスラームのように唯一神信仰、預言者、啓典などを持つことなのである。この条件にあてはまるとされるイスラーム、ヒンドゥー教、カトリック、プロテスタント、仏教、儒教は宗教省の管理下に置かれる一方、それら以外の土着性の強い宗教伝統は「信仰《クプルチャヤアン》」（kepercayaan）と呼ばれ（しばしば「文化」や「慣習」とも言い換えられ）、教育文化省の下で管理される（福島 二〇〇二）。この国のイスラームはそうした土着の諸伝統に適応しつつ継承されてきたが、イスラーム復興はその伝統的な形のイスラームに対する人々の異なる反応として顕在化する。

伝統と改革

インドネシアを含むイスラーム社会の全体像を把握するための視点として、「伝統主義」と「改革主義」という二分法がある。一九世紀以降、イスラーム社会に近代化の波が押し寄せた際、一部のムスリムはイスラーム教育を始めとした社会制度の近代的改革を訴えつつ、聖者廟崇拝などの旧習は本来の一神教に混入した後代の不純な添加物であるとし、クルアーンとスンナ（預言者ムハンマドの慣行）

に回帰することが「真正な」イスラームを回復する道であると考えた。このような立場を「改革主義」、または近代的価値観によって改革を訴えた面を強調して「近代主義」とも言うが、インドネシアでは一九一二年に設立された「ムハマディヤ」(Muhammadiyah)がその代表的な組織で、特に学校や病院の設立など社会福祉的な面で積極的な活動を展開してきた。

一方、ムハマディヤの動きに対応する形で、ジャワを中心にイスラーム教育を担ってきた寄宿制イスラーム学校「プサントレン」(pesantren)のウラマー(イスラーム法やスンナに精通する知識人)たちが、一九二六年に「ナフダトゥル・ウラマ」(Nahdlatul Ulama: NU)を結成した。「伝統主義」の代表であるNUは、プサントレンで教師と生徒が車座になってイスラームを学ぶ伝統的な教育を重視してきたことで知られる。彼らが理想とするのは、地域的伝統として受け継がれてきた法学や教育の制度、慣習や芸能を内に含むインドネシア固有のイスラームである(見市 二〇〇四)。

インドネシアにおける「伝統主義」と「改革主義」の語は、以上のような社会的文脈と切り離せないが、両者の境界は必ずしも明確ではない。近代化が進展する過程で、NUは近代的な制度を導入して自らを改革してきたし、ムハマディヤの内部でも伝統的な制度や慣習に対する態度に個人差や時期的な変化がある。加えて、これらの団体への所属の有無にかかわらず、ムスリムを自認するインドネシア人は預言者ムハンマドの生き方の伝統を継承しているという自覚を持つ。その一方で、ムハンマドの伝統のどの部分に重きを置くかについて彼らは一様ではない。つまり、「伝統」の意味は決して固定化されず多義的であり、それに応じて「改革」の内容も多様になるのである。

本稿では、その多様な中の一例をイスラーム伝統医療の復興に見てみたい。インドネシア語では、ジャワ語に倣って「生薬」を「ジャムゥ」(jamu)と呼ぶのが伝統である。しかし、ここで取り上げる伝統医療ビジネスでは、英語のherbをインドネシア語音化した「ヘルバ」(herba)や「ヘルバル」(herbal)が代わりに用いられる。彼らは東南アジアや中東の伝統的な生薬療法を継承するが、その伝統的呼称については改変し、近代的な生薬ビジネスとしてのイメージを打ち出す。さらに、「預言者のスンナ《ヘルバル・スンナ・》の生薬《ナビィ》」(Herbal Sunnah Nabi)という表現で、ムハンマドが特に重宝した数種類の生薬を総称する。生薬療法を預言者の伝統として捉え直し、ジャワの伝統医療文化圏からグローバルなイスラーム復興の文脈に移し替えるのである。ムハンマドの数ある伝承の中でも医療関連のものを重視し、それを現代的なイスラームビジネスに転換する彼らは、具体的に何を継承し、何を改革しているのか。次節では、その内容を考察してゆく。

二　近代的・超近代的に改革された伝統医療

「預言者の医学」(アラビア語 al-Ṭibb al-Nabawī: アル・ティッブ・アル・ナバーウィー、インドネシア語 Thibbun Nabawi: ティブン・ナバーウィ)は、預言者ムハンマドのスンナに則った医療技術の利用を軸に、クルアーンの教えを心身両面の保健活動に応用するムスリムの文化様式である。この医学に関するムスリムによる著作は西暦九世紀頃まで遡ると言われるが、その現代的な復興現象は特に一九八〇年代以降のイスラーム復興の流れの中で顕在化してきた。マレーシアで「ヘルバ・プナワール・アルワヒダ」(Herba Penawar Alwahida: HPA)という「預言者の医学」ビジネスの企業が設立されたのは一九八七年だが、インドネシアではカ八年のスハルト政権崩壊後に出版の自由が拡大して以降、マスメディア経由でこの伝統医療への注目が高まり、HPAは二〇〇〇年に「PT Herba Penawar Alwahida Indonesia: HPAI：ハーペーアーイー」[2]をジャカルタに設立した。その後、経営者交代を経て、二〇一八年現在の経営形態で事業を再開したのは二〇一二年である。

二〇一三年から一五年にかけて、筆者がジョグジャカルタ特別州で調査したこのHPAIは、「マルチレベル・マーケティング」(Multi-Level Marketing: MLM)系企業である。インドネシアでもアムウェイ(Amway)やハーバライフ(Herbalife)などの外資系MLM企業が事業展開しているが[3]、顧客を会員としてリクルートすることでビジネスを拡大する「マルチ商法」のイメージは、この国でも良好ではない。そうした環境の中、二〇〇〇年代に入って、シャリーア(イスラーム法)への適合性を謳う国産のMLM企業が現れてきた(Fealy and White eds. 2008)。「インドネシアウラマー評議会」(Majelis Ulama Indonesia: MUI)の付属機関「全国シャリーア審議会」(Dewan Syariah Nasional: DSN)が、二〇一八年八月現在でシャリーア適合性を認証しているMLM企業は七社で、その内の健康関連商品を扱う六社の中の一社がHPAIである(URL③)。それらの内で唯一「預言者の医学」を謳うHPAIは「ハラール・ネットワーク」(Halal Network)を名乗り、リクルーティングだけで利益を得る「ねずみ講」的商法を非イスラーム的な不労所得とみなし、会員は個々の具体的商品の販売によってのみ収入を得るという倫理規定を持つ。

二〇一四年時点の情報によれば、HPAIは国内に五五の支部を持ち、それらを拠点としておよそ三四万人の会員が活動している。会員は定期的に開かれる研修で、病気、生薬類、吸角法(瀉血)[4]などに関する知識を習得し、顧客に対しては販売員としてのみならず、イスラームの信仰生活を含む心身共に健康なライフスタイルの提案者としての役割も担う。彼らが「セラピスト」と呼ばれ、この仕事を「宣教《ダッワ》」(dakwah)と捉える会員がいるのはそのためである。その主なサービス内容である生薬販売と吸角法施術は、スンナを記録する伝承(ハディース)の次のような記述に基づいている。

ウンム・カイス・ビント・ミフサンは言った。わたしは預言者が「このインドの木を使いなさい。これは七つの病の薬で、咽頭炎のときは鼻から入れ、また肋膜炎のときは口の両端から入れよ」と言うのを聞きました(牧野訳 二〇〇一、二二九頁)。

イブン・アッバースによると、預言者はラフイ・ジャマルという水場で痛みに襲われたとき、イフラームの状態のまま頭に瀉血を受けた(同、二三〇頁)。

「預言者の医学」ではこうした伝承に従うことが重視されるが、それは必ずしも伝承内容を機械的に模倣することを意味しない。ＨＰＡＩの商業標語「神的な」「科学的」「自然な」に注目すると、このビジネスにおいてスンナが現代的に解釈されていることが分かる。彼らは教典が示す医療の伝統に回帰しつつ、近代医学的な実証性を強調し、現代の伝統医療文化に典型的な医療観によって近代医学の限界を超克しようとする。つまり、本巻序論で述べられた「伝統回帰」「近代」「超近代」の三つの思考様式を内在化しながら、イスラーム的伝統医療を再創造しているのである。以下、三つの標語に沿って内容を検討する。

神聖な伝統を継承する医学（伝統回帰性）

イスラームの教義の中心は神の唯一性であり、それを医療の文脈に置くと、「私が病気になったならば、彼が癒し給う」（二六章八〇節）とクルアーンに断言される通り、病気を創造し、治癒を実現するのは全能の神だけであるという教えになる。これはイスラーム世界の医学的な知の伝統であり、それを踏まえての「神的な《イラヒア》」(Ilahiah)という標語である。クルアーンに従って、治癒能力は唯一神に還元され、スンナに従って、その神的な力の媒介手段として医療技術が用いられる。とはいえ、神が全能であるなら、人間が選ぶ手段は何でも（近代医学でも）よいではないかという疑問も生じる。しかし、この場合に見落としてならないのは、ムスリムにとってのスンナの価値である。

預言者ムハンマドは全宇宙を支配する唯一神についての知識をもたらし、食事や商売などの日常行為から遺産相続や外交に至るまで、いつ何時も神を忘れない生き方が最善であると説いた。その生き方の記録がスンナに他ならず、それを模範とすることが個人に幸福を約束すると信じられているからこそ、スンナはムスリムにとって価値なのである。預言者の礼拝行動を模倣することが神の存在を思う機会になるのと同じく、預言者の医療行動を模倣することは神の絶対的な治癒の力を思うきっかけになる。ＨＰＡＩのセラピストであるＡさんは次のような内容のことを述べている。

以前、私は手段だけを信じていました。生薬や吸角法が病気を癒すのだと。私の信念は手段のレベルで止まっていたのです。しかし、現在は、生薬療法や吸角法を利用するのはアッラーと預言者がそう命じているからだと考えます。アッラーだけが癒すのだという信念があるのです。

彼は昔から「預言者の医学」を愛好していたが、信仰が深まることによって、治療法はあくまでも神の治癒能力の媒介手段に過ぎないと自覚するに至った。伝承に基づく医療技術を利用すること自体は以前と変わらないのだが、それらを用いる際の心的態度に変化があったのである。このことが示すのは、ありふれた民間療法がスンナとして位置づけられることによって、宗教的に意義深い技術に変貌していることである。Aさんにとって、これらの治療法は単に体の健康のためだけにあるのではない。クルアーン自体が「胸中にあるものの癒し」（一〇章五七節）だと述べられているように、それらは魂の救済というイスラームの究極的な目的に直に結びついた神聖な伝統療法なのである。

科学性を主張する医学（近代性）

伝統に回帰する一方、ＨＰＡＩは積極的に最新の医学を活用し、伝統療法の合理性を知ろうとする。標語のもう一つ「科学的《イルミア》」(Ilmiah)は、技術が「理に適っており、今日の科学的知識によって説明できる」[5]という意味である。彼らは商品の生薬類の効用と安全性は科学的に証明されていると主張し、また一神教の観点から、それらが効果的で安全であるのはそもそも神がそのように創造したからだと言う。「主は蜜蜂に啓示し給うた。〔略〕その腹からは色とりどりの飲み物（蜜）が分泌され、それには人々のための癒しがある。まことに、そのうちには熟考する民への徴がある」（一六章六八―六九節）とクルアーンは述べているが、彼らにとって、近代医学は神の創造の「徴」を確認し、「預言者の医学」

の「神的な」特質を強調するためのツールだと言える。

　このＨＰＡＩの「科学的」な自己イメージは、インドネシアの代表的な伝統治療師「ドゥクン」(dukun)のイメージの裏返しである。しばしば、精霊との交信術や千里眼のような、科学的説明が難しい技術を駆使するドゥクンのイメージ形成には行政も関わる。次の伝統治療師の四区分は、治療施設を開設しようとする伝統治療師が行政に申請する際に自己申告的に選択すべき区分として、保健省が公表したものである。(6)

①「技術的伝統治療師」：按摩、接骨医、指圧療法士など
②「調合薬の伝統治療師」：生薬療法を用いる治療師、アロマテラピストなど
③「宗教的アプローチの伝統治療師」：公認宗教のアプローチを採る治療師
④「超自然的伝統治療師」：クバティナン系ドゥクン(7)、気功療法士など

　保健省は③の「宗教的アプローチ」の具体例を示しておらず曖昧だが、おそらく、クルアーンの朗唱による悪魔祓い療法《ルクヤ》(ruqyah)などが③にあたると考えられる。また、ＨＰＡＩの会員が生薬療法や吸角法の治療施設を独自に開設するとすれば、①や②を選ぶことになる。重要なのは、治癒の原理を物理的に説明できるか否かの観点によって、①②が④から区別され、また、第一節で触れた行政上の「宗教」と「信仰」の区別に、③と④の区別が重なり合う点である。つまり、超自然的な技術を用いるドゥクンの医療は、インドネシア的な意味での「宗教」に属さず、物理的に理解可能な自然法則に

基づいたものでもない、という社会的イメージがこの分類表から浮かび上がるのである。

自然と調和する医学（超近代性）

科学性を主張する半面、ＨＰＡＩは他の多くの伝統医療の信奉者と同じく、近代医学を完全には是認しない。中国医学、アーユルヴェーダ、ユーナーニー医学（ギリシア・イスラーム医学）は、精神と肉体、大自然（マクロコスモス）と人体（ミクロコスモス）の相関性を前提とする古来の医療観を共有するが、この医療観を表す「全人的医療」や「統合医療」などの語自体は、物理的身体の次元だけで病気を見る近代医学の限界を超えるために作られた現代的な概念である。ＨＰＡＩの教材にもこの概念への言及が見られる。

預言者の医学は全人的な医学のシステムで、身体的な側面からだけでなく、霊的な側面、心理的な側面、感情的な側面からも病気を治療する。これは「トータル・ヘルス・マネジメント」として知られ、その目的は先天的に備わる自然治癒力を取り戻し、極めて複雑な体内の化学作用を通じて、身体がそれ自身を治癒することである。

注目すべきは、「霊的な側面」の治療がイスラーム信仰に直結している点である。霊的な健康を獲得するためには、人は唯一の癒し手たる神の宗教に従わなければならない。他方、神は自然の支配者であるから、自然と調和した生活を送ることも神への服従である。従って、生薬や自然食品を重んじるライフスタイルの選択は、自然の働きを通じた神の癒しを求めることと同じだと彼らはみなす。

こうした「自然な《アラミア》」(Alamiah)生活様式が好まれるのは、現代社会に特有の生活習慣がそれとは真逆だと考えられているからに他ならない。排気ガス、化学薬品、人工調味料、農薬など、人類が利便性を追求して自然を操作してきた結果、体内にはますます有害物質が蓄積され、人体に備わる自然治癒力は弱体化すると言う。そうして発症する様々な病気を治療するために人は近代医学に頼るが、人間の技術力に過剰な信頼を置けば、人は自然自体に復元力があることを忘れてしまう。「預言者の医学」を信奉するムスリムにとって、それは自然の力の源である神を忘却することに等しいのである。

三　医療の現場のイスラーム復興

以上、三種類の思考様式に則って、「預言者の医学」が古くて新しい伝統医療として再創造される論理構造を概観した。古くて新しいと言うのは、彼らが古来の伝統療法を継承しつつ、教義、近代医学、全人的医療観によって医学的な知の枠組みを改革し、それを預言者ムハンマドの伝統として再構成しているからである。そうであれば、彼らを「伝統医療派」として「近代医学派」から区別することは一面では間違いではないが、実態の説明としては不充分なことが分かる。例えば、先述のAさんは、「預言者の医学」に愛着を感じつつも、子供の歯痛などの特定の状況では、教義が許す範囲内で近代医学を利用する。他方、彼とは反対に、普段から伝統医療よりも近代医学を信頼するムスリムが敬虔な信者である場合もある。彼らにすれば、ムハンマドが好んだ治療法を用いることだけが正しいイスラームではない。近代的な病院経営をイスラーム的に改革しようとする動きはあるし、病院の医師や患者が神の癒しという伝統的治癒観を語る場合もあるかもしれない。要するに、ムスリムは伝統医療と近代医学の境界線を越えて多元的に、医療の現場におけるイスラーム復興に関与することができるのである。

医療の分野でイスラーム復興の意識が高まると、「イスラーム的でない」伝統医療への視線も鋭敏になる。しばしば他人には計り知れない力を使って人々を癒してきたドゥクンの需要は、インドネシアでは現在も大きい。彼らは時に患者たちの前でその類まれな力を示し、信頼を勝ち得てきた(吉田 二〇〇〇)。中には、イスラーム的な祈りの言葉を用いるなどしてムスリムであることを強調するドゥクンもおり、彼らにも「病気を癒すのはアッラーである」という語りは可能である。そこで問題になるのは、この語りが本当に癒しの力を神に委ねる心の忠実な表現なのか、あるいは、その語りとは裏腹に自分自身の特殊な力に自信を抱いているのか、である。もちろん、これは個人の心の問題であるから、他人には分からない(従って、これはドゥクンにとってのみの問題ではない)。しかし、ドゥクンが自らの治癒能力を患者に顕示する行為に、「預言者の医学」の側のムスリムは、「彼になにものも並び置いてはならない」(四章三六節)という神の唯一性(つまりは、治癒能力の唯一性)を説くクルアーンの教えに反するものを感じ取る。こうして彼らは「非イスラーム的」な医療の存在を意識化し、「真正な」イスラームを回復するための手段としての役割を「預言者の医学」に与えることになる。

謝辞 本稿の執筆にあたって、蓮池隆広氏にアドバイスを頂きました。心より感謝申し上げます。

注

（1）ムスリム（Muslim）はイスラーム教徒の意。神への「帰依」を意味するイスラーム（Islām）の語形変化で、「帰依する者」を表す。

（2）インドネシア語で、ＰＴは「株式会社」、penawar は「解毒剤」「薬」などを意味し、alwahida はアラビア語の「唯一神《アル・ワーヒド》」（al-Wāḥid）に由来する。

（3）インドネシア直接販売組合（Asosiasi Penjualan Langsung Indonesia: APLI）の組合員八二社の内、企業ウェブサイト等が見つからず商売内容が不明な約三〇社を除くと、残りのおよそ六〇％弱が健康関連商品、二五％程度が美容関連商品を取り扱っている（ＵＲＬ②）。

（4）「カッピング療法」「吸い玉療法」とも言い、ガラスのカップを地肌に吸いつけ、真空状態を作って鬱血状態を起こし血行を促す「乾角法」、鬱血後に針などで皮膚を傷つけ、再度カップを吸いつけて瀉血する「湿角法」がある。「預言者の医学」では後者が主流。

（5）ＨＰＡＩの標語や医療観に関する説明については、同社が会員用に作成した教材 *Kuliah Herba Thibbunnabawi* を参照。

（6）インドネシアの保健省（Kementerian Kesehatan）のウェブサイト（ＵＲＬ④）で、二〇〇三年公表の文書（1076/MENKES/SK/VII/2003）を参照。

（7）アラビア語の「内面《バーティン》」（bāṭin）を語源とするクバティナンは、古来のジャワの精神文化を土台にヒンドゥー教やスーフィズム（神との合一を目指す修行論を含むイスラーム思想）を取り入れ、独特の呼吸法や断食などによって精神の変容を促す伝統。また、ドゥクンについては、クバティナン系の他に、助産専門や生薬療法主体のドゥクンなどもおり、その種類は多様である。

参照文献

塩崎悠輝 二〇一六、『国家と対峙するイスラーム——マレーシアにおけるイスラーム法学の展開』作品社。
床呂郁哉・西井凉子・福島康博編 二〇一二、『東南アジアのイスラーム』東京外国語大学アジア・アフリカ言語文化研究所。
中田考監修、中田香織・下村佳州紀訳 二〇一四、『日亜対訳クルアーン——［付］訳解と正統十読誦注解』作品社。
福島真人 二〇〇二、『ジャワの宗教と社会——スハルト体制下インドネシアの民族誌的メモワール』ひつじ書房。
牧野信也訳 二〇〇一、『ハディースⅤ イスラーム伝承集成』中央公論新社。
見市建 二〇〇四、『インドネシア——イスラーム主義のゆくえ』平凡社。
吉田正紀 二〇〇〇、『民俗医療の人類学——東南アジアの医療システム』古今書院。
Fealy, G. and S. White eds. 2008, *Expressing Islam: Religious Life and Politics in Indonesia*, ISEAS Publishing.

URL

① Pew Research Center. http://www.pewforum.org/2015/04/02/religious-projection-table/（二〇一八年八月二七日閲覧。以下同）
② Asosiasi Penjualan Langsung Indonesia. https://www.apli.or.id/anggota/
③ Dewan Syariah Nasional. https://dsnmui.or.id/daftar-perusahaan-penjualan-langsung-berjenjang-syariah/
④ Kementerian Kesehatan Republik Indonesia. http://www.depkes.go.id/index.php?act=regulation

第３章　聖と俗の混紡
——現代イスラエルにおけるユダヤ教の諸相

志田雅宏

「本当に僕の家には聖と俗の混紡があるよ」——現在のイスラエルにはおよそ九五万人の超正統派ユダヤ教徒（ハレディーム）が暮らしているとされ、その割合は国内の人口全体の一割を超える(1)。ハレディームとは、宗教的に保守的な方針をとり、ユダヤ教の戒律を厳格に守る人々である。そして、自分たちのルーツである言語（東欧ユダヤ社会の言語であったイディッシュ語）を話し、服装（男性は東欧風の黒い服装で全身を包み、女性は慎み深い身なりをする）によって意識的に世俗社会との差異を可視化する。

冒頭の言葉は、ハレディーム社会に生まれたが、成人になってからその閉鎖的な世界を離れた男性が語った一言である（Doron 2013, p. 184）。「混紡」（シャアトネズ）とは、毛糸と亜麻を織り合わせた衣服の着用を禁じる聖書の規定に使われる用語である（申命記二二章一一節）。そしてここでは、イスラエル社会における聖と俗というふたつの世界の断絶を含意する語として注目する。この「混紡」に直面する現代イスラエルのユダヤ教について、具体的に三つのテーマを挙げ、その諸相にせまってゆきたい。

超正統派と並び、イスラエルのユダヤ教を特徴づける宗教運動として宗教シオニズムが挙げられる。一九世紀のヨーロッパにおける民族主義と反ユダヤ主義の高まりのなかで、ユダヤ民族国家の建設をめざす運動として起こったのがシオニズムだが、その主たる担い手はユダヤ教を離れ、世俗化したユダヤ人たちだった。宗教シオニズムとは、この運動をメシアによる贖い（ゲウラー）として意味づけ、ユダヤ教の戒律実践やメシア信仰と結びつける試みであり、二〇世紀初頭から本格化した。

一　宗教シオニズムの多様化

ユダヤ教の歴史上、宗教シオニズムはある種の革新性をそなえていた。なぜなら、近代以前のユダヤ教では、聖地（イスラエルの地／パレスチナ）への移住（アリヤー）を宗教的義務とみなさず、むしろ離散（ディアスポラ）の生を尊重する見解が支配的だったからである（ラブキン 二〇一〇）。宗教シオニストは、移住を戒律として明記した中世のユダヤ人学者ナフマニデス（一三世紀）に依拠するが、ユダヤ教ではこうした法的見解はきわめて例外的だったのである。

現代のユダヤ教ファンダメンタリズム（原理主義）として、ハレディームと宗教シオニストがともに挙げられることがあるが、イスラエル国家に対する両者の態度は対照的である（Shahak and Mezvinsky 2004）。ハレディームは――急激な人口増加ゆえに政治的影響力を高めているものの――シオニズム運動の結果としての世俗国家イスラエルを認めておらず、独立記念日などの国家的祝日も無視している。他方、宗教シオニズムでは、民族国家の建設がメシアによるユダヤ民族の贖いの過程として解釈される。宗教シオニストたちは、パレスチナにユダヤ人の国家を確立することによって、王であるメシアを自分たちの手でこの世界に迎え入れることができるという信念を持っているのである。

宗教シオニズムでは二〇世紀を通じて内部対立が繰り返され、いまではその姿がきわめて多様化している。政治的なレベルでは、宗教右派の民族宗教党（マフダル）[2]や、ヨルダン川西岸地区で入植活動を展開するグーシュ・エムニームといった組織が大きなインパクトを残してきた。彼らは一九六七年の六日戦争におけるイスラエルの勝利や、八七年の第一次インティファーダを契機に、パレスチナ人居住地域への暴力的な入植を激化させていった。そしていまも、入植の過程で命を落とした者を「殉教者」として聖別し、その死を神聖な犠牲ととらえ、メシアによる救済の実現をめざして活動している（今野 二〇一一）。この活動的メシア主義の基盤を形成したのは、二〇世紀前半から半ばにかけてイスラエルに深く浸透したラヴ・クック親子の教えである。ユダヤ人の移住をメシア到来の過程として解釈し、自然や世俗社会、各個人の内部に隠された神性が宿ると考え、メシア待望と汎神論的世界観を結びつけたアブラハム・イツハク・クックと、メシアによる救済の実現を主導するのは神ではなく宗教的戒律を実践する人間だと述べ、急進的なメシア主義を唱えたツヴィ・イェフダ・クックである（Rosenak 2015, pp. 290–323, Schwartz 2009, pp. 27–38, 77–78）。

異教徒・異民族排斥が過激化する傾向は、『王の教え』という著作の出現にもみることができる。『王の教え』は西岸地区の入植地に建設されたユダヤ教学塾（イェシヴァ）が出版したハラハー（ユダヤ法規）の著作であり、殉教の信仰とは別の仕方で、パレスチナ人の排除や彼らへの暴力を正当化しようとするものである（Shapira et al. 2009）。二〇〇九年出版の第一巻では、「汝殺すなかれ」という十戒の命令がユダヤ人の殺害のみを禁じたものであることや、戦争下では異教徒を殺害することが認められるといった主張が提示された。また、異教徒が守るべき「ノアの七戒」(タルムード[3]が規定する人類への神的命令。偶像崇拝の禁止や殺人の禁止など)に違反した者は殺されるべきであるという見解が、中世のユダヤ人哲学者マイモニデス(一二世紀)の法典に依拠して示された(マイモニデス『ミシュネー・トーラー』「王と戦争の法規」八章一〇節)。強硬な入植活動やパレスチナ人への暴力を正当化しようとするこれらの動きに対しては、イスラエル社会からも強い反発が生じている。二〇一一年にはヘブライ大学(エルサレム)で『王の教え』についてのシンポジウムが開催され、同書を掲げる入植地のユダヤ教指導者に対してフロアから「差別主義者」という抗議のプラカードが示された。また、入植者たちのマイモニデス解釈に対するユダヤ研究者からの批判が述べられ、中世ユダヤ教思想の現代的意義を問いなおすという課題の喫緊性が強調された。

『王の教え』は極端な例だが、ハラハーを現代社会においてどのように適用してゆくべきか、すなわち聖と俗の統合という課題自体は、宗教シオニズムにおいて常に中心に置かれてきた。宗教シオニズムはその草創期から、ユダヤ教学塾において世俗的な諸学問を導入する試みを続け、「トーラー(律法)と労働」の理念を掲げて宗教的キブツ(共同体)を設立してきた歴史を持つ。この理念を体現する青年組織として一九二九年に創設され、この一〇年でも急速に拡大しているのがブネイ・アキヴァ(「トーラーと労働」の理想的人物とされるラビ・アキヴァに由来)である。彼らは聖地への移住の価値を強調し、国内だけでなく全世界に支部を持ち、「ハフシャラ」と呼ばれる一年間のイスラエル滞在プログラムなどを実践している。

また、宗教教育と入植のための訓練を両立させる理念は、現在では「ヘスデル」と呼ばれる制度へと発展している。「ヘスデル」とはユダヤ教におけるトーラー学習と、イスラエルの男女に義務づけられている兵役を結びつけた教育課程であり、兵役もまた宗教教育の一環として評価している点が特徴的である。こうしたブネイ・アキヴァの活動に加えて、一九七〇年代後半以降、宗教的キブツによって創設されたユダヤ教研究機関が大学を中心に活動を広げ、市民に対する知的な啓蒙も進めていることも指摘しておきたい。この知的活動も、いわば穏健なかたちでの宗教シオニズムとして位置づけられる(Schwartz 2009, p. 116)。このように多様化する宗教シオニズムから、国家の右傾化と宗教との関係や、現代社会における宗教伝統の解釈といったテーマについてのさまざまな示唆が得られるのではないだろうか。

二　ふたつの世界のはざまで

一九七〇年代以降、ユダヤ教世界での宗教回帰の現象として広がったのがテシュヴァー(悔い改め)運動である(立山 二〇〇〇、七三—七五頁)。イスラエルでは兵役などが転機となって、世俗社会出身の若者がユダヤ教に目覚め、「悔悛者」(バアル・テシュヴァー)としてハレディーム社会での厳格なユダヤ教生活に没入してゆく動きがみられる。そして、この「悔悛への回帰」(ハザラー・ベテシュヴァー)と対をなすようにして、「懐疑への回帰」(ハザラー・ベシェエラー)、つまりハレディームの家族に生まれた若者がその閉鎖的な社会を離れ、個人として世俗社会に入ってゆく現象も生じている。この双方の

図1　メア・シェアリームを歩くハレディーム（2011年9月筆者撮影）

「回帰」は、さまざまな理由で新しい自己アイデンティティを求めるイスラエルの若者たちが直面する、ふたつの世界の「混紡」の現実を映し出している。

　超正統派ユダヤ教への「改宗」と表現されることもある「悔悛への回帰」では、悔い改めの儀礼をハラハーに則して規定したユダヤ教指導者たちの著作や、著名人による自分自身の悔悛体験についての著作が指南書としての役割をはたすことが多い。悔悛をめざす者たちは服装や名前を変え、沐浴（ミクヴェ）などの儀礼実践を繰り返しおこない、悔悛者向けに設立されたユダヤ教学塾に参加することで、自分たちのすぐ隣に広がる厳格なユダヤ教共同体に足を踏み入れてゆく。

　ところが、閉鎖的なハレディーム社会ではこうした新参者を必ずしも歓迎していない。メア・シェアリームというハレディーム居住区域を抱えるエルサレムでも（**図1**）、またイスラエル全体で見ても、ハレディームの政治的・社会的影響力はますます大きくなっている。その一方で彼らはその閉鎖性を維持しつつ、ときに巨大なデモを起こす――参加者は成人男性であり、彼らはみな黒い衣服に身を包んでおり、その視覚的なインパクトもきわだっている――など、いわば迫害を受ける者としての立場を先取りすることで聖俗の境界線を繰り返し強調してきた。そんなハレディームにとって、ふたつの世界を移動する「悔悛者たち」が境界の侵犯者として映ることは想像に難くない。

そして、この拒絶はときに悔悛者たちの深刻な孤立を招く。その象徴的な事件が、二〇〇九年の「タリバンの母」——全身を衣服とブルカのようなベールで覆っていたため、イスラエル社会でそう呼ばれるようになった——による児童虐待である（Doron 2013, pp. 85–87）。さらに、彼女が暮らすべト・シェメシュの超正統派ユダヤ教の共同体では、こうした「慎み」が六—一〇歳の少女たちにも強制され、彼女たちも同様の服装をさせられていたことが明らかになった。しかし、ハレディームの指導者たちは二〇一一年までこの慣習を非難せず、沈黙を続けた。それは、この小さな共同体を構成する家族の大半が、エルサレムのハレディーム社会から拒絶され、逃げるようにしてこの地にやってきた悔悛者たちだったからであるとみられている。伝統的な宗教的価値観に対する極端な解釈と、自分たちが入りたいと願う社会から排除されることによる疎外感は、ときとして女性や子供への深刻な抑圧や暴力につながる。ハレディームの社会では悔悛者たちに対する差別的な意識が根強く残っているのである。

また、イスラエルでは一九七〇年代と九〇年代以降にそれぞれ、「ミズラヒーム」と呼ばれる中東イスラーム世界出身のユダヤ人、「ファラーシャ」と呼ばれるエチオピア系ユダヤ人に対する差別が社会問題化したが（臼杵 一九九八）、東欧アシュケナズィ系ハレディームを頂点とする超正統派ユダヤ教世界でもこうした差別が構造化している。そこでは教育、礼拝、婚約などをアシュケナズィ系の機関において実践することが最高の宗教的ステータスであると広く認識されており、「悔悛者たち」や非アシュケナズィ出身ハレディームもそれをめざすことが多い。それゆえか、出身の違いに起因する差別の現状について、当事者たちが声を上げる機会が世俗社会よりも少ない。そして、社会の階層性や閉鎖性がもたらす疎外感や孤独を、自分たちの内側の弱者への暴力に転化してしまう事態が生じている。

逆に、「懐疑への回帰」として、ハレディーム社会を離れ出る者たちもしばしば深刻な問題に直面する。彼らの多くは「回帰」によってユダヤ教を「棄てる」わけではなく、世俗社会において新たな宗教性を獲得していこうとするが、世俗の人間として初めて迎える安息日にいったい何をしたらよいのかわからず困惑する場合もある。また「悔悛者たち」にも言えるが、「回帰」にともなう最も深刻な問題のひとつが家族との断絶である。ハレディーム社会では、「懐疑者」が身内から出ると、家族がシヴア（七日間の服喪）の儀礼をおこない、その者を死者として「弔う」ことがある。また、悔悛者たちは厳格なユダヤ教の生活を実践するための学塾やセミナーを受ける機会を提供されるのに対し、懐疑者たちには世俗的な生活を営むための制度的な学習機会はなく、加えて宗教的な教育のみを受けてきたことや就労経験がないことなどから、経済的な困難に直面する者も多い。

世俗社会で孤独に苦しむ「懐疑者たち」がつながりを求めるさい、頼りにするのはやはりインターネットやSNSである。一般的にハレディーム社会では外部の「不適格な」情報を取り入れないよう、インターネットを忌避すると思われがちだが、実際にはハレディームの若者たちが使うチャットサイトなどもあり、懐疑者たちもしばしばそれを利用して仲間を探す。加えて、彼らの生活を支援する非営利組織もある。その代表格が一九九二年に設立されたヒレルである（URL②）。ヒレルはハレディーム社会を離れた若者たちを「離れ出る者たち」（ヨッツィーム）と呼び、主に心理カウンセリング、住宅や就労のための経済的支援、奨学金制度を含めた進学指導を通じて彼らを支援している。また、ウェブサイトでは支援を受けた者たちのインタビューや書籍も紹介されている。加えて、ハレディームは基本的に兵役を免除されるが、ヒレルでは懐疑者たちが兵役の義務をはたすことを積極的に推奨している。ヒレルの目的は、懐疑者たちがイスラエル社会で自立した個人として生活できるよう手助けすることである。そして兵役や大学進学を通じて、懐疑者たち同士で、あるいはより多くの同世代の若者たちとのつながりを築くことがその達成につながると考えている。

三　カバラーの普及

近年、ユダヤ研究者たちの関心を引く現象として、イスラエル社会におけるカバラーの普及がある。カバラーとは中世に成立したユダヤ教神秘主義の潮流だが、元来きわめて秘匿的であった神秘の教えを、イスラエル社会（あるいは全世界）に普及しようという新たな動きが起こっている。ネオ・カバラーとも呼ばれるこの現象は、現代社会におけるスピリチュアリティの興隆の一例としてとらえられる。そこには、既存の宗教的制度への対抗や、瞑想などによる体験の重視、そして伝統宗教内部からの新たな探求といったスピリチュアル文化の特徴が顕著にみられるからである（島薗 二〇〇七）。

前節で述べた「悔悛者たち」を広く取り込むことで、一九九〇年代以降急激に拡大してきたのがブラツラフ派ハシディズムである。ハシディズムとは、カバラーの流れを汲み、一八世紀に東欧ユダヤ社会で広まった大衆的な宗教運動である。そして、指導者ブラツラフのラビ・ナフマンのもとで一九世紀初頭に同派が形成された。ブラツラフ派の重要な行事に、開祖ラビ・ナフマンの墓地（ウクライナ中部ウマン）への新年の巡礼があるが、当初数十名の小さな習慣だったものが、いまでは数万人が参加する巨大なイベントとなっている（メイール 二〇一六、三二頁）。その参加者はブラツラフ派の中核をなす伝統的なハレディームにとどまらない。ブラツラフ派は中央集権的な集団ではなく、異なる複数の法的権威においてラビ・ナフマンの教えを独自に解釈し、普及させてきた。この普及活動によって感化された悔悛者たちが、イスラエルにおけるハシディズムの新たな担い手となっているのである。

たとえば、ラビ・ナフマンの重要な教えに「ヒトボデドゥート」がある。これは周囲から自己を隔離し、部屋や森のなかで精神を集中させ、神と率直に語らう実践であり、ナフマンはその語りが神秘体験をもたらすと教えた。一方、現代のブラツラフ派の指導者たちは、仏教やヨガの瞑想を連想させながら、ヒトボデドゥートを個々の精神を治癒することを目的とするシステムとして提示する。その意図は、だれでも個人で実践できる瞑想法としてヒトボデドゥートを広く普及させることである。このような瞑想技法としての解釈が、悔悛した多くの若者たち（ひいてはユダヤ教への信仰を持たぬ者たちも）を惹きつけているのである（Persico 2014）。

ハシディズムにかぎらず、ユダヤ教神秘主義の本流ともいうべきカバラーでもさまざまな普及の試みがみられる。その礎を築いたのは、二〇世紀初頭のイスラエルで活動したふたりのカバリストである。ひとりは宗教シオニズムの箇所でも触れたアブラハム・イツハク・クックである。クックはシオニズムやユダヤ人国家の建設といった歴史的な出来事をメシアによる救済のプロセスのなかに位置づけ、世俗的なユダヤ人社会にふさわしい新たなユダヤ教が必要だと主張した。そして、彼にとっての新しいユダヤ教の中心にあったのはカバラーであった。クックは伝統的なユダヤ教の秘密の知恵が万人に広まることで、世俗社会に眠る聖なる潜在的力を引き出すことができると考えたのである。そして、もうひとりがユダ・レイブ・アシュラグである。アシュラグはカバラーの教典ともいうべき『光輝(ゾーハル)の書』(一三世紀)やイツハク・ルリア(一六世紀)の教えについての註解を記し、天上の神的世界を描いたカバラーの古典的な著作を、人間の内面を探究してゆくための道標として解釈しなおした。超越的な神の世界から人間や社会の心理へと、カバラーの秘密の光を向けなおすことで、アシュラグもまた伝統的なカバラーの現代的な解釈と普及に努めたのである(山本 二〇一五、一四六―一五〇頁)。

現在のイスラエルにおいても、アシュラグ派のグループはさまざまな活動を展開している(Meir 2007)。なかでも重要なのはシュラガ・フィリップ・バーグの一族とマイケル・ライトマンである。両者は伝統的なユダヤ教の規範に対抗する姿勢を示している点でも共通している。

バーグはマドンナのカバラーの師として有名で、アメリカのニューエイジ・ブームのなかでカバラーを広めることに成功した。アシュラグとその弟子ブランドヴァインからカバラー普及の使命を受けたバーグは、全世界に「カバラー・センター」を展開し、イスラエル国内でもテルアビブやハイファに拠点を作った。バーグはカバラーの歴史を、秘匿されていた秘義が開示されてゆく過程としてとらえ、アシュラグがその最後を飾ると考えた。つまり、アシュラグの註解によってカバラーのすべての秘密は明かされたのであり、その後を生きる我々はすでにメシアの時代にいるというのである。救済はカバラーの普及によって徐々に進行する。ゆえに、いまなおカバラーの秘匿性に固執し、かつての規範を振りかざして秘義の普及を禁じる者を、バーグは「サタン」と呼んで敵視する。また、ホロコーストによって東欧のユダヤ人が殺されたのは、彼らがカバラーに従事しなかったからだという不穏な歴史解釈を示した。バーグはイスラエル社会におけるユダヤ教離れを認識し、アシュラグの注釈が施されたカバラーがその薬になると考えた。これはアシュラグやクックがカバラーの現代的意義として確信していたことでもあったが、加えてバーグはカバラーを積極的に脱ユダヤ教化し、魂を幸福へと導く万人のためのテクノロジーであると強調する。極端に言えば、世界のあらゆる宗教には科学としての「カバラー」があり、宗教の創唱者や達人はすべからく「カバリスト」となる。そして、二〇〇三年から中世カバラーの教典『光輝(ゾーハル)の書』(アシュラグの注釈付き)を配布する「すべての家にゾーハルを」という計画を実行し、イスラエルは世界の心であり、世界に平和をもたらすという主張を繰り返している(図2)。

図2 カバラー・センター(イスラエル)のホームページ内の「すべての家にゾーハルを」のサイト

マイケル・ライトマンもカバラーを科学としてとらえ、その学習を伝統的なタルムード学習に取って代わるものと位置づけている。また、秘義の秘匿が終末的破局の原因であり、カバラーの知恵が平和をもたらすという信念もバーグと似ている。一方で、ライトマンはユダヤ人の離散がカバラーの学習からユダヤ人を遠ざけていると主張し、イスラエルの地に住むことの重要性を強調する。さらに、カバラーの普及は万人がカバラーの知恵を修得することを目的とするものではなく、きたる将来においてカバリストが世界を統治するという彼自身の社会的ビジョンを実現するためであると主張する。ライトマンが設立した「ブネイ・バルーフ」は、秘匿的であった伝承を開示し、広めるための学術機関というよりも、カバラーによる世界の平和的統治を実施するためのモデルとして構想されている。

タルムード学習や戒律実践といった伝統的なユダヤ教の諸価値を否定するようなバーグやライトマンの活動に対しては、ユダヤ教の規範を重んじるカバリストたち(カバリストの多くはユダヤ教の宗教的指導者でもある)の反発を招いた。だが、興味深いのは、そうした保守的なカバリストたちもカバラーの普及を積極的におこなっていることである。イスラエル国内にはカバリストのユダヤ教学塾がいくつもあり、彼らはカバラーの書籍を写本から校訂して出版し、なかにはインターネットで無料公開している者もいる。エルサレム旧市街に拠点を持つ学塾「ベイト・エル」では、中東出身の指導的カバリストとして名高いシャローム・シャラービー(一八世紀)の祈禱書が使われているが、これもカバラー的祈り(「精神集中」と呼ばれる実践)の書物として繰り返し出版されている。

バーグやライトマンへの批判の急先鋒としては、ヤアコヴ・モシェ・ヒレルやベン・ツィオン・ラビノヴィッツがいるが、彼らはカバラーの普及自体にはまったく反対していない。問題なのは普及の方法であり、彼らは「悔悛者たち」や大学機関におけるカバラーの実践や研究を制限し、慎み深さやしかるべき準備（ミシュナ、タルムードの学習）、沐浴による身体の清らかさが必要であると主張する。秘義は開示されるべきだが、そこに制限を設け、最も深遠な秘義はいまだ正統なカバリストたちのあいだで占有されるべきであると彼らは考える。一七世紀に登場したシャブタイ・ツヴィ――メシアを自称したカバリスト――は、最終的にイスラームに改宗するという挫折を迎えた。この偽メシアのモデルをバーグやライトマンに適用し、カバラーの普及という現状のなかで、なおも秘義の規範的な開示のあるべき仕方を提示しようと模索しているのである。

中世に誕生したカバラーは、その黎明期においては創造的原初の探究、厳格な秘匿性、そして神智学的主題といった特徴を有していた。だが、現代においてはそこから大きく転回し、ときにユダヤ教の規範すらも逸脱して、人間の内なる聖性の発現を可能にする体系として広まりつつあるといえる。

四　結論

これら三つの事例からも明らかなように、伝統宗教への回帰、世俗社会の再聖化という現象はイスラエルでも起こっている。最後に、聖と俗のふたつの世界の「混紡」という特徴に注目して、現代イスラエルのユダヤ教についての考察をまとめたい。

「混紡」に対する働きかけは大きくふたつに分かれる。差異化と同一化である。前者はおもにハレディームによるものである。ユダヤ教における伝統への回帰運動である「悔悛への回帰」と、それに相反する「懐疑への回帰」は、イスラエルのハレディーム社会がたえず試みてきた両世界の差異化によってさまざまな問題を生み出した。「悔悛者たち」は閉鎖的な超正統派の共同体に加わることを拒絶され、自分たちに課す過度の宗教的厳格さを身内への暴力に転化してしまうことがある。他方、「懐疑者たち」も家族からの強制的な「死別」を宣告され、混紡はあってはならぬことという認識の呪縛を背負ってしまうために、世俗社会での新たな暮らしにおいて困難に直面する。混紡を厳格に禁止するハレディームは聖と俗の世界を断絶させることで、自分たちの宗教アイデンティティを保持しようとしてきた。だが、それによって両世界のはざまに取り残され、孤独に苦しむ人々もいる。彼らをどのように支えてゆくかは、イスラエル社会にとって今後さらに重要な課題となるだろう。

それに対し、同一化の働きかけは、世俗社会や個人の内部に聖なるものを見出そうとしたクックの教えを受け継ぐ仕方で、宗教シオニズムや現代カバラーにおいてみられる。しかし、世俗社会を聖なるもので覆いつくそうとする彼らの理想においても、ときに強い排除の論理が作用することを看過すべきでない。異教徒・異民族への暴力を正当化する過激な宗教シオニズムの出現に対して、ユダヤ教世界やイスラエル社会が応答を求められる機会は増えてゆくであろう。それとは別に、この同一化の働きかけにおいて興味深いのは、入植活動を殉教と贖いとしてとらえる活動的シオニストたちも、秘義をイスラエル全体に広めようとする現代カバリストたちも、終末的な——もっと言えばすでにメシアの時代に入っているというような——歴史意識を表明し、メシアによる救済の最終的な実現者は人間であると確信していることである。世俗社会の再聖化をめざす試みのなかでおこなわれる伝統の再解釈は、とりわけカバラーの場合に顕著だが、個人の内面をより良いものに変えてゆくための霊的実践を社会に提供するという目的を明確にしている。こうした人間主体の、個人が自分自身で救済を実現するという救済観が顕著であることも注目に値するといえよう。

付記　本論文は、（独）日本学術振興会特別研究員ＰＤの研究成果の一部である。

注

（1）Israel Democracy Institute の二〇一五年調査による（ＵＲＬ①）。
（2）同党は二〇〇八年に解散して「ユダヤの家」党に加わり、右派勢力として連立与党を形成している。
（3）口伝律法ミシュナについての伝承や学習をまとめたラビ・ユダヤ教の教典。

参照文献

今野泰三　二〇一一、「死と贖いの文化――フロンティアのメシア主義者」臼杵陽監修『シオニズムの解剖――現代ユダヤ世界におけるディアスポラとイスラエルの相克』人文書院。
臼杵陽　一九九八、『見えざるユダヤ人――イスラエルの〈東洋〉』平凡社。
島薗進　二〇〇七、『スピリチュアリティの興隆――新霊性文化とその周辺』岩波書店。
立山良司　二〇〇〇、『揺れるユダヤ人国家――ポスト・シオニズム』文春新書。
メイール、ヨナタン　二〇一六、山本伸一訳「二〇世紀におけるカバラーの主潮流」『ユダヤ・イスラエル研究』第三〇号。
山本伸一　二〇一五、『総説カバラー――ユダヤ神秘主義の真相と歴史』原書房。
ラブキン、ヤコヴ・Ｍ　二〇一〇、菅野賢治訳『トーラーの名において――シオニズムに対するユダヤ教の抵抗の歴史』平凡社。
Doron, S. 2013, *Shuttling Between Two Worlds: Coming to and Defecting from Ultra Orthodox Judaism in*

Israeli Society, Hakibbutz Hameuchad(in Hebrew).
Meir, J. 2007, "The Revealed and the Revealed within the Concealed: On the Opposition to the Followers' of Rabbi Yehuda Ashlag and the Dissemination of Esoteric Literature," *Kabbalah: Journal for the Study of Jewish Mystical Texts*, vol. 16(in Hebrew).
Persico, T. 2014, "Neo-Hasidism & Neo-Kabbalah in Israeli Contemporary Spirituality: The Rise of the Utilitarian Self," *Alternative Spirituality and Religion Review*, vol. 5.
Rosenak, A. 2015, *Jewish Thoughts: In the Teaching of Aviezer Ravitzky*, The Zalman Sha'ar Center for Jewish History(in Hebrew).
Schwartz, D. 2009, trans. B. Stein, *Religious Zionism: History and Ideology*, Academic Studies Press.
Shahak, I. and N. Mezvinsky 2004, *Jewish Fundamentalism in Israel*, Pluto Press.
Shapira, Y. et al. 2009, *Torat ha-Melekh: Dinei Nafshot ben Yisrael le-'Amin*(King's Torah: Laws of Souls between Israel and Nations), Yeshivat 'Od Yosef Hai, vol. 1(in Hebrew).

URL

① https://en.idi.org.il/haredi/2016/?chapter=12433(最終閲覧日二〇一八年一月三〇日)
② https://www.hillel.org.il/en/(英語ページ)(最終閲覧日二〇一八年九月三日)

第4章　悪魔祓い騒動からレジオナール運動まで
――ルーマニア社会の変動と連続性

新免光比呂

一　はじめに

二〇〇五年、ルーマニアにおいて悪魔祓いの儀式によってひとりの修道女が死亡したと世界的に報道された。西欧諸国では、大手メディアである「サンデー・タイムズ」、「ニューヨーク・タイムズ」、「USAトゥデー」、「エルサレム・ポスト」、「スコッツマン」、BBC、CNNなども大々的にこれを取り上げた。共通するのは、現代世界における「野蛮」な行為への驚愕や旧東欧社会への懐疑であった(『汚れなき祈り』二〇一二)。さらにいえば、チャウシェスク大統領による独裁政権を打倒した一九八九年民主革命から十数年をへても、ルーマニアがなおバルカンの「未開地域」、「中世社会」であるかのような印象である。

本稿では、この悪魔祓いによる修道女の死という事実とそれに基づいて作成された映画を出発点に、ルーマニアにおける知識人と民衆が巻き込まれている宗教と政治の実践の問題について概観する。具体的には、悪魔祓い騒動の背景となった民主革命後の社会状況、そこに至るまでの歴史的な政治と宗教の関わり、大戦間期のレジオナール運動という右翼急進主義運動に見られた知識人の宗教的、政治的言説、また筆者のルーマニア農村部におけるフィールドワークと昨今のネット情報から民衆が生きていた生活感情と宗教観を探り、これらからルーマニアにおける社会の変容と固有の性格の持続の意味について考察する。

考察の対象となるルーマニアは、一九世紀末、オスマン帝国支配下でワラキア公国とモルドヴァ公国が合同し、やがて近代国家として独立した後、西欧的政治制度の導入を積極的に行い、さまざまな蹉跌がありながらも立憲王国として発展した。しかし、大戦間期に入ってからはレジオナール運動に見られるような民族主義とルーマニア正教信仰との結合した右翼急進主義運動が展開し、一九四九年以後は共産主義体制と正教信仰が癒着した民族主義的社会主義が成立した。

一九八九年の冬、世界を驚かせた民主革命は、再び西欧的な資本主義国家としてのルーマニアの発展を約束したかに思われた。さまざまな改革が進められ、経済的な面では物価の自由化、国営企業以外の私企業の認可、集団化された土地の元所有者への返還などが始まり、政治的には共産党以外の複数政党が認められて選挙による政権交代の可能性が開かれた。文化的には、政府の宣伝媒体でしかなかったテレビ、新聞にＩＴが加わって自由な報道と娯楽がもたらされた。その一方で、改革の否定的な影響としては、物価の値上がり、国営企業の解体による失業の増加、西欧の消費文化の流入による人々の欲望の肥大などの問題が生じた。

二〇〇七年には念願のヨーロッパ同盟（ＥＵ）への加盟を果たしたが、それ以降、ルーマニアからの人口移動・流出が加速した。社会主義体制時代には亡命などへの期待が高く、民主革命以後は自由化されたことを受けて親戚や特別な技能をもった人たちが仕事を求めて西側に渡る機会が増えていたが、EUに加盟して移動が容易になると、一気に国外流出が始まったわけである。若者や技能所有者の流出が問題となっているが、特に移動先の社会で摩擦を生んだのがロマ人(ジプシーと呼ばれてきた人々)たちの大量移動であった。

こうしたルーマニアと西欧との関わり方は、ルーマニア人自身による自画像の揺らぎをともなって歴史的に錯綜してきた。一九世紀以来、近代化は日本などと同じく西欧化と同義であり、不在地主子弟を中心とする若いエリートたちは先を争って西欧文化を受容した。それはトルストイの小説などにも描かれるロシア貴族たちのフランスかぶれと同じであり、彼らの間ではほとんどフランスが共通語となっていた。世界システムの周辺における西欧化の試みは、文化的に見れば滑稽ではあるが、政治社会的には集団の存亡をかけた真剣な試みであったと認めなくてはならないだろう。

ただし、近代化する側からの真剣な試みと西欧に対する幻想という問題だけではなく、西欧から向けられる視線もまた問題となって現れる。ルーマニアは、過剰なまでの西欧化にもかかわらず、ヨーロッパ内部での異質な存在とみなされる。その理由として、第一に先に挙げたロマ人の問題がある。第二にルーマニア人の国民的宗教である正教会に対する蔑視とまではいわないものの、カトリック教会、プロテスタント教会からの異質視がある。第三に物理的距離からくる一般的無知がある。これはエキゾチズムという魅力を生み出す一方で、なにか問題があれば、その現象から本質主義的思い込みも生み出す。これが、たとえば、悪魔祓いの儀式によって修道女が死亡した事件などをきっかけに噴出する。

ヨーロッパの周辺、東西の架け橋、文明の十字路など、さまざまに形容されるルーマニアの知識人、民衆にとって、宗教、政治、あるいは宗教と政治とはいかなるものであるのか、以下に論述を進めていきたい。

二　映画『丘を越えて（邦題『汚れなき祈り』）』

はじめに映画の内容について簡単に紹介しておこう（『汚れなき祈り』二〇一二）。主人公はアリーナとヴォイキツァという二人の孤児院出身の若い女性と設定されている。ドイツ在住のアリーナが、修道女として暮らしているヴォイキツァを訪ねるためにルーマニアに戻ってきたのが物語の始まりである。二人は、幼少時代を同じ孤児院で過ごし、互いに深い愛情を抱いていた。アリーナはヴォイキツァを誘ってドイツに行き、そこでまた一緒に暮らすことを望んでいたが、ヴォイキツァは、孤独なアリーナを修道院に招いて自室に泊めはしたものの、もはや人への愛ではなく神への愛を選んだことを示す。

神父と修道女らが夜のお祈りをしていると、突然興奮状態のアリーナが入ってきて、井戸に頭を打ちつけ、飛び込もうとする。驚いた修道女らは彼女を押さえつけ、病院へ運ぶ。アリーナの症状は肺感染のようだが原因はわからず、医者は日常生活のなかで様子を見ようと判断し、薬を処方する。アリーナは退院して修道院に戻る。ヴォイキツァはアリーナに懺悔を勧め、アリーナには罪の償いとして伏礼（ひざまずいての祈り）千回と断食が課せられる。

修道女に悪態をついたアリーナに、神父は、ここにいる覚悟ができていないと告げ、彼女を里親の家に行かせる。しかしアリーナは、里親が自分の金を勝手に使い、別の娘を自分の部屋に住まわせていることを知って、修道院に戻ってくる。そして彼女は、許可なく断食をし、禁制の至聖所に入ってしまう。神父は彼女を厳しく咎めるが、彼女は神父に罵りの言葉を吐く。神父は、ヴォイキツァともども出て行けと言うが、ヴォイキツァには行くところなどなかった。彼女は修道女長に相談し、アリーナに悪魔祓いの儀式をさせようとする。

お祈りに人々が集うと、アリーナが鐘を鳴らし、騒ぎ立てようとする。神父が彼女を部屋に閉じ込めると、アリーナは部屋に火を放つ。慌てた修道女たちは、アリーナを押さえつけて縛り、板に乗せ、鎖で腕をくくりつけ部屋に運ぶ。神父も覚悟を決め、ついに悪魔祓いの儀式が始まる。苦痛に喘ぐアリーナを見て、ヴォイキツァは、こっそりアリーナの戒めを解いて逃げるように声をかける。翌朝、ヴォイキツァは、修道女からアリーナが正気を取り戻したと聞かされ、彼女に会う。しかしアリーナは微笑みを見せたかと思うと、すぐに意識を失ってしまう。急いで救急車を呼ぶが、病院に着くと既に彼女は亡くなっていた。

以上が映画のあらすじである。もちろん実際の事件と映画ではいくつか相違する事実がある。まず季節について、映画では大斎や復活祭の前の二―三月に設定されている。実際の事件は復活祭や昇天祭の後の六月だった。出来事の期間に関して、映画ではアリーナがドイツから帰ってきてから二週間程度だが、実際には、ドイツから帰ってきて事件までには約三カ月たっている。修道女の数について、映画では一二人だが、実際には約二〇人だった。里親の家は、映画ではブカレスト近くの村だが、実際はトランシルヴァニア地方にあった。さらに、アリーナが死にいたるまでの物語に関して、実際には修道院以外にも孤児院や病院の診療にも問題があったと指摘される。映画ではその是非を語っていない。ただし、これらの差異があっても、出来事の性格と経過についてさほどの違いはないようである。

三　悪魔祓い騒動の背景

次節で詳しく述べるように、ルーマニアでは他の東欧諸国同様に社会主義体制下で無神論にもとづく宗教政策が行われ、正教会をはじめとする何百という修道院が閉鎖に追い込まれた。しかし、民主革命以後の宗教の自由化によって状況は一変し、それぞれの地域のコミュニティやビジネスマンによって、地元の誇りや敬虔さの証として教会や修道院が建てられるようになった。その多くが正教会に属するものであった。筆者の行った一九九四年から九五年にかけての現地調査でも、ルーマニア各地で続々と建築される新しい教会が印象的だった。それは資本主義の混乱のなかで貧困化が進んでいるとの社会分析とはそぐわない奇異な現象と思われたが、新しく作られた教会や修道院は、精神的な支えを求めていた地元の住人に熱狂的に受け入れられたようである。そうした傾向は、貧しい地区で特に顕著だった。映画の舞台となったモルドヴァ地方ヴァスルイ県タナクも貧しく、二一世紀になっても水は井戸から汲み上げ、夜はろうそくの明かりで生活していたという。こうして社会主義体制崩壊後に教会や修道院は急速に増えていったが、聖職者教育と育成が追い付かず、聖職者が不足する事態となっていたのである。

事件から一〇年前、つまり一九九五年(ちなみに筆者が調査滞在していた時期にあたる)、事件の当事者となる神父ダニエル・ペトル・コロゲアヌは、近くの村で活躍するサッカー選手であったが、ヤシにある大学の神学部に進む。その頃ちょうど、地元出身のビジネスマンがタナクの丘に小さな教会を建てようとしていて目をつけたのがダニエルだったという。教会作りを手伝うダニエルを見た地元の主教は、全く経験がないのにもかかわらず、彼を聖職者に任じてしまう。完成した修道院(ルーマニア正教会聖三位一体修道院)は、元々、司祭になる男子聖職者を育むために建てられたが、そうした当初の目的に反して、ダニエルは約二〇人の修道女を集めることになった。ダニエルにはカリスマ的な影響力があったようで、修道女たちは完全に彼に従属していたという。彼は、日中と夜中にも祈禱を行い、彼の祈禱は、近くの村の人々から強く支持されていた。

一方、悪魔祓いで死亡したイリーナ・マリチカ・コルニチは、一九八二年、ルーマニアのヴァスルイ県イバネシュティ村で生まれた。二年後、夫を失って子育てを断念した母親は、イリーナと兄ヴァシレを「子供たちの家」(孤児院)に預けた。当時はチャウシェスク大統領による支配の後期にあたる。急速な重工業化路線が破綻し、「飢餓輸出」ともいわれた無理な外債返還政策が進められ、国民生活が最低レベルへと降下していた時代であった。イリーナは、孤児院でキッツァという女の子と仲良くなり、一緒に音楽を聞いたり、同じ部屋で眠ったりするようになった。そして孤児院を出たイリーナは、一九八九年の民主革命後、国境が開かれたルーマニアから、二〇〇一年にドイツへ渡り、働くようになる。

映画のあらすじとやや重複するが、事件の経過を事実に基づいて簡単にまとめておく。二〇〇五年四月五日、イリーナはルーマニアに戻って、孤児院で一緒だったキッツァに会うためにモルドヴァ地方の聖三位一体修道院を訪れる。四月九日、イリーナが修道院で発作を起こして病院に運ばれたが、医者は統合失調症と診断した。四月二四日、完全に治ってはいなかったが、日常生活のなかで療養した方がよいとされ、退院する。そして修道院に戻り、修道女になる決心をしたが、六月一三日、イリーナを再び発作が襲い、修道女や院長を嘲笑し、悪態をつくようになる。それはイリーナ本人ではなく彼女に取り憑いている悪魔の仕業と考えた院長や修道女たちは、悪魔祓いによって彼女のなかにいる悪魔を追い出そうとする。急拵えの担架の上にくくりつけ、喚き声を出せないように口にはタオルで猿ぐつわをかませた。儀式は二昼夜続けられ、その間、イリーナには水も食べ物も与えられなかったという。六月一五日、イリーナの異変に気づいて救急車が呼ばれるが、やってきた救急医は十分な訓練を積んでおらず、イリーナは病院に搬送された時に既に死亡していた。

この事件は、「現代の悪魔祓い」としてルーマニア中に衝撃を与えて、新聞のヘッドラインを飾り、国外でも大きく取り上げられた。それに対してルーマニア正教会は、修道院を閉鎖して、ダニエルと四人の修道女を破門にし、現状を改め、これからは聖職者の審査に当たって心理面のテストも行っていくと表明した。ダニエルと悪魔祓いに関わったとされる四人の修道女は、不法監禁致死罪で逮捕され、裁判にかけられた。

裁判では、ダニエルらが「宗教的行為として全く正しかった」と主張する「悪魔祓い」に対し、現代の法律がどう裁くのかに注目が集まった。裁判が結審したのは二〇〇八年一月で、ダニエルには七年、修道女長には六年、三人の修道女には五年の求刑が言い渡された。法廷には、ダニエルを支援する信者たちが集まり、彼のために祈りを捧げた。判決が下された時、彼らはダニエルのために涙を流したという。二〇〇八年一月三〇日、ダニエルはヴァスルイにあるペニテンチアルルイ刑務所に収監された。しかし、刑務所内での生活態度から仮釈放が認められて、二〇一一年一一月三〇日に刑期の三分の二を残して出所。三人の修道女も二〇一一年一月に出所、修道女長も同年七月までに出所した。彼らが再び僧衣を着ることは認められていない。

四　民主革命までの宗教政策

映画で描かれた実際の修道院長、修道女などの宗教者と民衆との関係の活性化は、民主革命後の宗教自由化がもたらした結果である。民主革命以前、社会主義体制下で諸宗教は厳しい弾圧のもとにあり、宗教者は信者と深い関係をもつことはとうていできなかった。弾圧に彩られた社会主義体制以前の宗教政策にもルーマニアらしい大きな特徴が見られ、それは、一九一八年のパリ講和条約が大きく影響していた。それまでワラキアとモルドヴァからなるルーマニア王国においてはルーマニア民族が絶対的多数を占め、宗教的にはルーマニア正教会が公的なほぼ唯一の国民宗教として君臨していた。しかし、一九一八年の大ルーマニア成立によって、トランシルヴァニア、クリシャナ、バナート、ベッサラビア、ブコヴィナの諸地方がルーマニアに併合され、それとともに多くの少数民族を抱え込むことになった結果、プロテスタント、ローマ・カトリック、ギリシア・カトリックなども重要な宗教的存在となったのである。この新しい状況に対応したのが、一九二八年の宗教法であった。この法律に基づいて、バプティストとセヴンスデイ・アドヴェンティストなどのセクトをのぞくすべての宗教団体が、精神的事柄の自由を享受することになった。とはいえ国家はすべての宗教団体に行政的な支配を及ぼしたが、ローマ・カトリック教会だけは、一九二七年のバチカンとの政教条約に基づいて教会組織、教育制度などにおいて特権的な自由を得ていた。

このような状況に激変をもたらしたのが、ルーマニアにおける社会主義体制の成立とそれに続く新しい宗教法の制定である。ルーマニア社会主義国家の宗教政策は、共産党指導者と教会指導者との個人的な関係による協調、スターリン主義の影響下での弾圧、さらにチャウシェスク大統領の登場とともに進められた民族主義的政策に基づく妥協路線によって特徴づけられる。

戦後まもなく誕生した社会主義政権の宗教政策は、無神論の立場に立ちながらもルーマニア正教会やネオ・プロテスタントのなかの複数の宗派とは良好な関係を保った。ただし、それは共産党が国内を安定的に支配するにはまだ十分な力をもたなかったという実際的な理由のためである。国民の多くが宗教の深い影響下にあるという状況のもとで、共産主義者は、国民の支持を得るために宗教、特にルーマニア正教会との妥協を必要としたわけである。また一部のネオ・プロテスタント(1)については、その禁欲的な態度が共産主義者の共感を呼び、革命勢力としての共闘が期待されたという事情もあった。さらに、共産党の実力者であったゲオルゲ・デジと正教会の司祭ジュスティニアン(後の総主教)との個人的関係も、国家と正教会との間での協調体制に影響を与えたといわれる。

一九九〇年の新宗教法制定まで有効であった一九四八年宗教法の内容は、良心と宗教の自由に対する国家の保障、宗派間の対立の禁止、なんびとの宗教的信条も市民的政治的権利を保持、行使する障害とはならないこと、宗教団体はその実践および儀礼が憲法、安全保障、公共秩序、良俗に反しない限り自由に組織し、機能することができる、宗教団体はみずからの規範に則って組織することができることなど一見まともな項目からなる。ただし、各宗教団体は宗務庁を通して審査、承認を得るために、それぞれの信仰の信条とともに組織と運営の条項を提出しなければならないとある。それにしたがって、合法的認知の条件として、すべての宗教団体には「設立条項」が要求された。これに応じたユダヤ教やイスラームを含む一四の宗教団体が認知されたが、この条件を拒否したローマ・カトリック教会、ギリシア・カトリック教会、「主の軍隊」[2]、ネオ・プロテスタントのいくつかの宗派は認知されなかった。つまり、認知とはいっても自由な宗教活動を認めるというより、政府の管理下におこうとする手段にすぎなかった。

ルーマニア民族統合のための国民教会として社会主義政府から認知され、特権的な立場にあったルーマニア正教会も、一九五〇年代には他の宗教団体と同様に弾圧を被った。迫害の対象は主として修道院で、一九五八年から六三年のあいだに約五〇〇人の司祭、修道士、世俗信徒が逮捕された。そして修道院の数を二〇〇から一〇〇へ、修道士の数を七〇〇〇から二〇〇〇に減らされ、多くの修道士が投獄あるいは精神病院へ収容された。弾圧は一九六〇年代から七〇年代初頭にかけて小康状態に入り、一九六四年には大赦で一万二〇〇〇人の人々が釈放された。この時期は新たな指導者チャウシェスクの登場の時期と一致する。チャウシェスクは、ルーマニア人の民族主義的感情をあおり自己の権力基盤とするために、民族統合の手段として正教会は重要な意味をもったので、一時的ではあるが融和政策をとったのである。しかし、国家との妥協路線に正教会は大きな代償を支払わねばならなかった。多くの司祭が秘密警察セクリターテの情報提供者になり(Stan and Turcescu 2007)、また正教会の精神的な活動の低下にともなって、それに不満をもつ信者は福音主義などに惹かれていったのである。

一九八九年民主革命後に宗教は自由化されたが、社会主義体制下で正教会に接収されたギリシア・カトリックの財産返還問題やヨーロッパ同盟への参加、福音主義系の宗教団体などの増加で、ルーマニア民族主義を支えるルーマニア正教会の政治との結びつきは再び強まっている(Stan and Turcescu 2007)。

五　宗教と政治をめぐる知識人の歴史

そのルーマニアにおいて、宗教といったものが、個々の宗派を超えてもっとも大きな社会的問題になったのは、大戦間期の一九二〇―三〇年代を政治的、社会的にのみならず文化的にも彩ったレジオナール運動とよばれる右翼急進主義運動においてである。これはドイツ・ナチズム、イタリア・ファシズムなどに比べれば認知度では劣るが、多くの民衆や知識人が政治的熱狂の渦に巻き込まれ、ユダヤ人に対する大虐殺が行われたという点では共通点をもち、さらにカリスマ的という点では、バイロン的な美貌をもち、不可解な行動にみちた短いその生涯によって伝説的存在となった運動指導者ヨン・ゼレア・コドレアヌが、ヒトラー、ムッソリーニなどと肩を並べる個性を備えていた。

レジオナール運動は、従来、社会主義政権が支配するルーマニアでは、そのイデオロギー的立場から反動的テロリズムとして否定的に見られてきたが、チャウシェスク独裁体制が崩壊した一九八九年以降、再評価が行われているようだ。しかし、世界的に見れば右翼急進主義運動とそれに関わった人間への批判はなおもやむことはなく、ルーマニアを代表する世界的な宗教学者であるエリアーデもファシストとしての非難にしばしばさらされてきた(Dubuisson 2000, Berger 1994, Cain 1989, Allen 1994)。彼はイスラエルの歴史学者から反ユダヤ主義的言動を批判されたばかりでなく、自分自身の弟子であったベルガーからもレジオナール運動への関与を厳しく指弾されてきた(Berger 1994)。しかし、レジオナール運動に関与したのはエリアーデばかりではない。イヨネスコ、シオランをはじめとするルーマニア最高の知識人たちの多くが、レジオナール運動に賛同していたのである。

運動のルーマニア的特徴と考えられる宗教的色彩は、コドレアヌによる大天使ミカエル軍団の設立当初から強く見られたものであり、それは、コドレアヌが軍団の設立を決意するきっかけとなったのが、獄中での大天使ミカエルの顕現体験であったということからも当然ではある。だが、レジオナール運動に関しては、宗教的ということが大衆動員や政治方針のレベルにおいてもさらに明確に直接的に現象として表れていた。

他方、軍団組織の構成原理においては、レジオナール運動の指導者に対する絶対的な忠誠が原則とされた。指導者コドレアヌはレジオナール構成員にとっては神そのものとして神格化されていたのである。さらに自発的な犠牲というものが強く求められた。犠牲がもつ構築儀礼的な価値、贖罪的な価値が信じられ、実践されていた。このようなレジオナール運動の宗教性は、正教信仰を通して大衆の宗教性と深く結びついたものであり、大衆の心深くに強く働きかけていた。[3]

また政治運動の方針というレベルでも、一時期、大衆宣伝の一環としてとられていた選挙運動をベースとした議会主義という現実路線が、再び初期の宗教的性格へ復帰するということが見られた。そのきっかけとなったのが、一九三七年のスペイン内戦におけるヨン・モツァの死だった。信仰への深い帰依を示していたモツァの死は国を挙げての喪に服す大事件となり、選挙での勝利を重視する議会主義に傾斜していたレジオナール運動を宗教運動へと劇的に回帰させた。

こうしたレジオナール運動のなかに、世界的に有名な宗教学者となるエリアーデなども理想とする宗教性を見出し、レジオナール運動は政治的性格をもつのではなく、精神的なキリスト教的な意味をもっていることを強調した。このレジオナール運動のもつ宗教的性格へのエリアーデの傾倒は、つぎの言葉にあらわれている。

> レジオナール運動は精神的、キリスト教的意味をもっており、現在の革命が社会階級や人間による権力の掌握を目的とするのに対して、レジオナール革命は民族の贖罪、ルーマニア民族と神との和解を目的とする。それゆえに、歴史上現在までなされたすべてのことに関してレジオナール運動は異なる意味をもっており、レジオナールの勝利は、われわれ民族の美点の再建だけではなく、新しいヨーロッパ的生活と調和した人間の誕生をもたらす(Eliade 1938)。

エリアーデはレジオナール運動にルーマニア民族再生の契機を期待するばかりでなく、「新しい人間」の誕生までも期待している。もっとも、ここで示された民族の贖罪と神との和解というレジオナール運動の民族再生に果たす役割への評価は、決してエリアーデに限られたことではなく、他の知識人たちの言葉に示されている。たとえば、

レジオナール運動は、人間の倫理的浄化と信仰の回復による民族の宗教的再生を意味している(Panaitescu 1940)。

私が感じた共感は誠実で深い宗教的信仰に気がついたときに始まった。コドレアヌの著作を読んだときからレジオナールを愛し始めた。それはもっとも純粋な理想主義によって導かれた仕事であり、もっとも屈辱的な迫害についての感動的な叙事詩であった(Puscariu 1937)。

など、ルーマニア知識人のレジオナール運動への傾倒は、時代状況に流された危うさが感じられるものの、その高揚感は一時代を生きた者にしかわからないものであろう。

第二次世界大戦後の社会主義体制下で、もちろんレジオナール運動への賛辞は禁止され、それどころかレジオナール運動は右翼反動の狂信的運動とみなされた。運動に関わった知識人はすべてエリアーデ、シオラン、イヨネスコなどのように亡命するか、ノイカ、ヴルカネスクのように投獄され沈黙するか、またはナエ・ヨネスクなどのように大戦の終結時に死亡することとなった。

六　民衆の生活感情と宗教

レジオナール運動華やかなりし戦間期、宗教弾圧を受けた社会主義体制と、政治体制に振り回された知識人たちの宗教的態度に対して、ルーマニアの歴史においてつねに客体として受動的な立場にあった民衆の宗教的態度はいかなるものであったろうか。現代でも政治家に対する深い不信に対して軍隊と並んで大きな信頼を得ているとされる正教会は、家族や一般の倫理規範を通して民衆の心に深く根ざしている。こうした民衆の宗教性は、ルーマニアに対する西欧の特殊な眼差しの根拠のひとつとされるルーマニア社会における呪術信仰などにも見出される。二〇一三年と一四年にルーマニアの調査戦略研究所が行った社会学調査によっても、ルーマニアにおける宗教と呪術との強い結びつきが指摘されている(Gavriluţă 2014)。またブラショフ大学の社会学専攻学生に行われた調査でも、キリスト教と呪術のつながり、広い意味での宗教性への学生たちの親和性が見られた(Sorea 2016)。本稿で取り上げた二〇〇五年の悪魔祓いを描いた映画『汚れなき祈り』のなかでも、日常生活における呪いの存在がさりげなく台詞に示されている。夫の心を若い女が呪いで盗んだため、その妻が対抗呪術をかけるという会話である。こうした呪いの担い手はやはりロマの人々で、占いと並んで呪いで財をなしたという話も耳にする。

その一方で、伝統的な宗教の影響力も根強く、正教会は一般の人々から強く支持され、特に革命後の混沌のなかで指針を見失った人々は、欧米から進出した福音主義派のキリスト教に惹かれる一方で、ルーマニアの伝統を体現する正教会にも救済を見出しているようである。映画のなかでも家族をもたず、経済的に困窮した若者が修道院に逃げ場をもとめる姿が描かれている。こうした宗教事情のもとで、伝統的な宗教と呪いが奇妙に混在しているのが現代のルーマニアの状況といえるだろう(4)。

昨今、悪魔祓いとは別に話題となったのが、魔女に対する課税問題である。財政赤字に苦しむ政府が苦肉の策として取ったあらゆる職業への課税強化のなかで、魔女もまた職業として課税の対象となった。時の大統領バセスクに魔女が呪いをかけたという噂もあり、また職業として政府に認められたことを喜ぶ魔女もいたと伝えられる(5)。いずれにせよ、魔女、呪いといったものが一般化していることは否定しがたい。

こうしたルーマニアの宗教現象の参考事例として、現代ロシアでの呪術の復活(藤原 二〇一〇)、あるいはモンゴルにおけるシャーマニズムの復興(島村 二〇一一)も挙げることができるであろう。ロシアでは社会主義時代の無神論政策に対する反動として、公的な言説はすべて嘘であり、真実は人々の口伝えの情報にあるという態度から身近な呪術師への信頼と依存が強まっているという。またモンゴルにおいては、おなじく社会主義時代に破壊された社会関係のなかで人々がシャーマンに依存するようになり、また簡単にシャーマンになる人が後を絶たない。

ルーマニアの事例に立ち戻れば、ルーマニア民俗学においても伝統的に多くの呪術研究があって、呪術が盛んであったことがわかる。ただし、そうした研究はほとんど日本には紹介されておらず、わずかにエリアーデが伝統的呪術を紹介しているにすぎない(エリアーデ 一九七六)。社会主義体制下で呪術は社会主義政権の宗教政策の下で隠されており、一九九三年から九七年にわたって断続的に行われた筆者自身のフィールドワーク中も、[6] そうした呪術の噂をきくことはなかった。だが、現在、占い、呪いをはじめとする呪術が流行しているというのが本当であれば、体制下でも持続していたのか、あるいは体制崩壊後にあらたなソースをもとに創造されたのか問わねばならないであろう。[7]

七　むすび　ルーマニア社会の変容と持続

本稿では悪魔祓い騒動を皮切りに、ルーマニアにおける知識人と民衆が実践する宗教と政治について論じてきた。そこに見られたのは、民衆に作用するルーマニア正教会の圧倒的な影響力と知識人を深く絡めとった強力な民族表象である。言い方を変えると、社会体制がどのように変化しようとも、日常における慣習的な生活実践の柱として機能してきたキリスト教および知識人と民衆の実践を巻き込んできた民族表象にもとづくイデオロギーの両者が、ルーマニア社会の変わらぬ顕著な傾向である。

ルーマニアの人々の正教信仰への傾倒は日常のなかで容易に確認できる。一九八九年民主革命後の教会建築ラッシュは人々の献金のおかげであり、街を歩けば、教会の前で人々は十字を切り、日曜日には教会は満員となる。また、組織の末端である教区司祭を通して、農村では民衆の生活との結びつきが大変に強く見られる。ひとことでいえば、ルーマニア正教会の特徴は、民衆と生活感覚を共有すると同時に、民衆の欲求にこたえる責務を担っているということであり、とくに農村では村人が司祭のもつ個人的人格の影響を受けるということである。そこで経験される宗教は、神学的に純化されたものではなく、占いや呪いなども排除しない民衆文化のなかを生きている宗教である。政治家に対する深い不信に対して軍隊と並んで大きな信頼を得ているとされる正教会は、現代でも家族や一般の倫理規範を通して民衆の心に深く根ざしている。そうしてみると、キリスト教と呪術を同時に生きているルーマニアの民衆にとっての宗教的リアリティとは何か、なおも問う必要がある。

一方、ナショナリズムの興隆という現在では世界的に活性化している傾向は、ルーマニアでも例外ではない。ナショナリズムはキリスト教と共通するような人々への献身を要求するひとつの世界観ではあるが、ルーマニアでは、ナショナリズムを経験する、あるいは表現する主体である人々の社会的経験、ジェンダー、年齢、教育などからなる社会階層文化ともいうべき集団的差異が大きく反映されるように思われる。ルーマニアのナショナリズムで顕著なのは、いわば表向きの言説におけるナショナリズム感情の強度と一般の人々の生活におけるナショナリズムの希薄さである。学校教師やジャーナリズム、学術論文、あるいは学校生徒の言説などにおいて、ナショナリズムを強く表出する傾向は非常に顕著である。しかしながら、筆者が農村におけるフィールドワークで経験したことは、意外にもルーマニア人であることを自覚した、あるいは何かと対比した言い方はほとんど見られないことだった。このインテリ階層(および予備階層)と一般民衆との意識の差異は、おそらくルーマニアの一般的傾向としての大衆と知識人との分裂という現象の一部である。

近代化と西欧化、それは世界の多くの地域と同様にルーマニアにおいてもほぼ同義である。近代国民国家の建設は西欧思想の洗礼をあびた知識人たちの運動からはじまったし、その後の制度構築はフランス、イタリアなどの議会政治、資本主義制度の模倣の上に行われた。

いずれにせよ、近代を迎えてルーマニアは否応なく西欧的制度を導入せざるを得ず、またオリエントからの外来支配者であるオスマン帝国の圧迫をはねのけるためにも、西欧志向はルーマニア人にとっての歴史的必然に見えたであろう。だが、ヨーロッパ辺境における西欧化は、やがてルーマニア人とはなにかという精神的な危機をもたらすことになる。政治的支配者であるオスマン帝国を文化的に否定するために対置されたヨーロッパ性を、ルーマニアの歴史文化と同一視することができなくなるのである。さらにルーマニアの国教たる正教会信仰は、ルーマニアをヨーロッパ諸国クラブにおける異端者として排除する結果になる。そのなかでの自己肯定は、正教会信仰にもとづく民族の独自性という観念と結びついた右翼急進主義的なレジオナール運動として現れたが、それがルーマニア最高レベルの知識人を飲み込んでいくなかでナチズムやファシズムの模倣的性格を示したことは、ヨーロッパへの追随というルーマニアの宿命を見てとることができる。そうしたルーマニア性への回帰は、戦間期のレジオナール運動あるいはソ連に対抗するルーマニア民族主義にのって権力を盤石なものとしたチャウシェスク大統領による個人独裁など、歴史的にしばしば悲劇となって現れたのである。

注

（1）アメリカの福音主義系キリスト教団体をルーマニアではネオ・プロテスタントと呼ぶ。

（2）ルーマニア正教会内部で福音主義の影響を受けてヨシフ・ヨシファによって生まれた集団。

（3）建築儀礼からのメタファーで、構築に犠牲を捧げることで世界を創出するという意義をもつ。

（4）こうした現代社会における呪術に関する研究の動向については、『呪術の人類学』（白川・川田編　二〇一二）が示唆に富んでいる。また具体的な事例研究としては、『呪われたナターシャ――現代ロシアにおける呪術の民族誌』（藤原　二〇一〇）、『増殖するシャーマン――モンゴル・ブリヤートのシャーマニズムとエスニシティ』(島村 二〇一一)など、実地の参与観察によって得られた詳細な民族誌がある。
（5）The Huffington Post, Updated May 25, 2011, https://www.huffingtonpost.com/2011/01/05/romania-witches-use-spell_n_804776.html(二〇一七年一〇月二五日閲覧)。
（6）筆者のルーマニア調査は、北西部のマラムレシュ地方を中心として一九九三年七月、一九九四年四月から九五年一月、一九九七年六月から八月に行われた。
（7）それに関しては、社会主義体制下でのマラムレシュ地方における伝統的呪術の撮影に関する論文が参考になる(Coțofană 2017, p. 3, pp. 198–210)。

参照文献

エリアーデ、ミルチャ 一九七六、斎藤正二訳『ザルモクシスからジンギスカンへ――ルーマニア民間信仰史の比較宗教学的研究』せりか書房。
『汚れなき祈り』二〇一二、紀伊國屋書店(映画パンフレット)。
島村一平 二〇一一、『増殖するシャーマン――モンゴル・ブリヤートのシャーマニズムとエスニシティ』春風社。
白川千尋・川田牧人編 二〇一二、『呪術の人類学』人文書院。
藤原潤子 二〇一〇、『呪われたナターシャ――現代ロシアにおける呪術の民族誌』人文書院。
Allen, Douglas 1994, “Recent Defenders of Eliade: A Critical Evaluation,” *Religion*, vol. 24, no. 4.
Berger, Adriana 1989, “Fascism and Religion in Romania,” *Annals of Scholarship*, 4 June.
Berger, Adriana 1994, “Mircea Eliade: Romanian Fascism and the History of Religions in the United States”, in N. Harrowitz ed., *Tainted Greatness: Antisemitism and Cultural Heroes*, Temple University Press.
Cain, Seymour 1989, “Mircea Eliade, the Iron Guard, and Romanian Anti-Semitism,” *Midstream*, Novem-

ber.

Coțofană, Alexandra 2017, "Documentary Film and Magic in Communist Romania," *Open Theology*, vol. 3.

Dubuisson, Daniel 2000, "La conception eliadienne du symbolism," *Gradhiva*, no. 26.

Eliade, Mircea 1938, *Buna Vestire*, January 14.

Gavriluță N. 2014, "Religious Beliefs and Superstitions in Contemporary Romania. A Socio-Anthropological Perspective," in A. Maturo, Š. Hošková-Mayerová, D.-T. Soitu, J. Kacprzyk eds., *Recent Trends in Social Systems: Quantitative Theories and Quantitative Models. Studies in Systems, Decision and Control*, vol. 66, Springer, Cham.

Panaitescu, P. P. 1940, "Nae Ionescu si Universitatea din Bucuresti," *Cuvîntul*, December 7.

Puscariu, Sexitil 1937, "De ce cred in biruinta mișcarii legionare," *Buna Vestire*, December 7.

Sorea, Daniela 2016, "The Wide Religiosity of the Romanian Students," *Bulletin of the Transilvania University of Brașov*, Series VII: Social Sciences, Law, vol. 9(58), no. 2.

Stan, Lavinia and Lucian Turcescu 2007, *Religion and Politics in Post-Communist Romania*, Oxford University Press.

第5章　ロシアにおける伝統宗教の変容
――ソ連時代の継承と新しい展開

井上まどか

一　はじめに

いまのロシア国歌はソ連国歌とメロディが同じということは、どのくらい知られているだろうか。「神に護られた祖国の大地よ」と歌われる、かの国歌である。二〇一八年初夏、サッカーのW杯がロシアでおこなわれ、ロシアは四八年ぶりに準々決勝を戦った。ロシアの試合時に流れた国歌は、二〇〇〇年に新しく制定された国歌である。一九九二年のソ連解体後、当時の大統領であるエリツィンによって制定された国歌は、ロシアの一九世紀の作曲家で「近代ロシア音楽の父」とも呼ばれるミハイル・グリンカの「愛国歌」であった。

二〇〇〇年に大統領に就任したプーチンは新国歌の制定にとりくみ、その年の暮れには現国歌を制定した。どのような国歌がロシアにふさわしいのか、という議員たちの意見にはこういうものがある。「ソ連国歌を残し、歌詞を新しくすればよいと思う。曲は変えず歌詞だけ変えれば、ロシアがソ連を継承しつつも異なっていることを象徴できる」(西山　二〇一八)。

ロシアはソ連を継承しつつも異なっている——それは、ロシア社会における宗教をめぐる状況についてもあてはまる。ソ連解体後、宗教をめぐる光景は大きく変わった。正教の聖堂やイスラームのモスクがそびえたち、新宗教団体の信者が街の目抜き通りでパフォーマンスをし、ヨガや瞑想などのニューエイジ的実践や自己啓発セミナーが流行するような今日的状況は、ソ連時代には見られなかったものである。しかし、いまのロシアの宗教をめぐる社会状況を理解するためには、いかなる新しい展開が見られるか、過去から何を継承したかの双方に注目する必要がある。本稿ではまず、ソ連解体前夜から今日にいたる宗教をめぐる社会状況を概観した後、ソ連時代とは異なる新しい点は何か、継承されている点は何かについてそれぞれ論じる。その上で、ロシアにおける伝統宗教のなかでもとりわけ存在感を示すロシア正教会のソ連解体後の展開について、国家との関係に注目して考察する。

二　宗教をめぐる社会状況の概観——ソ連解体前夜から今日まで

一九八八年、ゴルバチョフ書記長(任期一九八五—九一)は、ロシア正教会の聖職者たちにソ連が宗教弾圧をおこなってきたことについて謝罪し、「ロシア正教会受洗千年祭」(ウラジーミル公が正教会の洗礼を受け、統治下の人びとにも倣わせたのが九八八年だったとみなして、千年を記念する行事)に参列した。これらはマスメディアで大きく扱われ、ソ連における宗教状況が変化しつつあることを広くアピールした。

ゴルバチョフ政権下には、きわめてリベラルな、言い換えれば西欧の人権概念に照らしても評価されうるような宗教法が制定され（一九九〇年）、宗教行政に大きな変化が見られた（正確には、二つの宗教法が制定されたのであるが、ここでは詳細を省くこととする。以下を参照（清水 一九九七））。この変化により、ソ連末期から解体後にかけては、伝統・新興を問わず、多くの宗教団体が各地で活動をおこなった。「宗教の市場化」時代の到来である。一九九〇年宗教法によって宗教法人の登録が可能かつ容易になったことも影響している。国外から流入した宗教団体も少なくない。日本のオウム真理教もそのひとつで、一時期は信者が数万人とも報じられた。

また、読書大国ともいえるロシアでは、この頃より、聖書などの教会出版物や宗教哲学者——たとえばウラジーミル・ソロヴィヨフやニコライ・ベルジャーエフは日本でもよく知られる宗教哲学者である——の著作が書店に並びはじめる。聖書をふくむ宗教文献は、ソ連時代、一般書店のような公的な場に見られるものではなかったから、日照りのあとの植物が水を吸収するように、これらの書物を読む人びとがあらわれたことは想像に難くない。筆者もサンクト・ペテルブルク在住の大家さんに、ソ連時代、普通の人びとはこの種の書物を入手できなかった、それゆえに新鮮だと強調されたことがある。

しかしその後、一九九七年に新しい宗教法が制定され、宗教団体の活動は逆に制限を受けるようになった。宗教団体は二種類に分けられ、一五年以上の活動実績を持つ団体は宗教法人として充全なる権利を享受し、広範囲にわたる活動の自由が保障されたのに対し、活動実績がその年数に満たない団体は、活動にかなり制限を受けた。これにより、いわゆる新宗教団体の活動が全体的に縮小された。宗教法人の登録は、実質的に認可制となり、法人登録拒否や法人格の剝奪などの事例も報告されるようになる。

宗教活動を制限するような現行法の制定の背景にあるのは、脱社会主義イデオロギーをめぐる模索、および外来の諸価値への危惧である。

たとえば教育面では、一九九二年に制定された教育法が脱国家化、脱イデオロギー化の路線を明確にした。この法律は、社会主義時代の国・社会による包括的人格教育から、個人尊重・子どもと親の選択権拡大など、自由化へと大きく舵をきっている(所 一九九七)(なお、その後二〇一二年に新たな教育法が制定されている)。

また論壇では、ソ連解体から一九九〇年代半ばにかけて、「精神的真空」や「精神的方向の喪失」というフレーズがよく見られた。それと同時に、欧米などの先進諸国に対する脅威論も見られた。いわく、社会主義時代の「新しい未来」への楽観的な進歩史観や社会主義的人間像が姿を消し、欧米の諸価値がロシアに一挙に流入した。ロシアの経済・社会的インフラの混乱に乗じて、外来宗教団体は豊富な物資を提供して、ロシア人民を懐柔しようとしているというような脅威論である。

この時期には、日本のオウム真理教をはじめとする外来新宗教団体を「全体主義的セクト」と総称し、その種の団体から青少年を守ろうとする運動、いわゆる反カルト／セクト運動も展開されるようになる。ロシア正教会の聖職者も加わる反カルト／セクト運動においては、外来・国内を問わず、多くの新宗教団体がリストアップされている(たとえば以下を参照(Дворкин 2002))。

一九九七年の宗教法(以下、九七年宗教法)は、下院可決直後より、ヴァチカンや米国などの諸外国から批判を浴びていたが、ロシアの国内世論では、(諸外国の干渉に屈しない)「精神的主権の確立を！」

という声も少なくなく、いくつかの修正を経て、現行の宗教法となった。

九七年宗教法制定後の大きな動向としては、公立学校における宗教文化・世俗倫理教育の選択必修化があげられる。これは九〇年代後半より各地で見られた正教会やイスラームの宗教文化教育（実質的には公立学校での宗派教育）の試みに対し、世俗国家原則を掲げ、多民族国家を自認する連邦政府が導入したもので、新教育法（二〇一二年）に明記されている。これは、小学校高学年に当たる生徒が、個別宗教文化（正教・イスラーム・仏教・ユダヤ教）、世界宗教文化、世俗倫理の六つのうちからいずれかひとつを選んで学ぶというプログラムである。このプログラムの目的は、異なる価値観・異なる生活様式に対して寛容の精神を育み、多文化共生の精神を涵養することにあるとされている。筆者が調べたところ、たしかに個別宗教文化の教科書は、各宗教の正典や歴史にはじまり、儀礼、暦や祭日など、各宗教に特有の生活様式や価値観（善悪観、人生観、家族観、慈善に関する認識など）が豊富な図版資料とともに紹介されており、その目的に合致しているように見える（Кураев 2010, Латышина и Муртазин 2010, Членов 2010, Чимитдоржиев 2010）。しかし、他方で世界宗教文化の教科書では、扱われる宗教に偏りが見られる（正教、イスラーム、仏教、ユダヤ教の文化が中心で、カトリック、プロテスタントについては多少の言及にとどまる）。さらに、その「ロシアにおける諸宗教史」の章では、各宗教がいかにロシア国家に貢献したかという記述に焦点が絞られているように読める（Токарева и др. 2010）。また、教科書「世俗倫理の基礎」を含めた六つの教科書の冒頭章と最終章の記述は、すべて同じものであり、各々「ロシア——わたしたちの母国」「祖国への愛と尊敬」というタイトルがつけられている（世俗倫理の教科書については以下を参照（*Основы светской этики* 2010）。六つの教科書の著者は各々異なるが、この冒頭と最終の二章のみA・Я・ダニリュク著。ダニリュク氏は道徳教育などを専門とするモスクワ市立教育大学の教授)。

また、ジェンダー・セクシュアリティや生命倫理をめぐる伝統宗教の保守的な運動も注目されている。二〇一三年には、「非伝統的な性的関係(ゲイ・レズビアン、バイセクシャル等の関係を含む)」を未成年に「宣伝」することを禁じる連邦レベルの法律が制定され、その後、欧州人権裁判所から強い批判を受けている。ロシア正教会のキリル総主教は、これまでも何度か、伝統的な家族観を維持すべきとの見解を表明しており、同性婚は認めないとする立場を、カトリックのローマ教皇とともに表明することもあった(二〇一六年)。また、ロシア正教会内には連邦保健省と協力して、人工妊娠中絶の禁止を推進しようとするワーキング・グループがある。また同教会は、中絶の禁止をもとめる署名活動も展開しており、キリル総主教も賛同している。

ソ連解体後の動向を以上のように概観してみると、ロシアの連邦レベルにおいては、連邦政府とロシア正教会がともに自由化に抵抗している。政府は宗教に対する管理を強め、正教会は伝統的な価値への回帰を国民に促している。ロシアの憲法(一九九三年制定)や現行の宗教法には、世俗国家原則や宗教団体の法の下の平等、思想・言論・良心・信条の自由、異文化共存、異なる価値観への寛容など、西欧近代国家が共有しうる諸価値が謳われているにもかかわらずである。政府と正教会のこれらの動向は、グローバル化に対する抵抗なのだろうか。ロシア国内では、ジェンダー・セクシュアリティや生命倫理をめぐる保守的な動きは、出生率低下というロシア特有の問題に関わるものとして正当化される傾向にある(たとえば、スクヴォルツォワ保健相は中絶を禁止することで、出生率が実際に上がるとの見方を示している。URL①を参照)。そのようなロシア特有の文脈に留意しながら、ソ連解体後の変化を、新しい側面と継承された側面に分けて整理してみよう。

三　ソ連解体後の新しい展開

個人生活・社会生活において宗教をめぐる事象が可視化されるようになったことが、第一にあげられるべき大きな変化であろう。ここでは、大別して三つの可視化をとりあげよう。前二者は、グローバル化にともなって生じたと考えられるもので、いまひとつはグローバル化への抵抗あるいは対抗として生じたと考えられるものである。

まず、ロシアの都市の風景を大きく変えた、宗教建築物の改築あるいは新築である。これについては、ソ連時代に国有化された教会／宗教財産の、各宗教団体への返還が進められているという背景が大きい。また、ソ連時代には礼拝の実施に課税されることもあったのに比して、今日では、宗教法人が経営する学校、企業、病院／救貧院は、宗教目的であれば、税制上の特権を受けられる。政治家や企業からの寄付も少なくなく(寄付者の名前は聖堂に刻まれたりする)、改築や新築をおこなう資金の獲得も容易になりつつある。宗教団体をめぐる経済資本および文化資本の再分配によって、宗教が可視化されてきたという点が、ソ連解体後の特徴のひとつである。

つぎに、グローバル化の享受という側面のある、新宗教教団やスピリチュアル文化の可視化である。筆者は二〇〇〇年代初頭に第二の首都サンクト・ペテルブルクに滞在した。九七年宗教法の余波であるのか、各団体が活動の本拠地としている場所を見つけるのに苦労することもあったものの、街では様々な団体が活動を展開していた。目抜き通りでは、法輪功が横断幕を掲げて活動を紹介し、サイエントロジーがイベントのチラシを配り、統一教会(旧称)のロシア人メンバーが愛らしい猫の写真を道ゆく人に売っていた。救世軍の集会場では路上生活に近い人びとを対象とした炊き出しをおこない、エホバの証人が近代的で立派な会館で信徒集会をし、クリシュナ意識国際協会の人びとが歌いながら地下道を練り歩き、韓国系ミッションの著名と思しき牧師の顔が写しだされた大きなポスター広告がバス停近くに立ち、末日聖徒イエス・キリスト教会の宣教者がマクドナルドの袋を持って歩く——そのような光景は今でもはっきり思い出すことができる。

当時の書店には、上述したロシア宗教哲学者の著作や聖書、日本でも知られるカスタネダの『ドン・ファンの教え』や風水などニューエイジ関連の書物、神智学や魔術にかんする書物、反カルト／セクト研究者の厚みのある著作、宗教学の入門書が数多く並んでいた。ニューエイジ専門の書店兼グッズ・ショップもあった。家具職人をしていた知人は、書店で入手したという本を見せてくれた。それはキリスト教普及以前のロシアの「異教」について書かれた本で、太陽の神、嵐の神など、キリスト教以前の多神教の神々が紹介されていた。いわゆるロシア版ネオ・ペイガニズム(新異教主義)の本である。彼は、そうしたロシアの多神教の神々について「日本の神道と同じでしょう?」と尋ねた。そのような神々に純粋性と普遍性を感じていたようであった。ネオ・ペイガニズムの運動が欧米諸国に見られることを考えると、彼の「異教」との出会いもグローバルな潮流と無縁ではないといえるかもしれない。

他方、グローバル化への抵抗あるいは対抗と目に映るのは、ロシア正教会と政権の接近である。大統領やクレムリンの政治家たちは、大晦日の夜から元日にかけて、ロシア正教会の礼拝に参列し、その様子がテレビで放映される。クリスマスや復活祭の日も同様である。さらに、大統領の「行幸」を証明する写真も各地に見出される。ロシアの代表的な聖地の聖堂のみならず、どの地方に行っても、その地を代表する聖堂や修道院には、大統領が聖職者や信徒とともに写る写真が施設内のどこかに掲示されている。人びとは、どこに暮らしていてもテレビをつければ、あるいは聖堂に行けば、大統領に会うことができる。これらは、大統領や政治家が、信仰の担い手または擁護者であるということをアピールする仕掛けとなっている。

テレビで放映される大統領とロシア正教会のこのような親密な関係は、憲法に明記されている世俗国家原則あるいは国教を定めずとする原則からの逸脱である、と批判する声は長らくロシア国内にあった。しかし、いつになってもテレビは変わらぬ光景を映しだしている（大統領と聖職者が一緒におさまる写真のほうは、厳密にいえば、正教会の施設のみにあるのではなく、シナゴーグ（ユダヤ教の会堂）など正教会以外の宗教施設にも見られる。ただ、全国放送のテレビ番組となると、正教会の存在感は圧倒的である）。これは、西欧近代的な国家観――近代国家は世俗性および政教分離を前提とするという考え方――への対抗と見ることもできる。言い換えれば、ロシアの歴史と文化の独自性をこのようなかたちでアピールしているというわけである。以上ここまで、ソ連解体前後以降の宗教をめぐる事象の可視化について確認してきた。

ソ連解体後の新しい展開として、第二にあげられるのは、正教会などの伝統宗教が社会の風潮に対抗して、模範的な社会生活や伝統的価値観などを提示する機会が増えてきたことである。既述のジェンダー・セクシュアリティや生命倫理に関する動向のほかに、「ロシア全土に服装規制を導入しよう」などという提案がなされたこともあった(二〇一一年)。これはおもに女性の服装規制を想定しており、過度に華美な服装で外出することを規制しようというもので、これに対してチェチェン共和国のカディロフ首長が賛意を寄せるという続報もあった(井上 二〇一一)。この提案をしたロシア正教会の教会・社会間関係部門のチャプリン長司祭は、学校制服の導入も提案している。外出時に何を着用するかという決断は本人の自由意思によってなされるものであり、個人の表現の自由という範疇の問題である、と欧米の人権概念に親しむ人は考えるだろう。そうした意味で、こうした動きもグローバル化への抵抗・対抗といえるだろう。

伝統宗教が世俗社会の欧米化に対してアクションをおこすという点では、九七年宗教法制定の翌年、一九九八年一二月に発足した「ロシア宗教間評議会」の存在も忘れてはならない。この評議会は、九七年宗教法の前文にあげられたロシアの四つの伝統宗教、すなわちロシア正教会、イスラーム、仏教、ユダヤ教それぞれの中央組織の代表を構成メンバーとする。その目的は、社会に伝統的な精神的価値を確立すること、社会に合意形成と安寧秩序をもたらすこと、国家当局と対話することなどにあり、CIS諸国の伝統宗教の聖職者との連携も図っている。実際の活動としては、共同声明採択・表明、世界宗教者会議の開催、対立・紛争の調停などがある。共同声明については、既に述べた宗教文化教育の意義など教育に関わるものから、テロなどの過激主義や反ユダヤ主義の活動に対するもの、薬物依存症患者あるいは孤児の支援など社会福祉に関わるものなど、多岐にわたる。ジェンダー・セクシュアリティに関わるものとしては、たとえば、モスクワにおける性的少数者のパレードが禁止されたことについて、欧州人権裁判所の批判に応えるかたちで、少数派の人権だけでなく、ロシアの多数派、つまり男性と女性による家族形成を前提とする人びとの人権を損ねないでほしいと訴える声明を採択している。この評議会は全般的に欧米的人権概念から距離をとる傾向にあり、この声明においても、場合によっては欧州評議会との対決も辞さないとの姿勢をあらわにしている。この団体の活動もまた、グローバル化への抵抗・対抗という流れにあるといえる。

ソ連解体後の新しい展開として、第三に、伝統宗教と行政機関の協働関係があげられる。教育分野、医療・福祉分野など、両者の連携は多岐にわたっている。ソ連時代に正教会が愛国心涵養や平和活動などの分野で国家に協力していたことを考えると、ソ連時代からの継承とも見える。ただ、今日の両者の協働は比較にならないほど、広範囲である。教育分野については、すでに述べたような一般教育にとどまらず、軍隊や刑務所のチャプレンシー(後者については出所後の矯正教育も含む)における精神的・道徳的側面でのサポートがあげられる(軍隊のチャプレンシーについては以下を参照(Garrard and Garrard 2008))。医療・福祉分野については、ソ連時代は国家がセーフティ・ネットの役割を果たしていたのに対し、ソ連解体後は伝統宗教が依存症患者のケア、孤児・障がい者・独居高齢者の福利厚生など、国家に代わってセーフティ・ネットの役割を担っているといえる。

四　ソ連解体後も継承されるもの

他方、ソ連時代より何が継承されたといえるだろうか。

ソ連時代の政教関係史をここで詳らかにすることは難しいが、大きな転換期をひとつあげるならば、第二次世界大戦の対独戦争期であろう。この時期に、ロシア正教会問題評議会が発足し（一九四三年）、その後、国家と正教会のあいだに、ある種の協力関係が育まれた。ほどなくして正教会以外の宗派も、宗教信仰問題評議会（一九四四年発足）を通して、国家から監督を受けるとともに、国家との連絡ルートを確保した（この二つの組織は一九六一年、名称を変えて一本化された。これらの組織については、以下を参照。（文化庁 二〇一二a）（高橋 二〇一八））。

これらの組織は、宗教団体の活動が法を遵守しているかどうか、調査・監督する役割を担っていた。つまり、国家が宗教を管理するシステムを構築していたのである。他方で、これらの組織は結果として、宗教団体の序列化を生じさせた。というのも、この二つ（後にひとつ）の組織を通して、国家との連絡ルートを持ちうる宗教団体とそうでない宗教集団の二種を生んだからである。以下では、ソ連時代における宗教を管理するシステム、および宗教団体の序列化がこんにちではどのように継承されているか、見てみることにしよう。

国家が宗教を管理するシステムは、正確にいうと、一九九〇年宗教法の制定後数年は、ほぼ機能していなかったが、その後、九七年宗教法の制定前後から機能しはじめたといって良い。

一九九八年に司法省に設置された「国家宗教学鑑定実施鑑定人会議」は、学者・大学関係者がメンバーの過半数を占め、国家機関や裁判所の要請を受けて、「鑑定意見」を提出する権限を持っている。鑑定対象となるのは、法人登録の際の文書にはじまり、宗教儀式や祭祀、宗教文献、教義にもとづく活動などである（ただ、この組織は宗教関係者もメンバーにいるという点でソ連時代と異なる（文化庁 二〇一二

a))。

現憲法では宗教団体は法の下に平等であると謳われつつも、大統領や関連省庁に直接交渉する機会が特定の団体に限られるという状況があり、それを宗教団体の序列化と呼ぶことができる。

たとえば、一九九五年に設置された大統領付置「宗教団体協力評議会」は、大統領と宗教団体の関係や社会の精神文化の向上について審議し、大統領への提言を準備する諮問組織である。ロシア連邦議長や内務委員長、大学関係者のほかに、宗教・宗派からは、ロシア正教会、ロシア正教会古儀式派、アルメニア使徒教会、カトリック、プロテスタント(福音ルーテル派、福音主義、セブンスデー・アドベンチストなど)、イスラーム、ユダヤ、仏教の代表者がメンバーとして参加している。つまり、ここにメンバーとして名を連ねていない宗教団体は、大統領や内務省との交渉をおこなうにあたり、別のルートを探さなければならない、ということである。

ただ、この「宗教の序列化」については、さらに遡って帝政時代にその形態を見出すことができる、とも筆者は考える。帝政時代については、その宗教行政に関して「宗派国家」(confessional state)(ロバート・クルーズ)、あるいは「多宗派公認体制」(multi-confessional establishment)(ポール・ワース)というとらえかたが近年なされるようになってきた。前者は、ロシア正教会優位のもとに多宗教——カトリック、プロテスタント、ユダヤ教、アルメニア使徒教会、仏教——を寛容に組み込んだ統治構造といえる(長縄 二〇一七)。「寛容に(組み込む)」というのは、国家が諸宗教団体の正統派を定義し、その信徒たちが(国家の規定する)正統派にとどまる限りは国家の後ろ盾を与えるというようなものである。エカチェリーナ二世の対タタール政策がその良い例で、タタール人に信教の自由を与えるかわりに、他のイスラーム系民族が国家への反逆など起こさないように、統括させるという方法である。

ここまで見てきたソ連解体後の新しい展開および過去の継承の双方をふまえ、以下では、ロシア伝統宗教――とりわけロシア正教会が、ロシア特有の政教関係の地勢図をかたちづくり、より広範な展開を目指していることを明らかにしよう。

五　ロシア正教会のソ連解体後の展開

二節では、大統領やクレムリンの政治家とロシア正教会の聖職者との関係がマスメディアなどを通じて可視化していることを明らかにした。それでは、仮に、現在の大統領が国民の信頼を大きく損なうか、あるいは失脚した場合はどのようになるだろうか。ロシア正教会には、そのような場合にも安泰でいられるような安全弁がある。それは、正教会の聖人列聖のありかたと関わっている。

ロシア正教会においては、多くの統治者あるいは悲劇のロシア史的英雄が聖人として列聖されてきた。たとえば、皇位継承の争いで命を落とした大公の息子たち(ボリスとグレープ)の列聖、スウェーデン軍とドイツ騎士団を駆逐し、ロシア史に名を残す大公(アレクサンドル・ネフスキー)の列聖、ソ連解体後にはロマノフ王朝最後の皇帝ニコライ二世一家の列聖などである。今日、とりわけニコライ二世一家の聖人イコンは、各地の多くの教会に掲げられている。

このような歴史的偉人／統治者のロシア正教会による神秘化は、ソ連時代後期より試みられてきたことであった(ラドネジの聖セルギィの神秘化がおこなわれた)が、ソ連解体後には、その神秘化の担い手はロシア正教会にとどまらない。たとえば、ロシアの歴史教科書(認定教科書)には、ロシア正教会の聖人となった歴史的統治者たちが詳述されている。ロシア史で決定的な役割を果たした偉人としてだけでなく、どのように「神」の祝福を受けたかという物語も一緒にである。大統領が仮にロシア国民の信頼を大きく損ねたとしても、このようなロシア史の偉人たちが、ロシア正教会の聖人としてロシア国民を守護し、祝福し続けるだろう。この意味で、ロシア正教会はロシア国民の安寧と安泰に大きく関わっているし、関わろうとしているのである。

多民族・多宗教国家を標榜する現政権にとって、右記のように、ロシア史の偉人として、正教会の聖人を無理のないかたちでとりあげることができるのは好都合であろう。多民族国家において、ロシア人(民族的ロシア人、ルースキー)をどのように位置づけるかは、難しい技であるが、現大統領のプーチンは「織物」の比喩をもちいて、ロシアという独自の文明を織物に喩え、ロシア人は「織物を締める芯」であると述べている(井上 二〇一四)。正教会の高位聖職者もまた、ロシアは多民族・多宗教の国家であると認めつつ、「ロシアの全歴史は、正教会の歴史と切り離せない」「ロシア正教会の最高権力は、一度も迫害をおこなったことはない」「(ロシアという)国には(正教という)唯一の精神的な中心軸が必要なのだ」という見解を公にすることを厭わない(例示した発言は、前チティンスク・ザバイカルスク府主教区管長による)。

今日のロシア正教会は、とりわけ極東地域などフロンティアの開拓に積極的である。ロシア全体で見ると、宗教法人数は、ロシア正教会の数が圧倒的であるのに対して、極東地域においては、沿海地方やハバロフスク地方をはじめとする四つの構成主体で、プロテスタント諸派の法人数がロシア正教会のそれを上回っている(井上 二〇一二)。それゆえ、極東地域の宣教活動は大きなミッションとなっている。たとえば、サハ共和国では、ロシア正教会がヤクート語での宣教に力を入れた結果、同共和国の先住少数民族の二割が正教徒になったといわれている。さらに、国立大学である極東連邦大学(ウラジオストク)では、一九九九年に宗教学研究室が改編され、「神学・宗教学研究室」という名称のもと、ロシア正教会の神学者を教授に迎えている。

このように、多民族国家であるロシアにおいて民族的ロシア人が特別な役割を有している、というレトリックを政府がもちいる一方で、多宗教国家であるロシアにおいて正教は特別な存在であるというレトリックをもちいつつ活動しているのがこんにちのロシア正教会であるといえよう。ロシアでは三頭馬車(トロイカ)が有名であるが、この場合、「多民族・多宗教」という荷台に、その他の伝統宗教を積み込んで、政府とロシア正教会という二頭馬車が難路を進んでいるといってよいかもしれない。

六　おわりに

本稿では、ソ連解体後に生まれた新しい展開と、ソ連時代から継承されたものとを整理することによって、伝統宗教——とりわけロシア正教会が「保守化」するありさまを、ロシア特有の文脈から分析しようと試みた。

経済的・政治的・社会的グローバル化にさらされつつ、こんにちのロシアの統治者(政府)と伝統宗教(とりわけロシア正教会)は、ともにロシアの進むべき独自の道を探して、ロシアの歴史のなかを渉猟し、グローバル化に対抗しうる手立てを見つけようとしているといえるだろう。

参照文献

井上まどか 二〇一一、「多宗教国家ロシア――伝統探しの諸相」『ロシア文化の方舟――ソ連崩壊から二〇年』東洋書店。

井上まどか 二〇一二、「宗教状況」堀内賢志他編著『ロシア極東ハンドブック』東洋書店。

井上まどか 二〇一四、「ユートピアがディストピアになるとき――ソルジェニーツィンのロシア論における悪の不在」『清泉女子大学人文科学研究所紀要』三五号。

清水望 一九九七、『東欧革命と宗教――体制転換とキリスト教の復権』信山社。

高橋沙奈美 二〇一八、『ソヴィエト・ロシアの聖なる景観――社会主義体制下の宗教文化財、ツーリズム、ナショナリズム』北海道大学出版会。

ダニロフ、アレクサンドル、リュドミラ・コスリナ 二〇一一、吉田衆一ほか監修『ロシアの歴史 上 古代から一九世紀前半まで――ロシア中学・高校歴史教科書』明石書店。

所伸一 一九九七、「ロシアの学校制度と教育観は変わったか」『スラブ・ユーラシアの変動――その社会・文化的諸相』(平成八年度冬期研究報告会報告集)北海道大学スラブ研究センター。

長縄宣博 二〇一七、『イスラームのロシア――帝国・宗教・公共圏一九〇五―一九一七』名古屋大学出版会。

西山美久 二〇一八、『ロシアの愛国主義――プーチンが進める国民統合』法政大学出版局。

文化庁 二〇一二a、『海外の宗教事情に関する調査報告書』。

文化庁 二〇一二b、『海外の宗教事情に関する調査報告書 資料編七 ロシア宗教関係法令集』。

Дворкин, А. Л. 2002, *ектведение: Тоталитарные секты. Опыт систематического исследования.*, Ниж. Новгород: Братства во имя св. князя Александра Невского.

Кураев, А. В. 2010, *Основы Православной Культур 4–5 классы: учеб. пособие для общеобразоват. Учреждений*, М.: Просвещение.

Латышина, Д. И. и М. Ф. Муртазин 2010, *Основы Исламской Культур 4–5 классы: учеб. пособие для общеобразоват. Учреждений*, М.: Просвещение.

Основы светской этики 4–5 классы: учеб. пособие для общеобразоват. Учреждений, М.: Просвещение, 2010.

Токарева, Е. С. и др. 2010, *Основы Мировых Религиозных Культур 4–5 классы: учеб. пособие для общеобразоват. Учреждений*, М.: Просвещение.

Членов, М. А. 2010, *Основы Иудейской Культур 4–5 классы: учеб. пособие для общеобразоват. Учреждений*, М.: Просвещение.

Чимитдоржиев, В. Л. 2010, *Основы Будийский Культур 4–5 классы: учеб. пособие для общеобразоват. Учреждений*, М.: Просвещение.

Davie, Grace 2015, *Religion in Britain: A Persistent Paradox*, Wiley-Blackwell.

Garrard, John and Carol Garrard 2008, *Russian Orthodoxy Resurgent: Faith and Power in the New Russia*, Princeton University Press.

URL

①タス通信　ヴェロニカ・スクヴォルツォワ保健相へのインタビュー（二〇一六年一〇月三日）https://tass.ru/interviews/3672086（二〇一八年九月一〇日閲覧）

第6章　気功にみる中国宗教の復興と変容

宮田義矢

一　はじめに

気功とは

本稿は、現代中国における宗教の復興と変容の事例として、気功を取り上げる。気功といえば、中国発のスピリチュアルな実践・健康法として広く知られるが、[1]日本では一般的にいって、ファンタジーの題材や、テレビ番組等で披露される胡乱なパフォーマンスという認識に留まっているだろう。[2]しかし当の中国において気功は、一九五〇年代に医療の一部として出発してすでに半世紀を超える歴史を有しており、二〇〇〇年代からは国定の健身気功の普及が進んでいるように、健康法としての地位を確立している。

ただし現代中国における気功の歴史は、医療や健康法だけに収斂する単純な過程ではなかった。気功は道教・仏教・儒教などの伝統的宗教の心身技法（体の動きや呼吸・意識を用いた養生・瞑想・鍛錬の方法）の流れを受けている。[3]また、一九八〇—九〇年代の気功流行時には、気功師の特異功能（超能力）を研究対象とする人体科学が盛り上がり、やがて気功を核とする法輪功《ほうりんこう》のような新宗教も出現した。それが、医療・健康法といった非宗教的領域として、国家により厳密に整形されていったのが、一九九〇年代後半以降の大勢である。つまり気功は、政治的規範の上では非宗教的なものだとされるが、実態としてはそれだけに収まらない性質を帯びているのである。本稿が、気功を中国宗教の現代的な展開の一例として紹介する所以である。

なお、気功という言葉は、一九五〇年代以降に広まった新しい用語であるが、遡及的に伝統的宗教の修行法を含む心身技法一般を指すようになった(4)。しかし、本文中では行論の都合上、語義を限定し、五〇年代以降に制度化・大衆化が進展した領域とその心身技法を意味することとする。

気功に見る宗教の復興と変容

現代中国における宗教の復興は、まずもって文化大革命(一九六六―七六年)によって断絶した宗教伝統の回復を意味する。文革終結後、信仰の自由が積極的な形で確認され、「我が国の社会主義時期における宗教問題の基本的観点と基本的政策について」(一九八二年)において宗教の保護が指示されると、諸宗教は復興の途についた。しかし、一旦失われたネットワーク、人的資源、文化財、信仰・実践内容等の再生は容易ではなかった。こうして伝統的宗教の復興が緩やかに始まった一方で、大衆が宗教性(心身の癒し・解放・深化への志向)を発現することが許される場として、文革直後から急速に発展した新たな領域があった(Palmer 2007)。それが気功である。

気功の新しさは、つまりそれを宗教の復興だけでなく、変容の事例とする理由でもあるのだが、そ

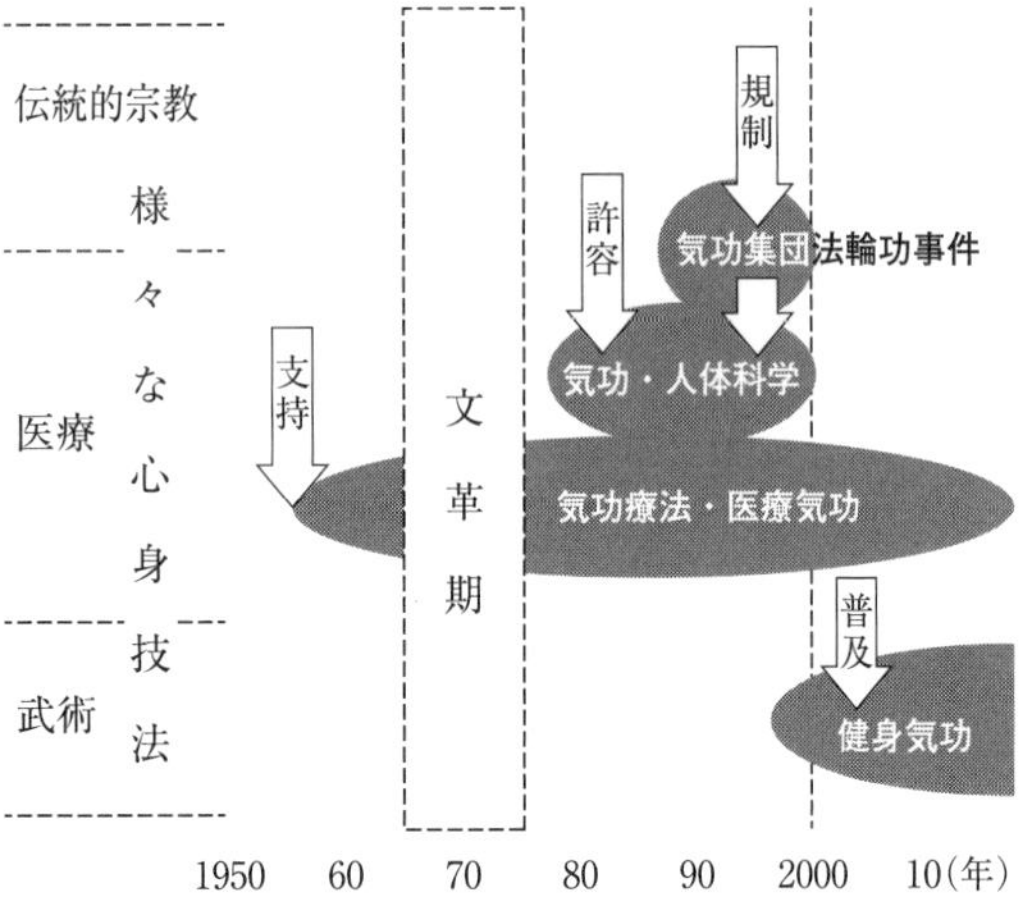

図　現代気功の展開

れが深い関わりのあった宗教から切り離され、中医学（中国医学）の一分野として普及した点、加えて文革後の再出発にあたって科学者の一部から強力な後押しを受け、また政治的な統制の下で制度化が図られてきた点にある。言い換えれば、気功は近現代中国の宗教や医療、科学にまたがって創出された領域なのであり（Otehode 2009）、この意味で中国宗教の変容の事例として理解されうるのである。

気功の展開

詳論に移る前に、現代気功の展開を、**図**を用いつつ俯瞰しておきたい。今日気功として概括されていく諸実践は、伝統的宗教内外に存在していた（様々な心身技法）。一九五〇年代以降、これらの技法を中国医学の療法として抽出し、気功という名称をあてるようになる（気功療法・医療気功）。この動きは政府の支持を得たものであり、実践や研究の中心は少数の公認施設にあった。文革期の断絶を経た後、気功は医療と科学の分野で息を吹き返した。前者は大衆的な流行へと発展し、後者は科学者による超能力研究（気功・人体科学）と結びついたものであったが、政府はこうした動きを許容した。

しかし、一九九〇年代、カリスマ的気功師を核とする組織（気功集団）の大規模化・営利化・宗教化が問題視されはじめると、気功領域の規制が強化されるようになる。九九年の法輪功事件を契機に、管理の徹底を目指して気功領域の再編が進められた。現在、国定の気功（健身気功）の普及が推進されているが、従来の諸功法を実践・信奉する者も、なお少なくない（ウチラルト 二〇一三）。

二　気功の領域形成（一九五〇年代—八〇年代前半）

気功の始まり

中国の心身技法の歴史は古く厚く、気功もその伝統に連なる。例えば、健身気功に採用された五禽《ごきん》戯《ぎ》は後漢の名医華陀《かだ》の創始とされており、その元となる動物の動きをまねる長生の方法は、『荘子』刻意篇に見えるように、さらに古くから行われていた。また、気功の上達を、気の精錬過程として簡明に表現する「煉精化気、煉気化神、煉神還虚」という有名な標語は、宋—元代に発展した内丹（永生を目指す道教の修行法）の体系から採用されたものである。

ただし、多種多様な心身技法を概括する名称・概念として気功の語が普及したのは、繰り返しになるが一九五〇年代以降のことである。そしてこれは、鍼灸や中薬（いわゆる漢方薬）等の伝統医療を中国医学として活用するという医療政策と連動していたことから、単なる呼称の問題に留まらず、その名で括られることになる種々の心身技法に、規範的な影響を及ぼすことになった。気功は、それまで伝統的宗教・医療・武術などの中に散在し、従来様々な名称で呼ばれ、多様な意味づけのあった心身技法を、それらを取り巻く文脈から切り離して医療分野に限定しようとする試みだったからである。

気功の語の発信源としてしばしば言及されるのは、一党員だった劉貴珍《りゅうきちん》の活動と、彼の著書『気功療法実践』(一九五七年)の出版である。同著に登場する内養功という気功療法は、劉自身を重度の胃潰瘍から救ったことで注目され、唐山の療養施設における臨床試験に用いられて治療実績をあげたものであった。劉の影響は大きく二つに分けられる。一つが、多くの心身技法を包括する概念に、呼吸の訓練を意味する「気功」の語を充てたこと、もう一つが、その気功を宗教から切り離して中国医学の療法として提示したことである(王 一九八九、三五二—三五五頁)。各級政府・行政部門の支持を受けた気功療法は、北戴河《ほくたいが》(一九五六年)や上海(一九五七年)に専門の療養施設が開設され、発展の端緒についたが、文革期には他分野同様に禁圧をこうむり、冬の時代を迎えることになった。

大衆的受容と科学的研究の試み

一九七〇年代末に、気功は急速に息を吹き返した。この時期、後の気功ブームでより顕著になっていく、二つの新しい傾向が生じている。一つは、大衆による気功の受容であり、もう一つが、気功の科学的研究の試みである。前者の先駆的な事例が、癌に有効な気功として知られる、画家郭林《かくりん》(林冠《りんかん》明《めい》)の編纂した新気功である。一九四八年に子宮癌を患った郭林は手術を受けたものの、転移を免れることができなかった。再手術を経て彼女は完治を目指して奮起し、家伝の気功に改良を加え、独特な呼吸法と行功(ウォーキング)を組み合わせた新気功を編み出し、これによって自身の病を克服した。一九七一年に彼女が北京の公園で指導を開始すると実践者は徐々に増えていき、八〇年代初頭には、癌や慢性疾患等に効く気功療法として大衆的な人気を博するに至った。この新気功を皮切りに、真気《しんき》運行法《うんこうほう》、鶴翔庄《かくしょうしょう》、馬家《ばけ》気功、大衆気功、大雁功《だいがんこう》、自発五禽戯《じはつごきんぎ》動功《どうこう》等、多くの功法が発表され、人々に愛好された（李編　一九八八、四二七頁）。

一方、気功への科学的な取り組みであるが、一九七八年に『自然雑誌』創刊号で発表された科学者顧函森《こかんしん》による「気功の「運気療法」の物質的基礎を探る初歩的実験結果」が画期をなす。これは、気功師林厚省《りんこうしょう》の外気（体外に発される気）を、計器を用いて赤外線等として検知したという報告であり、そこに気功科学の研究志向が端的に表現されていた。気の実在性や、気を発する能力を研究対象とする志向性を、政治的に許容された気功科学は、以降、超能力や外気療法（外気を用いた治療）といった新奇な研究分野を切り開いていくことになる。

こうした科学的取り組みの中で、超能力研究に特化したものは人体科学と呼ばれ、著名な科学者である銭学森《せんがくしん》・張震寰《ちょうしんかん》を代表とするグループによって推進された。気功初の全国的組織、中華全国中医学会気功科学研究会（一九八六年に中国気功科学研究会に改組）が成立した一九八一年には、中国人体科学研究会準備委員会（一九八七年に中国人体科学学会として成立）も創設されている。超能力的現象に肯定的な彼らの研究態度は、一九八一―八二年にかけて科学界を揺さぶる大きな論争を招いた。しかし、共産党指導部が論争の決着に乗り出し、中国共産党中央宣伝部が「人体特殊能力宣伝問題に関する通知」（一九八二年）を発表して、研究継続を許容する姿勢を示したため、人体科学は八〇年代後半に一世を風靡することになった（浜　二〇〇〇）。

三　気功市場の爛熟（一九八〇年代後半―九〇年代前半）

医療としての発展

一九八〇年代後半から九〇年代前半にかけて、気功は医療、科学、そして宗教が混在する雑多な領域として開花することになった。まず医療分野であるが、各地の中医医院（中国医学病院）の気功科、中医学院（中国医学学校）における気功学科等の拡充や新設が進んだ。加えて、多種多様な功法が全国的に普及し、心身の健康を求めて、公園や広場で人々が思い思いの気功に取り組む様子が、もはや奇異なものとはいえない程度まで一般化していった。外気治療も周知されていき、気功の効果は自らが実践して獲得するだけでなく、気功師の施術によっても享受できるものとして捉えられるようになった（林主編　一九八八、四一二―四一三頁）。

こうした気功の大衆的な受容の一因として指摘されるのが、一九八〇年代半ばに始まる医療の営利化の問題である（Chen 2003, pp. 44-49）。八〇年代以前、中国では都市部の医療費は、公費医療制度と労保医療制度（五〇年代前半―）によって国家・労働単位（企業）が担っており、農村部では農村合作医療制度（六〇年代末―）によって人民公社がこれを請け負っていた。しかし改革開放政策への転換に伴い、経済的基盤を失った農村合作医療制度が八〇年代半ばまでに瓦解し、都市部においても、医療費増大による財政負担が深刻化した八〇年代後半から、費用の個人負担を促す医療制度改革が進められることになった（馬　二〇一五、四三―五九頁）。その際、安価にして症状改善・保健効果が謳われる気功は、医療支出を切り詰める手段として官民双方から注目された。しかし、社会的な健康への関心の高まりは、気功領域の市場化を招来し、医療としての公益性に反する動きを生じることになった。

気功集団の形成

次いで科学分野における気功研究の展開であるが、一九八〇年代後半以降の気功大師（カリスマ的気功師）に対する社会的認知を向上させた点が注目される。一九八七年に成立を果たした中国人体科学学会は、ＥＳＰ（超感覚的知覚）とＰＫ（念力）を対象とする超心理学的アプローチを取っており、著名な科学者・研究機関がこれに携わっていた（銭ほか 一九八九）。

その人体科学と協働することで脚光を浴びたカリスマ的気功師に、中医師（中国医学医師）の厳新《げんしん》がいる。彼は、清華大学の研究者と外気実験[5]を行ったことを、一九八七年初に有力紙『光明日報』で報じられて全国的な注目を受けた。反響は目覚ましく、各地の企業、政府機関や大学などから招聘を受けて行われた厳新の講演会は、数千から一万人を超える動員数を誇った。科学的権威に裏付けられた彼の能力への期待は高く、講演会参加者の中には、彼の話を聞いているだけで自発動（トランス状態）になる者や、疾病や障害が改善・治癒したと訴える者も現れた。以降、数年に渡り厳新現象と呼ばれるほどの熱狂的関心が彼に注がれた。

彼に続くカリスマ的気功師の中には、多数の実践者を獲得し、気功集団（功法の教授を通じて、中核の気功師から地方・末端の実践者に至る階層的なネットワークを有した組織）を形成する者も現れた。著名な事例として中華養生益智功《ちゅうかようじょうえきちこう》（中功）の張宏堡《ちょうこうほ》、中国仏法芳香型智悟気功（香功）の田瑞生《でんずいせい》が挙げられる。張宏堡は、中功が諸他の気功と違い速習可能であると謳い、一九八七年以降大学やメディア、政府機関をターゲットにした宣伝戦略によって急激に知名度を高めた。一九八八年に気功を商材とする北京国際気功服務有限公司を起こし、一九九五年には、功法講習や健康食品、気功治療を扱う企業、麒麟集団を組織している(Palmer 2007, pp. 208–218)。田瑞生は、一九八八年から香功の指導を始めた。簡単な動作で構成された香功は学習が容易なこともあり人気を博した。しかしその簡易さに加えて、香功は二千余年に渡って仏教の高僧のみに受け継がれてきた秘奥の功法であり、田瑞生が初めて公開したものという宗教的潤色が施されていた。一九九三年の香功集団の発表では、全国で二一〇〇万人の実践者を擁するとされた(浜 二〇〇〇、三四頁)。営利を追求した中功や、仏教色を打ち出した香功の成功は、気功集団の活動が著しく多角化していく往時の状況を象徴していた。

四　気功の制度化(一九九〇年代後半—二〇一〇年)

規制の強化

一九九〇年代後半から二〇〇〇年代にかけて、気功領域は国家による規制・再編という形で、急速に輪郭を整えられていく。規制の先触れとなったのは、国家中医薬管理局が発表した「気功医療の管理を強化することに関する若干の規定」(一九八九年)である。これは、それまで無資格者の参入が容易だった外気治療を認可制に変えることで、不法医療行為(効果の誇大宣伝や不当な診療報酬の授受)の蔓延を防ぐものだった。同規定の定める「気功医療許可証」を取得するには、地市級(省級に次ぐ行政区分)

以上の中医薬・衛生行政部門に申請の上、医療機関で三〇例の臨床実績を挙げることが求められた。

また一九九〇年頃からメディア等を通じて、気功の練習によって偏差(精神障害)が生じる危険性を訴える声や、カリスマ的気功師の超能力パフォーマンスや、科学者による超能力研究に対する疑義・批判の声が上がりはじめた(鍾 一九九九、二八二―二八五、四二二―四二三頁、Chen 2003, pp. 88-89, 146-149)。こうした気功領域の自由化の昂進に対する危惧は、政府も共有するところであった。気功の規制は、中国共産党中央委員会・国務院が発した「科学技術普及工作の強化に関する若干の意見」(一九九四年)から本格化した。同文中で、「封建迷信」や「偽科学」に反対するという間接的な表現で、人体科学を牽制する方針が示されると、翌年以降、カリスマ的気功師や超能力研究に対する社会的批判が強まった。

一九九六年、中央宣伝部等七部門が名を連ねた「社会気功の管理を強化することに関する通知」が発表された。同通知は、多くの人間が参加する気功を、「社会気功」と定義し、それを体育や養生のための「健身気功」と、医療行為を構成する「気功医療」とに分類した。これは、気功集団の多角的な活動を、それに対応する行政部門が管理することを目的としたものであった。例えば、医療活動であれば中医薬管理局が、営利活動であれば工商行政管理局が管理の責任を負った。取締り対象として「不法医療行為」、「気功を利用した詐欺行為」に並び、ここでも「封建迷信の宣伝」、つまり逸脱とみなされる信仰内容の流布が挙げられていることが注目される。

法輪功事件と気功領域の再編

気功に対する規制は、一九九九年の法輪功事件によって、気功集団の改廃を伴う徹底したものへと変わった(6)。法輪功は、一九九二年に李洪志《りこうし》が発表した功法であり、この功法から成長した気功集団の名称でもある。仏教用語を多用し、気功の目的に救済を掲げた法輪功はまた、気功から現れた新宗教の代表例でもあった。一九九四年に出版された李洪志の講演集『転法輪』は、「大覚者」である李が伝授した法輪功を実践することによってのみ、終末的な破壊から逃れうるという救済論を説いている。気功を本来的に宗教的な実践とみなす法輪功(李 一九九九、二四—二五頁)は、しかし九〇年代後半の気功政策と相容れることはなかった。

一九九六年には、『転法輪』等の著作が発禁処分を受け、中国気功科学研究会から除名されたほか、識者やメディアからの批判に晒されることになった。これに対して法輪功は、批判の度に大挙して抗議に赴くことで状況を挽回しようとした。ついには、天津で逮捕者が出たことをきっかけに、一九九九年四月に北京市中南海(党要人も住まう国政の中心地)を一万人のメンバーで包囲し、共産党中央に直接陳情するという示威行動に出た。法輪功の起こしたこの想定外の事件によって、気功集団の動員力に対する警戒を強めた政府は、同年七月に法輪功を「邪教」として非合法化しただけでなく、中功や香功といった他の気功集団へと捜査・取締りの手を拡大していった。

さらに気功に関連する法律の制定も急がれた。二〇〇〇年に施行された健身気功管理暫行辦法《べんほう》(二〇〇六年に健身気功管理辦法に改正)や医療気功管理暫行規定は、気功集団の大規模化・多角化を防ぐように、組織と活動を管理する方法を詳細かつ具体的に定めている。同時に、既存の功法に対する審査も進み、不適切だと判断されたものは「有害気功」として解散させられた。これに加えて、国家体育総局に設けられた健身気功管理中心の主導により、古典的かつ愛好者の多い功法を基にした健身気功の編集が始まった。二〇〇三年に、四種の健身気功(五禽戯、六字訣、八段錦、易筋経)が発表され、二〇一〇年には、さらに五種の健身気功(大舞、導引養生功十二法、馬王堆導引術、十二段錦、太極養生術)が追加された。こうした気功を統制する努力は、現在も続いている。

五　おわりに

最後に、気功を中国宗教の現代的な展開の一部としてみることについて、改めて考えたい。現代中国において宗教とは、国による認可を得ると同時に管理を受ける制度的範疇、つまり五大宗教(仏教、道教、カトリック、プロテスタント、イスラーム)とする認識が強い。一方で気功は、中国医学の一部として始まり、医療・健身気功として制度化が進められたように、宗教とはカテゴリーが異なると想定されている。制度的な認識に基づけば、気功は宗教ではないということになる。

しかし、気功の心身技法としての伝統の厚さや、文化現象としての展開の幅広さは、宗教学的な関心を引かずにおかない。大衆化に伴って現れた諸功法の中には、伝統的宗教(あるいは人体科学)の用語や世界観を交えて効果を説明するものも少なくなく、また制度化された健身気功においてさえ、道徳的修養や、天人合一のようなホリスティックな人間観の必要性が言及されているからである(国家体育総局健身気功管理中心 二〇〇七)。無論、気功を宗教だと単純化して説明することは乱暴であるし、多年に渡る気功の制度的確立の努力を無視するに等しい。ただ、伝統的宗教に根差す心身技法が、気功として実践することを国家に許容されたことで、それと言明されないまま宗教性が社会に摂取され、発揮されている点も見落とすことはできない。この状況を、現代中国における宗教のあり様の変化として把握することは、許容されるだけでなく、必要なことといえよう。

注

（1）気功は、「新しいスピリチュアリティ」において国際的な広がりを見せた非西洋的実践の中でも、ヨーガや禅に並ぶ知名度を有している。「スピリチュアリティの興隆」と呼ばれるグローバルな事態、例えば、非教団的・非宗教的とされる宗教性が、一見世俗化の進展する中で、社会の諸領域に浸透していく事態への考察（島薗 二〇〇七）は、そうした実践を、発祥文化・地域の文脈において捉えなおす際にも、示唆に富んでいる。

（2）しかし、国内外の研究においては、一九八〇年代を中心に、心身技法としての気功の歴史性や実効性への宗教史的・中国医学的検討が進み、二〇〇〇年以降になると、気功の社会現象としての側面に人類学・社会学的分析が加えられ、知見が蓄積されている。本稿の叙述はこれらの先行研究の再説に留まる。

（3）諸功法（気功の流派）を道家気功・仏家気功・儒家気功・医家気功・武術気功に分類して説明する場合もある（楊主編 二〇〇六、四―五頁）。

（4）気功の歴史的・網羅的研究（例えば李編 一九八八、胡 一九八八）において、宗教中の歴史的な心身技法も気功とする理解が提示されている。

（5）清華大学との一連の実験内容は、一九八八年の『自然雑誌』一一巻八―一一期で発表された。一九八六年一二月二二日から八七年一月二三日に行われた最初の実験は、厳新が三メートルから一九〇〇キロメートル離れて外気を発し、気を送られた前後で生理食塩水等四種の溶液に生じた変化を、ラマン分光法を用いて観測した、という内容だった(胡・呉主編　一九八九、一三六―一五〇頁)。

(6)　国家体育委員会の発布した「健身気功管理辦法」(一九九八年)に則って、同年中に一一種の既存の功法が、健身気功として承認されており、その中には二〇〇〇年以降、有害気功として取り締られた功法も含まれていた(啓　一九九八、六頁)。

参照文献

【日本語】

ウチラルト　二〇一三、「気功と現代中国――河南省における気功師の神格化現象」川口幸大・瀬川昌久編『現代中国の宗教――信仰と社会をめぐる民族誌』昭和堂。

島薗進　二〇〇七、『スピリチュアリティの興隆――新霊性文化とその周辺』岩波書店。

津村喬　一九九〇、『気功への道』創元社。

馬欣欣　二〇一五、『中国の公的医療保険制度の改革』京都大学学術出版会。

馬済人　二〇〇一、植地博子ほか訳『中国気功学』東洋学術出版社(陝西科学技術出版社、一九八三年)。

浜勝彦　二〇〇〇、「中国における気功活動の展開と法輪功事件」『創大中国論集』創価大学文学部外国語学科中国語専攻、第三号。

李洪志　一九九九、法輪大法日本語翻訳研究班訳『転法輪』ナカニシヤ出版(中国広播電視出版社、一九九四)。

【中国語】

于光遠　一九九六、『反「人体特異功能」論』貴州人民出版社。

王松齢　一九八九、『中国気功的史・理・法』華夏出版社。

郭林新気功研究会　一九九九、『郭林新気功』人民体育出版社。

啓新　一九九八、「国家体育総局局長伍紹祖向健身気功功法頒発審定証書」『中国気功科学』一一月号、中国気功科学研究会。
胡海昌・呉析耀主編　一九八九、『気功科学文集』北京理工大学出版社。
胡春申　一九八八、『中華気功学』四川大学出版社。
国家体育総局健身気功管理中心　二〇〇七、『健身気功社会体育指導員培訓教材』人民体育出版社。
国家体育総局武術運動管理中心　一九九八、『健身気功培訓教程(試用)』人民体育社。
司馬南　一九九八、『神功内幕』中国社会出版社。
鍾科文　一九九九、『「法輪功」何以成勢：気功与特異功能解析』当代中国出版社。
銭学森ほか　一九八九、『創建人体科学』四川教育出版社。
楊伯龍主編　二〇〇六、『気功標準教程』北京体育大学出版社。
李志庸編　一九八八、『中国気功史』河南科学技術出版社。
林中鵬主編　一九八八、『中華気功学』北京体育学院出版社。

【英語】

Chen, Nancy 2003, *Breathing Spaces: Qigong, Psychiatry, and Healing in China*, Columbia University Press.

Otehode, Utiraruto 2009, "The Creation and Reemergence of Qigong in China", in Yoshiko Ashiwa and David L. Wank eds., *Making Religion, Making the State: The Politics of Religion in Modern China*, Stanford University Press.

Palmer, David 2007, *Qigong Fever: Body, Science, and Utopia in China*, Columbia University Press.

二　新宗教運動・スピリチュアリティの現在

【争点3】 オルタナティヴか、体制順応か？

藤原聖子

スピリチュアル文化は良いものなのか？ いかがわしいのか？

「○○セラピー」「○○療法」「○○瞑想」など、研究者が「スピリチュアル」と分類する文化について、多くの人がまず抱く疑問は、「良いものなのか？ いかがわしいのか？」や「本当に効くのか？インチキなのか？」といったものではないか。スピリチュアル文化やその前身であるニューエイジ文化、あるいは教団を構えるがそれらと共通点の多い新宗教運動が、①ある人には魅力的に、他の人にはいかがわしく見える一因は、これらが既成の文化や宗教に対抗する「オルタナティヴ②」な運動として始まったことにある。とくに発祥地とされるアメリカやイギリスにおいてはその傾向が顕著である。

それでは、何がどう「オルタナティヴ」だったのか？「スピリチュアル」の定義は研究者により異なり、事例も多様だが、少なくとも欧米先進国のその文化については、どの事例も既存の「何か」に対するアンチテーゼから発生していると見ることができる。その「何か」は共通であり、多様性は枝分かれする方向の違いとして現れる。共通の「何か」は①素材、②組織形態、③救済観、④イデオロギーの四つの点からとらえることができる。

①の素材ないし〝コンテンツ〟の観点からは、スピリチュアル文化は超越的人格神への内面的信仰と聖書に基づくプロテスタント的キリスト教に対するオルタナティヴとしての特徴を持つ。すなわち、内

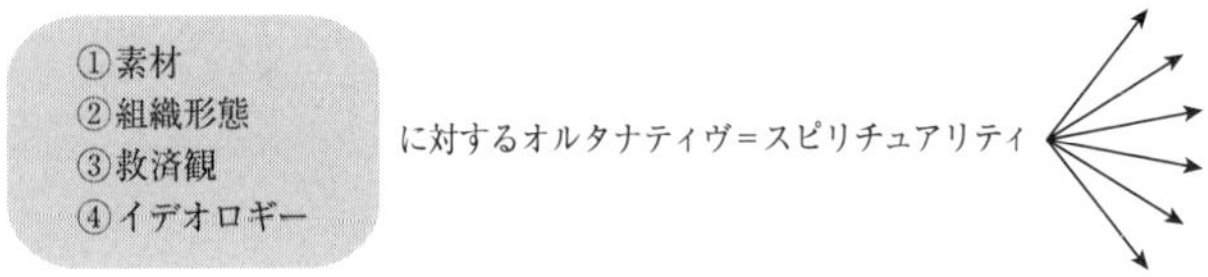

在神・汎神論的世界観、神秘体験、呪術という特徴を持つ思想や実践が、アジアや先住民の宗教伝統の中から次々取り出され、使われている。各種瞑想、気(功)や神話と深層心理学、交霊術や占いなどのオカルト、先住民の聖地のパワースポットめぐり、現代の異界信仰の一ヴァージョンとも言えるUFO・宇宙人信仰、東洋医学や民間療法をアレンジした代替療法、各種セラピー、ヒーリングなどがある。

②の組織形態の観点からは、スピリチュアル文化は教会という組織を中心とした制度的宗教に対するオルタナティヴである。個人的に本やインターネットを通して知識を入手する。ワークショップに参加し、ゆるやかなネットワークを作る人もいるが、基本的に組織というものを敬遠する。この特徴は英語では「believing without belonging(教団に)所属しないままに信じている」と呼ばれることがある。ただし、既成教会に対する反発が、逆に極端に密な人間関係への希求に転じることもあり、この場合は信者がアシュラム(ヒッピー村)で共同生活を行う、コミューン型の新宗教教団になる。

③の救済観の観点からは、伝統的キリスト教が来世救済を志向するのに対するオルタナティヴである。現世での「自己実現」が求められ、絶対神による罪からの「救い」ではなく、「自分探し」による人生の意味の充実、不安やストレスからの「癒し」が重視される。

④のイデオロギーの観点からは、近代合理主義(あるいは科学万能主義・心身二元

論）、資本主義（消費・管理社会）、家父長制に対するオルタナティヴである。精神と身体・環境を一体ととらえるホーリズム、反物質主義、エコロジー、フェミニズムといった価値観だ。この価値観が①と結びつき、神秘への憧憬がさまざまに具現化された。とくにエコロジーやフェミニズムの特徴が強いのは、菜食主義、女神を崇拝し自然との調和を説く現代魔女（ウィッカ）、ネオペイガニズム（新異教主義）等である。

①―④のどれについても対抗されている「何か」は伝統的なユダヤ・キリスト教のメインストリームである。このため、スピリチュアル文化を好む人たちが自らの宗教性を表現するとき、“Spiritual but not religious”（私は宗教的ではないがスピリチュアルだ）、略してSBNRというフレーズがよく使われてきた。この場合の「religious」は、日曜に教会の礼拝に行くことを中心とする伝統的スタイルを指すのである。[3]

日曜に教会で牧師の説教を聞くのでは満たせない精神的渇望を持つ人たちには、このようなオルタナティヴは魅力的に見えやすく、他方、伝統主義者からも近代主義者からもそれは異端的で非科学的と否定されやすい。この両極端な評価が、一般の人のイメージにはより漠然とした「良いものなのか？ いかがわしいのか？」という形で現れているのである。

体制批判か？ 順応か？

さて、上記のように一般の人がスピリチュアル文化に向けるネガティヴな評価は、なんだかうさん臭いという価値判断であることが多いと思われるが、研究者による批判はそれとは異なる論調になることが多い。その主なものを二種類挙げよう。

一つは、スピリチュアル文化に思い入れのある研究者によるもので、対抗文化期には社会変革を志向した若者たちによる前衛文化だったものが、時間が経つとともに消費文化に飲み込まれて単なるファッションとなったことを嘆くタイプの批判である。アンチ・資本主義社会どころか、ビジネスパーソンの自己啓発のために「○○瞑想」が流行したり、セドナなどが、ネイティヴ・アメリカンの聖地＝パワースポットとして人気の観光地になり、高級リゾートホテルが次々建ったりといった現象に対して、スピリチュアル文化の変質を憂えるものである。悪徳商法に結びつく場合は、なおさらそのような批判も強まる。

もう一つは、R・ベラーが『心の習慣』で示したような、スピリチュアル文化のミーイズム的側面に対する批判である。これも、ヒッピー全盛期には、V・ターナー言うところの「コミュニタス」状況（ウッドストック音楽祭のような、気分が高揚する一体感を共有する場）で、格差も暴力もないコミュニティを広げ、新時代（ニューエイジ）を築こうとする運動だったものが、対抗文化の終息とともに個人主義化したことを嘆くものだ。他人が私利私益を追求する中で、自分ひとりが社会のためを考えても無駄だ、人それぞれに充実した生を営めばよいではないかという、新自由主義経済と親和的な価値観が、スピリチュアル文化にも浸透した、あるいはむしろ「自分探し」「自己実現」を掲げるスピリチュアル文化がそのような価値観を広めたという批判である。R・パットナムが言う「孤独なボウリング」状況に対応する、社会性を欠くスピリチュアリティのありようが問題化されてきた。

これらは二つとも、あるべき社会と宗教の姿を想定する立場からの規範的な批判であり、その後、スピリチュアル擁護派から、スピリチュアル文化の実践者も他者・社会のことを考えているという反論があがるようになった。スピリチュアルな世界観を共有する人たちが、平和や環境に対する危機意識からネットワークを作り活動している例は確かにアメリカなどでは現在も珍しくない。結局のところ、スピリチュアル文化は、音楽の領域で、時代によって反戦フォークが流行ることもあれば、「売ること」が目的化することもあるというのと同様の変化と評価を繰り返してきている。

この争点はまた、スピリチュアル文化とは、昔からある民間習俗の類なのか、それともポストモダンな新現象なのかという争点にも関わる。担い手に注目すれば、パワーストーンやタロット占いなどに次々と入れ込む人たちは、近代批判の対抗文化運動がメインストリーム化した姿なのか、それともそのような人たちは、一九七〇年前後にどんな運動が起きたかには関係なく、社会に常に一定数いるものなのかという問いにもなる。

スピリチュアル文化と昔からの民間習俗の間の連続性を強調する論客にはアメリカの社会学者M・マクガイアらがおり、スピリチュアルの新しさを強調する側にはイギリスの社会学者P・ヒーラスらがいる。ヒーラスは、自分探し的な個人主義的・内面的特徴は現代ならではのものだと言う。この論争はもはや、どちらが正しいというよりも、それぞれがどのような理論枠組みの中でスピリチュアル文化を位置づけているかからくる違いであろう。前述の筆者の整理では、①素材、②組織形態に注目するなら、公認宗教である教会の外で呪術の類を実践する人たちは近代以前にも存在したと言えるし、③救済観、④イデオロギーに注目するなら、現代ならではの現象だという説明の方が説得力を持つ。

また、実証的な研究を重視する研究者からは、アンケートをとってみれば、「SBNR」よりも、「スピリチュアルでかつクリスチャンである(=所属宗教もある)」という自己理解の人の方が多く、よって、スピリチュアルは既成宗教に対する明確な「オルタナティヴ」とは言い難いという意見もある。こういった意見の対立は、これまでの研究が、えてしてスピリチュアル文化を「○○瞑想」や「○○療法」などの事例の共通性でまとめてしまい、一人ひとりの実践者がどのような意識でそれらを行っているのかについて綿密な調査が不足していたという問題から来ているところもある。

なぜ女性が多いのか?

担い手の方に目を移すならば、スピリチュアル実践者にはなぜ女性が多いのか(英米で約八割とも)という点も議論を呼んできた。まず出されたのは、剝奪―補償理論的説明である。男性は仕事で出世して自己実現できるが、女性には壁があり、自分に価値がないと思ってしまうため、代わりにスピリチュアル文化の中で自分を見つけ、自尊心を得るのだ、あるいは他人のために自分を犠牲にすることが多いので、癒しを必要としているのだという説である。女性の方が非科学的だからとか、心が弱いからだとするありがちな説に比べると、根底には女性に対する差別があるとする社会批判的な説なのだが、それでも女性を「残念な人たち」として描く点で、フェミニストの神経を逆なでするものだった。

これに対して前述のヒーラスは、仕事の種類の違いに注目した説明を行っている。ヒーラスによれば、女性の方が、看護や教育などの人間関係に関わる仕事に従事する割合が高く、実際イギリスではそのような職業に就く女性の間でスピリチュアル文化に対する関心が高い。調査したところ、そのような女性たちは、「自分を犠牲にして他人の世話をしてきたから、自分に集中したい」ではなく、「(仕事の中で)

相手を力づけ、やればできると思ってもらう方法として「○○瞑想」の類をやってみたい、同時に自分をも高めたい」という意識を持っていたという。つまり、女性にとってスピリチュアル文化の実践がどのような意義を持つかだけでなく、それがミーイズムではないことも発見したと言うのである。

実践者の意識に一歩も二歩も迫ったものだが、この説明も十分に説得的ではない。というのも、調べた女性たちが行っていたのは主として各種ヒーリングやセラピーであり、占いやまじないではないからだ。日本に比べるとジェンダー・ステレオタイプに批判的な英米社会においても、スピリチュアル文化の実践にはジェンダー差があり、占いは女性に、UFO・宇宙人信仰は男性に多いといった傾向がある。解明の余地がなおあるということだ。

スピリチュアル文化が先進国限定のものなのかどうかについては、【争点4】で論じる。

注

(1) 改めて用語整理をすれば、学術概念としての日本の「新宗教」と欧米先進国の「新宗教運動」(New Religious Movements)は指すものが異なる。本巻序論で簡単に述べたように、欧米の新宗教運動の典型はラジニーシ教団(ORM)やハレー・クリシュナ教団(ISKCON)など、繁栄する資本主義社会に背を向けたヒッピーの若者たちがインド人のグルを中心にコミューンを形成するパターンである。一九七〇年前後の対抗文化期には、この新たな宗教的志向性はニューエイジ運動と呼ばれ、それは後にスピリチュアル運動／スピリチュアリティと言われるようになる。

それに対して、幕末・維新期に成立した天理教や金光教、戦後拡大した創価学会や立正佼成会など、日本の新宗教は、近代化に取り残されそうになった人たちのセイフティ・ネットとして機能し、信心をバネに集団でサバイバルしていく現象として説明されてきた。こちらの典型的な信者像は家庭の主婦である。対抗文化的な若者の宗教運動は、日本の研究では「新・新宗教」などの別のタームで呼ばれてきた。

（2）「代替」という日本語があてられることが多いが、「既存のものに代わる」「伝統・慣習にとらわれない」新たな可能性という意味。

（3）補足すれば、“spiritual”の語は伝統的キリスト教内部でもしばしば使われてきた言葉であり、また今日では、「宗教」を婉曲的に表現したり、宗派を限定しない広い宗教性を指すのにも使われることが、この語をわかりにくくしている。“religion(s)”に対置される用法と、それを包摂する用法があるということだ（本シリーズの他の巻で使われる「スピリチュアル・ケア」の spiritual は後者の意味である）。

参照文献

島薗進 二〇一二、『現代宗教とスピリチュアリティ』弘文堂。

ベラー、ロバート他 一九九一、島薗進・中村圭志訳『心の習慣——アメリカ個人主義のゆくえ』みすず書房。

マクガイア、メレディス 二〇〇八、山中弘・伊藤雅之・岡本亮輔訳『宗教社会学——宗教と社会のダイナミックス』明石書店。

Heelas, P. and L. Woodhead eds. 2005, *The Spiritual Revolution: Why Religion Is Giving Way to Spirituality*, Blackwell.

第7章　世界平和統一家庭連合(旧統一教会)の歴史と現状
——韓国宗教史からの検討

古田富建

一　はじめに

「統一教会の創始者文鮮明《ムンソンミョン》氏が危篤」。二〇一二年八月一六日に流れた速報テロップである。翌九月三日、九二歳で文鮮明は死去し、日本の各メディアが彼の死を一斉に報じた。信徒数公称三〇万人(実数はその半分にも満たない)。それほど規模が大きいとはいえない海外の教団にしては、日本社会での存在感が大きいといえる。

世界平和統一家庭連合、旧世界基督教統一神霊協会は、一九五二年に設立(財団法人の許可は六三年)されたキリスト教系新宗教である。韓国では統一教(통일교)、日本では統一教会／協会の旧称で知られる。

八〇年代以降に生まれた世代は、ともすると統一教会の名を聞いたことがないかもしれない。七〇年代には「親泣かせ原理運動」、八〇年代には「霊感商法問題」、九〇年代序盤には芸能人の参加が話題を呼んだ「合同結婚式」で名を馳せた。合同結婚式に参加した元新体操日本代表の山崎浩子氏の脱会記者会見の頃から、「マインドコントロール」をする団体、反社会的な「カルト教団」のイメージもある。

統一教会の全体像を把握することは、実はとても難しい。時代とともに教説が変化してきたことに加え、国によって宣教戦略や強調される教説が異なるからである。企業体や慈善団体など、関連組織が数多く存在することも理由となろう。特に日本支部は、同教団の国別信者数において最多数の信者を抱え、教団の運営資金作りを一手に担っている。統一教会を論じる際に、日本国内の活動にばかり目が行きがちであるが、韓国での文脈を抜きに同教団を理解することは不可能である。日本支部に関することは優れた先行研究(1)に譲り、本稿では、統一教会の発祥の地である韓国宗教史の文脈から、同教団について概説したい。

二　冷戦崩壊前の統一教会史(草創期から教勢ピーク期まで)

創始者の文鮮明は、一九二〇年朝鮮半島北部に位置する平安北道定州に生まれた。近代教育が始まる一〇代半ばまでは儒学を学び、一五歳の時に兄姉の病がきっかけで家族ぐるみでクリスチャンとなった。祈禱中、イエスと霊通し、メシアの使命を引き継いで人類を救済する「召命」を受けたのは一六歳の時であったという。二二歳で日本に渡り、早稲田大学付属早稲田高等工学校電気工学科に入学、卒業後は鹿島組に就職した。祖国が日本の植民地から解放されたのは二六歳の時であった。帰国した文は、イエスが近々朝鮮半島に再臨すると訴える金百文《キムペンムン》牧師に接近し、一九四六年、平壌に「荒野教会」を設立した。その教会は信徒が相次いで「啓示」を受けては激しく慟哭を繰り返すため、「泣く教会」との噂が広まり、文は「社会秩序紊乱」の罪で拘束される。収容されて二年半が過ぎた一九五〇年、韓国戦争勃発により釈放されると、半島を南下し釜山まで避難した。避難地の釜山において「世界基督教統一神霊協会」の名で伝道を開始したのは一九五四年のことである。韓国では、戦後直後から韓国戦争終了期にかけて、多くの宗教団体が誕生した。キリスト教系の新宗教も誕生したが、その代表ともいえるのが、韓国イエス教伝道館復興協会(現「天父教」、以下「伝道館」)と統一教会であった。

統一教会は、創設後間もなくソウルに本拠地を移し、一九五五年にはキリスト教系名門私立大学の女学生や教員を多数入信させた。旧正式名称の通り、統一教会は、全世界のキリスト教を霊的にまとめ上げようとする超教派的なスタンスを取り、対話集会などを展開したが、保守的な既成教会からは相手にされず、バッシング(2)だけがひどくなった。一九五八年には日本、五九年にはアメリカに宣教師を派遣したのを皮切りに、海外宣教にも早くから着手した。

六〇年代以降になると、「勝共思想」を掲げて反共産主義運動を展開し始める。六〇、七〇年代の朴正熙軍事独裁体制下の韓国は、冷戦構造の影響により南北で激しくイデオロギーを対立させ、国是を「反共」としていたことから、思想的な方向性が一致する統一教会は政権から庇護された。この時期、韓国政界にとどまらず、各国の保守系政治家とも連帯している。日本では自民党のタカ派、米国では共和党の保守政権に積極的に支持された。

企業体が次々と生まれたのも六〇年代からである。冬のソナタの撮影地ともなった龍平《ヨンピョン》リゾート、免税店でも販売されている人参茶の一和《イルファン》などである。これらの企業体を傘下に置く「統一グループ」は、韓国経済界で準財閥級ともいわれるほどに成長していった。企業体は日本やアメリカにも作られた。日本には旅行事業や貿易事業を行うハッピーワールド、七〇年代に文がアメリカに居住地を移してからは、米国のマスコミ買収なども盛んに行われた。

三　五つのキーワードで見る統一教会の教説
――「恨」「血統」「終末思想とメシアニズム」「恨解き」「世直し」

統一教会の表面的な儀礼、つまり礼拝の形式や十一条献金の習慣、祈禱院を所持することなどは、韓国の既存のキリスト教会のそれを借用したものであって、教団の独自性とはいえない。既存との隔たりが大きいのは教義面である。

新旧約聖書を再解釈した教義書『原理講論』（一九六六年）、文の語った説教を整理した『天聖経』（二〇〇五年）が、統一教会の中核となる教義書である。ここでは、統一教会の教義を理解する上で欠かせないキーワードを五つ紹介したい。

恨《ハン》（한）

一つ目は、「恨」（한）である。戦後まもなく韓国の文学界から生まれた「恨」の議論によれば、「恨」とは、晴れることのない深い悲しみや虐げ、やるせなさを美化した「悲哀の美」である。それ以外に

も「恨」の本質は「希望」や「あこがれ」にあると解釈する研究者もいるが、その後も「恨」は韓国人の美意識、民族的心性（民族性）であるとの指摘が続き、長らく韓国文化の象徴としてみなされていた。時代とともに、心理学、民俗学、社会学など学際的研究が進み、近年になると、「恨」は日本統治による植民地主義言説から生まれた「創られた言説」であるとして「恨」の民族性を否定する異見も示されている。

統一教会では、神は「恨」を抱いていると説明する。人間と同じように喜怒哀楽を感じる神は、もともと人間と親子関係であったという。しかし、人間の堕落という過ちによって、神と人間とが「親子でない関係」になってしまった。堕落前の関係には二度と戻れない。この深い悲しみこそが、神の「恨」だという。

「恨」と対になる語に「恨解き《ハンプリ》」（한풀이）というものがある。「恨解き」の詳細については後述するが、晴れることのない「恨」を実質的に、あるいは代替手段を用いて晴らすことを指す。神の「恨」は、裏を返せば、二度と元には戻れない「親子関係」を取り戻したいという切なる願望に行き着く。そこで、神と親子の関係を取り戻して、神の「恨解き」を行うことが人類の使命であり、歴史の目的だというのである。

血統

二つ目のキーワードは、「血統」である。解説にあたって、神の「恨」の原因となった「堕落」や「原罪」に関する統一教会の見解を見ておきたい。統一教会では、伝統的キリスト教神学の見解とは異なり、堕天使ルシファー、人間アダムとエバの間で起きた「誤った性行為」こそが「堕落」であると説明する。「堕落」により、人類は、神との親子関係の証である神の「血統」を失い、サタンの「血統」を受け継いだ。このアダム以来の「血統的罪」こそが「原罪」であるという。この「原罪」を清算するためには、サタンの「血統」から神の「血統」へと「血統転換」するしかなく、その手段というのが、男女のペアが国際合同祝福結婚式（以下「祝福結婚」）に参加し結婚することであるとする。「血統転換」によって手に入れた神の「血統」を神聖視し、「血統転換」した一対の夫婦から誕生する子々孫々の「血統」を守り抜こうという発想は、一人の始祖を基点とする血縁集団である宗族という概念を持ち、その「血統」を尊ぶ伝統社会の儒教（血統の神聖性／結婚や家族の重視）が身体化されているからこそともいえよう。併せて統一教会には、純潔教育や結婚、家庭の重視、子沢山などの特徴も見られる。

蛇足にはなるが、「善悪の実を取って食べる」行為を性行為と解釈したり、原罪を「血」や「血統」と結び付けて捉えたりする教団は、統一教会が初めてではない。植民地期にキリスト教の周辺に存在していた一部の教団が、原罪は淫乱であると説き、「血分け」や霊体交換といった性的行為を宗教儀礼として行っていたとされる（崔 一九九三）。統一教会と並び戦後を代表するキリスト教系新宗教（「伝道館」や龍門山祈禱院）についても、「血分け」があったと指摘されている。統一教会を脱退した古参信者によるいくつかの証言は存在するものの、統一教会が「血分け」の儀礼を行ったという確たる証拠は今のところ存在しない（櫻井・中西 二〇一〇、二〇頁）。しかし実質的な「血分け」の儀式の有無はともかく、象徴的あるいは理論上の「血分け」は存在すると考えている。同教団が最大の秘跡と位置付ける「聖酒式」の儀礼を見てもそうである。同儀礼は「祝福結婚」の直前に参加するもので、教祖から新婦、新郎へと聖酒を酌み交わす儀式の流れが、「血分け」の名残のようにも映る（鄭　一九八〇）。

このように、全人類をこの儀礼に参加させて全人類の「血統」を転換することが、同教団の究極的な目標である。「血統」の浄化を救済の根幹に位置付け儀礼化した点は、まさに統一教会のオリジナリティーといえよう。

世界でも稀に見る徹底した教団内婚制（櫻井・中西　二〇一〇、ⅳ頁）である「祝福結婚」の詳細も見ておこう。一九六〇年の三六組を皮切りに実施されており、……七七七組（一九七〇年）……六〇〇〇組（一九八二年）……三万組（一九九二年）、……三六万組（一九九五年）……四億組（二〇〇〇年から現在も進行中）と一回ごとの結婚式への参加者は増加していった。「祝福結婚」は、救済のための儀礼の場であると同時に、教勢を対外的にアピールする場でもあった。日本では、芸能人の参加でマスコミを賑わせた一九九二年のソウル五輪スタジアムで行われたものが有名である。九二年以降は「霊人祝福」（信者と信者の死んだ配偶者もしくは信者の先祖の死者結婚）もカウントに入れるなどしており参加者数は明確でないが、教団の発表によると、これまでにおよそ一七万人が参加し、今でも毎年開催されているという。八〇年代までは「祝福結婚」を受けるまでに多くのノルマが課されていたが、現在では参加者の大幅減少に伴い、「恩恵の拡大」と称して一四〇万円の献金を納めれば誰もが参加できるようになっている。

「祝福結婚」では、既婚の夫婦が参加する場合を除き、教団の紹介によって配偶者が決められる。「国際合同祝福結婚式」という名の通り、言語や文化が異なる者同士、あるいは歴史的に対立してきた民族同士が「神を中心に」結ばれることが好ましいとされ、国際カップルが数多く誕生した（教団の発表によれば二〇一五年までの参加者は一万五千組）。結婚式直前まで会ったこともない男女が伴侶となるケースが多いようだが、教団発表によれば離婚率は一・七％と低い（ＵＲＬ①）。

国際結婚で最も多く誕生したのは、日本人と韓国人のカップルである。日韓併合の歴史から両国は怨讐関係にあり、国際結婚こそが和解の道とされた。八〇年代以降、約七〇〇〇人もの日本人女性が、主に農村部に住む韓国人男性に嫁いだ。現在、それらの家庭からおよそ二万人の子女が生まれているという。結婚相手が見つからず、結婚斡旋によって「国際合同祝福結婚式」に参加した男性側には、信仰がなく貧困であることも多い（櫻井・中西 二〇一〇）。韓流ブームで韓国に居住する日本人が増えた現在でも、在韓日本人の最大勢力は、「祝福結婚」による移住者である。二〇〇〇年以降においても、韓国に暮らす日韓夫婦の六、七割は統一教会の信者だとされる（ＵＲＬ②）。

終末思想とメシアニズム

三つ目のキーワードは「終末思想とメシアニズム」である。いくつもの王朝が盛衰を繰り返してきた朝鮮半島では、三国時代から現在に至るまで、王朝が閉塞感に陥り「終末」が訪れると、「メシア」（真人）が出現し新世界が誕生すると度々告げられた。代表的なのは、三国時代や高麗時代の「弥勒信仰」、朝鮮時代の「秘訣信仰」（『鄭鑑録《チョンガムノク》』）などである。「終末」である今、この場所（朝鮮半島）に「メシア」が訪れるというメシア待望論、あるいはメシア降臨論は、朝鮮後期の民衆運動や近代の民族宗教（日本でいう新宗教）に多大なる影響を与えた。

キリスト教も当然ながら「終末思想とメシアニズム」の宗教である。しかし、統一教会の場合、再臨するのがイエスではなく再臨主の「文鮮明」であり、再臨の地を「朝鮮半島」としている点が特異である。また、『鄭鑑録』はメシアの降臨を伝える朝鮮中期以降の予言書であるが、『原理講論』もメシアの再臨を世界に知らしめるという預言書的な位置付けにある。『原理講論』には、善悪の相剋の時代を終えて神が勝利し、地上天国になるまでの過渡期が「終末」と規定され、「再臨主は東の国＝韓国に再臨する」と明記されている。メシアが韓国に降臨する根拠の一つとして『鄭鑑録』の名も挙げられており、朝鮮半島の「終末思想とメシアニズム」とキリスト教の習合の様相が窺える。

恨解《ハンプリ》き（한풀이）

四つ目のキーワードは「恨解き」である。『原理講論』の後半には、神の「恨解き」を行う使命を担ってきた各時代の中心人物やイエスについて解説されている。ここではイエスを例に、「恨解き」を見ていこう。

統一教会はイエスについても、伝統的なキリスト教会とは異なる解釈をしている。神と聖霊とイエスの「三位一体」を否定し、イエスは、神が人類歴史の中でようやく地上に送り込んだ完成した「人間」であるという立場を取る。またイエスの「十字架の贖い」を信じることが人類の救いであることも否定する。十字架刑は人間の不信による神の摂理の失敗であり、イエスによる十字架上の贖罪は部分的な救済に過ぎないと説明する。では、どうすべきであったかといえば、イエスは「結婚」して子を残さなければならなかったのだと明かす。人類初となる完成した人間の結婚によって「血統転換」

が起き、イエスから生まれた子は「神の血統」となる。こうして人類始祖の堕落以降、神は初めて自らの「血統」の人間を手に入れ、神と人間が「親子関係」を取り戻し、神の「恨」が解かれるはずであった。しかし、イエスの使命が未完に終わったことで神の「恨」は増大し、イエス自身も「恨」を抱くことになったという。

朝鮮半島の伝統的儒教社会の世界観からイエスを捉え直すと、統一教会のイエス理解にも納得が行く。三三歳の若さで未婚のまま死んだイエスは、天寿を全うできなかったことに加えて、祭祀を受ける先祖になれなかった「鎮魂の対象者」である。結婚し子をもうけて血統を残し天寿を全うすることを理想とする儒教社会では、独身で死んだイエスの生涯は望ましいものではない。イエスの「恨」を晴らすために、統一教会は七〇年代に、同教団の韓国人女性信徒を伴侶として、イエスを死後結婚させてもいる。

「恨」を解く、つまり「解怨思想」の伝統は、民俗宗教である巫俗《ふぞく》をはじめ、近代化の過程で誕生した民族宗教(新宗教)の中にも広く見られるものである。巫俗では、「怨霊(死者)の恨」を解く儀礼を「恨解き」と呼ぶ。社会的な抑圧の中で「恨」を抱える民衆に主に支持された。ただ、巫俗の「恨解き」で対象になるのはもっぱら個人であり、その効果は残された者の喪失感を埋めることであった。いうならば、マイナスの状態をゼロに戻す「癒し」に留まる。

一方、民族宗教の特徴の一つといわれる「解怨思想」は、「恨解き」の対象を個人から社会、世界へと拡大させている。さらに、再創造を行う社会変革思想でもあることから、ゼロに戻すことに留まらず、プラスの方向へと向かっている。統一教会の「恨解き」も同様である。現状では「サタンの血統」の位置にいるが、「祝福結婚」の条件をもって、「神の血統」という元の位置に戻る、いわば「恨がある、あるまじき状態＝マイナス」から「恨が解かれた、あるべき状態＝プラス」へと戻している。

ここでは、韓国を代表する民族宗教の一つ、甑山《チュンサン》教の救済観である「解冤相生思想」を見てみよう。甑山教は姜甑山《カンチュンサン》が二〇世紀初頭に設立した教団で、儒、巫、仙、仏などの伝統宗教が習合しているのが特徴である。歴史上、すべての宗教や文化、制度は排他的で、互いに激しく対立しては数多くの怨恨を生み、その怨恨が蓄積されてきた。怨恨を抱いて死んだ人間は、霊魂の怨力の作用によって怨鬼となって人間に害をもたらし、社会の秩序を妨害する。そこで、怨鬼を解放して新たな歴史を創造しようと、姜甑山は「天地公事」と呼ばれる解怨儀礼を数多く行った。この儀礼により歴史の方向は転換され、以降、世界は徐々に良い方向に向かっていると考えられている。以上が甑山教の「解冤相生思想」である。

乱暴な言い方をすれば、右記にキリスト教の「唯一神」や「人類始祖の堕落や原罪」などの概念を付け加えれば統一教会式の「恨解き」である「復帰摂理」となるともいえる。文鮮明も「総解怨式」「天宙解放式」「総霊界霊人解放式」など、甑山教の「天地公事」と類似した儀式を数多く執り行っている。

世直し

五つ目のキーワードは、「世直し」である。韓国の統一教会はよく、「宗教の仮面を被った政治集団」「営利追求を目的とした経済組織」ともいわれる。宗教教団であるにも拘わらず、経済活動に熱心なのは、全世界、全天宙の「地上天国」実現の掛け声とともに、政治・経済・教育・学術・文化など、宗教以外のあらゆる分野の「世直し」を行っているからである。これらの活動は「統一運動」と呼ばれ、信者には、メシアが再臨した「今この時代」に、メシアとともに「統一運動＝世直し」を展開していくことが強く求められた。

各界に進出しての「地上天国」の壮大なプランを実現するのに必要なのは、莫大な資金である。相対的に規模が大きく組織が強固な日本支部は、イベントや組織運営の資金、そして大規模な海外宣教活動の人材供給地としての役割を単独で担うことになった。全ては、「メシアが降臨している今、地上天国を作る」という切迫する終末意識によって突き動かされていた。

統一教会の信者はファンドレイジングという信仰訓練を兼ねた経済活動をしている。路傍で花やチョコレートを売る訓練である。日本支部ではこの活動が拡大発展し、組織化された。青年信者らがマイクロバスに寝泊まりし珍味などを売り歩いた時代を経て、八〇年代には韓国から輸入された高麗人参や大理石の壺、多宝塔といった高額商品の訪問販売が行われた。布教と経済活動を融合させた姓名判断や印相鑑定といった手法も取り入れられた。

日本社会において一連の活動が「霊感商法」だとして社会問題化し始めたのが八〇年代半ばのことである。先祖の因縁といって恐怖心をあおり、高額商品を購入させる組織的な活動が、数々の消費者トラブルを生んだのである。「霊感商法」の被害額は一一七七億円に上り、実被害はその一〇倍に上るのではないかとされる（山口 二〇一七、三九頁）。二〇〇九年には警察も動き、特定商取引法違反や薬事法違反での摘発も行われた。物販を担当した企業との関係を教団は否定しているが、教団の資料や元信者の証言によれば、教団との関係は明らかである。

この恐るべき集金熱は、「万物復帰」という教義からも説明できる。「万物」とは主に金銭を指し、サタンに支配されている現世から神の元に取り戻す行為とされている。教団への献金や物販の購入は、購入者が入信に至らなくても、その人の救いに繋がる功徳の行為と考えられた。虚偽や脅迫は、大善の手段と化したのである。また、日本支部だけが借金してまで献金をしたり、なりふり構わぬ集金活動に邁進したのは、日本が韓国(アダム)の伴侶であり堕落させた張本人でもある「エバの国」、あるいは世界を生み変える(世界を支援する)「母の国」という教義的な位置づけゆえでもある。

四　冷戦崩壊後の統一教会史

九〇年代の冷戦構造の崩壊とともに、統一教会は教義面で徐々に変化を見せ始める。神とサタンの最終決戦を自由主義と共産主義のイデオロギー対決になぞらえ、「大きな物語」を掲げてきた同教団にとって、「冷戦崩壊」は、新時代を迎えるまでの過渡期であった「終末」の「終わりの始まり」を告げ知らせるものであった。以降、同教団は、「サタン完全屈服の日」(一九九九年)、「神様王権即位式」(二〇〇一年)、「六千年役事大解怨式」(二〇〇二年)といった宣布を重ねていく。これらは、サタンが滅びて神の「恨」が解かれ、神が「あるべき姿」を取り戻したことを宣言するものである。

九〇年代に入ってからの教団の変化を三つにまとめると次のようになる。

一つ目は、霊的な世界の強調である。「文鮮明こそメシアである」とイエス自身が明かすといった霊界からのお告げ、霊人の救済、神癒といったテーマがこの時期から急浮上したのである。変化は教義書にも及んだ。『原理講論』では、既成教会の「非科学的な教説」(処女降臨やイエスの肉的復活)を否定して、理性や「科学的根拠」に基づく解釈を示してきた。キリスト教の伝統のない日本でクリスチャンを伝道するために書かれた教義書『原理講論』が受け入れられた背景には、宗教と科学を統一するという教説が説得力を持ったという側面もあった。しかし、九〇年代後半を境に、『原理講論』に代わって、教祖の言葉を集約した『天聖経』が重んじられるようになっている。『天聖経』の半分は霊界に関する記述となっている(櫻井・中西 二〇一〇、六七頁)。

死者の救済や霊的な問題解決のために整備された祈禱院についても見ておきたい。祈禱院とは、信者の心霊復興や霊的問題を解決するキリスト教会付属の施設で、韓国キリスト教文化特有のものである。軍事独裁政権期の七〇年代に、ペンテコステ派の急成長とともに多数の祈禱院が誕生している。統一教会式の祈禱院である「天宙清平祈禱苑」(以下「清平祈禱院」)はソウル郊外に整備された巨大施設で、前述した宣布式を行う場であると同時に、信者の霊的復興と修養の場となっている。それまで信者の修養といえば、教義学習や経済活動を伴う鍛錬が中心であったが、ここでは信者個人の抱える霊的な問題の解決、そして信者の先祖の救いである「先祖解怨式」が遂行された。信者やその家族の病や障害などは信者に憑りつく恨霊が原因であるとされ、恨霊を除去するためのシャーマニスティックな治病行為が繰り広げられた。これらはいわゆる先祖供養や悪魔祓いにも見えるものであり、徹底した「公」の精神を求めた九〇年代までと比べると、「私」的な分野の関心事であることから、「公」から「私」への価値転換も起きているといえる。

二つ目は、韓国ナショナリズム(民族左派)へのシフトである。文鮮明は一九九一年、共産主義を唱え無神論を信奉する北朝鮮の金日成主席を訪問し、北朝鮮と急接近する。現在も、統一グループには北朝鮮でのホテル経営などのビジネスが許されており、教祖の死去時には故金正日委員長から弔電が届いている。教義的に北朝鮮はサタンの象徴であったはずだが、教祖の故郷へとイメージが塗り替えられたのである。

反面、アメリカを中心とした反共の同盟国として描かれていた日本に対しては、植民地時代に選民たる朝鮮民族を苦しめた罪を問われ、罪滅ぼしとして韓国と世界のために尽くさなければならないという「反日」「自虐史観」が強調されていく。九〇年代後半に従軍慰安婦問題が日韓両者社会においてクローズアップされるが、同時期に清平祈禱院では日本信者に対し従軍慰安婦や強制連行の被害者の恨霊を取り除く儀礼が頻繁に執り行われていた。

この頃から、「日韓が一つにならなければならない」という名目のもと、日本支部に韓国から幹部が送り込まれるようになる。彼らは会長をはじめ各地区の長に就き、社会的に批判された霊感商法に代わり、日本人信者への献金の圧力を強めていった。

三つ目は、「独自的(「異端的」)なキリスト教」から「(もはやキリスト教ではなく)異教」へと立ち位置をずらしたことである。韓国の既成教会の圧力により教勢を伸ばせなかったこともあるだろうし、メシアとともに「復帰摂理」を進める段落が終了し、ポスト終末の時代という次のステップに移行したともいえる。キリスト教という立ち位置を捨て、メシアを認めて祝福結婚さえ受ければ、個々人はどの宗教を信じても良いというスタンスに徐々に転換する。一九九七年には、教団名からもキリスト教を消し、「世界平和統一家庭連合」に改名した。「真の家庭」を作ることで理想社会を建設する教団へと姿を変えている。

五 まとめとその後の動向

以上のように、統一教会は教団の自己理解では、神とサタンの闘争を自由主義と共産主義のイデオロギー対決と捉え、新時代に切り替わる過渡期である「終末」の時代に、「地上天国」建設に向けて、「統一運動」という「世直し」活動を行ってきた。

日本では、「霊感商法」などのトラブルを生んだ巨額な集金活動が問題となっているが、ここには切迫した「終末」観が大きく関与している。教祖の文鮮明は「メシア」(再臨主)を名乗っており、メシアとともに「地上天国」を実現させようと、教団規模に似合わない大規模イベントや組織を運営するに至っている。

「終末」の真っ只中にあった冷戦時代の六〇―八〇年代に最も勢いがあったものの、韓国では八〇年代頃、日本では九〇年代序盤頃から教勢が鈍化し、現在は信者が高齢化し、大学サークルの原理研究会は二世信者がほとんどだという。

その後、統一教会は冷戦の終焉とともに、九〇年代以降は「終末の終わり」に向けて、時代の転換を告げる宣布活動を続けた。終末を経て訪れる新時代は「天一国《てんいちこく》」と名付けられ、二〇一三年二月二二日(陰暦一月一三日)が「天一国」の始発日であるとされた。この日は「基元節」と呼ばれ、これにより、「終末の終わり」が確定的となった。「基元節」では文鮮明夫婦の聖婚儀礼が大々的に挙行される予定となっていたが、その文が「基元節」を数カ月前にして予期せぬ形で死去したのである。教団内に大きな衝撃を与えたことはいうまでもない。教団は、壮大なカリスマの不在とともに、文が「基元節」を迎えられなかったことへの意味付けに苦慮した。こうして教団の求心力は低下、分裂へと発展していった。

韓国現代史に登場する新宗教の多くは、カリスマ教祖の死後、急速に教勢を失い、分派して影響力を失っていくという特徴を持っている。「霊感商法」を含めた信者の経済活動、信者への巨額な献金要求、統一グループと呼ばれる企業連合体、世界的な平和プロジェクトやＮＧＯ運動、勝共思想や右派系マスコミによる政治活動などの振り幅の大きな活動、シャーマニスティックな祈禱院文化、そして九〇年代以前と以降とで志向性の異なる信徒集団は、文鮮明というカリスマの存在でバランスを保ってきた。

大多数の信徒が日本人であるとはいえ、教団を動かす幹部は韓国人信徒である。韓国宗教史が示す通り、文の死後、教団は大きく三団体に分裂した。一つ目は文の妻である韓鶴子《ハンハクチャ》を中心した「世界平和統一家庭連合」、二つ目は文の三男顕進《ヒョンジン》が担うグローバルピースフェスティバル(Global Peace Festival: GPF)、三つ目は文の七男亨進《ヒョンジン》と五男国進を中心とする「サンクチュアリ協会」(World Peace and Unification Sanctuary)である。韓鶴子の「世界平和統一家庭連合」が日本においては「本流」とされているようだが、日本の歴代会長がそれぞれ別団体への支持を表明するなど、波乱が見られる。

カリスマの死後、日本支部では、教団批判の対象となったコンプライアンス(法令遵守)体制を整えようとしている。日本人信徒を多く抱える韓国民族宗教としてのバランスを取るためか、昨今では写経や浄化慰霊祭など日本化した儀礼も取り入れられている。韓国ナショナリズムや朝鮮半島の伝統思想を取り込んでいる教義が、本国ではなく異国の地・日本で受け入れられた理由は、今後もより深く考察していくべき課題となろう。

付記 本論考は二〇一五年度韓国学中央研究院の海外韓国学支援事業の研究成果の一部である(AKR-2015-25)。

注

(1) この論点については櫻井・中西(二〇一〇)、山口(二〇一七)を参照のこと。

(2) 統一教会関連の雑誌や新聞への投稿禁止、統一教会参加の企業の物品不買運動の展開、統一教会と関わりのあったキリスト教関係者の徹底調査と懲戒が挙げられる。

参照文献

卓明煥 一九七九、『統一教の実像と虚像――統合的資料編』国際宗教問題研究所(韓国語)。

李進亀・櫻井義秀 二〇一一、「統一教会の日本宣教」李元範・櫻井義秀編著『越境する日韓宗教文化――韓国の日系新宗教日本の韓流キリスト教』北海道大学出版会。

蘆吉明 二〇〇五、『韓国の宗教運動』高麗大学出版部(韓国語)。

崔重絃 一九九三、『韓国メシア運動史研究』百姓(韓国語)。

高建鎬 二〇一四、『ポスト文時代の統一教会』侍る人々(韓国語)。

櫻井義秀・中西尋子 二〇一〇、『統一教会』北海道大学出版会。

文鮮明 二〇〇九、文鮮明師自叙伝日本語出版委員会訳『平和を愛する世界人として――文鮮明自叙伝』創芸社。

鄭慎弘 一九八〇、「宗教祭儀の象徴機能――統一教の祭儀を中心に」萩原遼編『淫教のメシア・文鮮明伝』晩聲社。

山口広 二〇一七、『検証・統一教会=家庭連合――霊感商法・世界平和統一家庭連合の実態』緑風出版。

URL

① 「家庭教育フォーラム」より http://family-ef.org/(確認日二〇一八年八月三一日)

② 『ハンギョレ21』「一万五千人「祝福結婚」の子供たち」記事登録二〇〇六年八月一七日 http://h21.hani.co.kr/arti/cover/cover_general/17694.html(確認日二〇一八年八月三一日)

第8章　「ゲルマン的ネオ・ペイガン」は何に対抗しているのか

――ドイツの「ゲルマン的ノイ・ハイデントゥム」から考える

久保田 浩

一　プロローグ

全ゲルマン・ハイデ戦線とドイツ・ハイデ戦線の長期的な目的、そして将来的な夢は、帝国という観念を再び復活させることである。〔略〕全ゲルマン・ハイデ戦線は、すべてのゲルマン諸民族を一つの「大ゲルマン帝国」へと統一〔略〕するものである。この帝国では、ハイデであったわれらの祖先たちの宗教であるアサトル(Asatrú)が、新たな興隆を迎え、外国のあらゆる信仰と宗派は我らの諸民族の中から排除されることとなる。〔略〕残念ながら、過ぎ去りし千五百年間、ゲルマン諸民族の間に、種に異質な(artfremd)[1]宗教が確立していた。それにより、文明も、その文明が行う政治も、種に異質なものとして形成されていったのである(Dornbusch and Killguss 2007, p. 157)。

一九世紀末から頻繁に語られるようになってきた「第三帝国」の言説と、ゲルマン・ドイツ的な宗教の復興を目指したドイツ民族主義《フェルキッシュ》(völkisch)宗教運動(2)の言説を想起させる右の文章は、ペイガン・ブラック・メタリスト(3)のヘントリク・メーブスが一九九六年に設立したドイツ・ハイデ戦線(Deutsche Heidnische Front)のホームページに掲載されているQ&Aの一文である。メーブスは、一七歳の時、所属していたバンドであるアブサードの他の二人とともに一五歳の少年を殺害したが、マスメディアはこの事件を、「悪魔崇拝」「極右」「ネオ・ナチ」と関連づけて報道した。しかし、アブサードのその後の歩みから見て取られるのは、悪魔崇拝者ならぬ「ゲルマン的ノイ・ハイデ(ネオ・ペイガン)」としての自己理解である。

メーブス率いるドイツ・ハイデ戦線は、ノルウェーのブラック・メタルバンドであるバーズムのギタリスト、クリスティアン・ヴィケネスが設立した全ゲルマン・ヒーズン戦線のドイツ支部と見なされている。ヴィケネスはメーブスらによる殺人事件の前年、ノルウェー各地のスターヴ(木造)教会への放火と殺人の容疑で逮捕・投獄された人物であり、自らの立場を、「ペイガニズム、伝統的なナショナリズム、人種主義、環境主義を含む」ものとして「オーダリズム(4)」と名づけ、北欧・ゲルマン神話、古代スカンジナヴィア宗教等に関する著作活動に積極的に勤しんでいる(Schnurbein 2016, pp. 66, 337, Vikernes 2005)。

本稿では「ゲルマン的ノイ・ハイデントゥム」(germanisches Neuheidentum. 以下GNHと略)と呼ばれる運動のドイツにおける展開と現状を考察し、それが社会内の何に対して批判的な視線を向けているのか、そして、メーブスの例から推測されるように、この運動の中に「ネオ・ナチ」「極右」的な排外的で民族主義《フェルキッシュ》的な政治性を読み取ることができるのかを分析していく。その前提作業として、次節と次々節において、通常「ネオ・ペイガニズム」(neopaganism)に相当するドイツ語概念と捉えられている「ノイ・ハイデントゥム」を巡る諸問題を概観しておく。

二 「ゲルマン的ノイ・ハイデントゥム」という現象

一九九〇年代以降繁く論じられるようになった「ネオ・ペイガニズム」は、西洋における前キリスト教的な土着宗教的伝統や、非キリスト教地域における民族宗教的伝統の中に、自然との共生や女性性の重要視等の思想・実践を見出し、それを再評価し、現代に生かす、あるいは復興することを目指す宗教(運動)として理解されることが多い。そうした潮流の中でも、「そのスピリチュアルな象徴世界と規範的な傾向が、とりわけ文献資料——北欧・中欧の氏族文化の神話的諸観念や儀礼的諸実践に関する、古代後期および中世初期の伝承資料に、直接的あるいは間接的に関係する資料(北欧・ゲルマン神話として(再)構築されたサガ、エッダ等)——の受容に基づいて形成されている個人や集団」がGNH概念の下に包摂されることがあり(Gründer 2008, p. 19)、そうした個人や集団は一九七〇年代以降、北欧諸国とドイツをはじめとして、西・東欧諸地域、そして北米において顕著に認められるようになっている。

先述したアブサードのCDジャケットには、例えば北欧神話の雷神トールが戦車に乗って無敵の鉄槌ミョルニルを振り上げ、巨人族と闘う姿が描かれており、ペイガン・(ブラック・)メタルでは、北欧・ゲルマン神話の諸表象が装飾や演出のために好んで用いられ、同神話の諸観念が歌詞の中にちりばめられている。より広範な文脈では、北欧・ゲルマン神話の諸表象・観念ならびに儀礼的諸実践は、文化財として、娯楽の対象として、あるいは商品として、狭義の宗教現象には限定されない多様な形で、そして様々な動機から、現代社会において(再)評価され、復活させられ、(再)構築されている。身近なところではまず、Ｊ・Ｒ・Ｒ・トールキンの作品とその映画化に代表されるようなファンタジー作品(文学、映画、ＲＰＧ等々)が挙げられよう。また、リエンアクトメント(re-enactment)と呼ばれる、歴史的出来事や生活習慣を娯楽的または教育的目的で再現するイベント・施設や、建物や服装や音楽などで中世の雰囲気を醸し出す中世祭(Mittelalter-Märkte)といった催事において、北欧的・ゲルマン的なるものの演出が行われている。そして第三に、テクノ、パンク、ゴシック、ネオ・フォーク、インダストリアル、ペイガン・(ブラック・)メタル等々の音楽ジャンルにおいても、歌詞のみならず、ジャケット、イメージ動画・背景動画等に神話的表象や観念が用いられている(Dornbusch and Killguss 2007, Heinen 2017, Schnurbein 2009)。

例えば音楽分野では、多くのブラック・メタルバンドはいわゆる「ナチ・ブラック・メタル」(National Socialist Black Metal. アブサードやバーズムはその代表例と見なされている)からは明瞭に距離を取っている。一方で、ドイツ・ハイデ戦線(アブサード)の側は、単にロマン主義的に前キリスト教的宗教を称揚したり、北欧・ゲルマン神話に由来するシンボルを、ナチズムによる「政治的濫用」から解放しようとしたりする「リベラル」で「平和主義的」な潮流を厳しく批判し、宗教と政治(ＧＮＨとナチズム)との融合を目標として掲げている(Dornbusch and Killguss 2007, p. 158)。こうしたＧＮＨの存在は、「過去の清算」を論じ続けてきたドイツ社会の一部をして、ＧＮＨとナチズムとの親和性に対する糾弾の声を上げさせている。

三　「ノイ・ハイデントゥム」概念を巡る諸特徴

GNHを詳細に検討する前に、ドイツ語の「ノイ・ハイデントゥム」概念についていくつか確認しておく必要があろう。まず語源論的に見れば、ハイデ(Heide)とペイガン(pagan)はそれぞれ、ゴート・ゲルマン語由来とラテン語由来という明瞭な差異を有しつつも、キリスト教西洋の確立過程において共に、「非キリスト教的地域(住民)」「原野(に住む人)」を指す他称的概念として、更に非キリスト教諸伝統に生きる人々に対する貶称(「異教徒」)として用いられてきた(Strmiska 2005, p. 4)。

興味深いのは、両者の語源論的差異がその後の歴史において一定の影響を及ぼしていることである。西洋において paganus と見なされたのは、第一義的には、前キリスト教的ではあるが文明的であると考えられたギリシャ・ローマ的なものであり(例えば、ルネサンス期の理解)、それに対して heathen/Heide(この英独両語は同語源)はアルプス以北の非文明的なもの(〈ゲルマン的なもの〉)を指すことが多かった(例えば、ドイツ・ロマン主義の理解)。そして現在、自称として pagan を用いず、heathen/Heide と名乗る事例が散見される(それに応じて、運動としては heathenry/heathnism/Heidentum と概念化される)。その場合の強調点は、〈地中海的なるもの〉vs〈ゲルマン・北欧的なるもの〉、〈文明的なるもの〉vs〈自然的なるもの〉、〈折衷主義的なるもの〉vs〈真正なるもの〉等の対立図式であり、対立項の後者が heathen/Heide 的なるものと価値づけられている(Gregorius 2015)。

次に確認しておきたいのは、現在、「新」を意味する接頭辞を自称に用いる場合には、かつてのハイデントゥムとの差異に自覚的であり、自らが現代的（二〇、二一世紀的）な宗教運動であることを意識しているが、それが用いられないこともあり、その場合には、かつての〈伝統〉の系譜上に自らが位置しているという自覚がきわめて強いという点である。

また、「（ノイ・）ハイデントゥム」を自称として用いない場合にも、アイスランド語で北欧・ゲルマン神話に登場する神族の一つである「アース神族」（áss）に属する神々への「忠誠」（trú）を意味する「アサトル」（Asatru/Ásatrú）や、スノッリ・ストゥルルソン編集とされる古ノルド語のサガ集成である『ヘイムスクリングラ』（*Heimskringla*）に見られる表現から採られた「フォルン・セド」（Forn Sed. スウェーデン語。古ノルド語ではフォルン・スィズ（forn siðr）。「古の慣習・方法、古道」の意）といった自称が用いられている。その他、先述のヴィケネスのオーダリズムの他、北欧神話のヴァン神族（vanr）に因んだ「ヴァナトル」（Vanatru/Vanatrú）、アース神族の主神的存在オーディンに因んだ「オーディニズム」（Odinism）、オーディンの新高ドイツ語表記ヴォータンに因んだ「ヴォータニズム」（Wotanism）等が用いられている。いずれの場合でも、北欧・ゲルマン神話を想起させる名称によって、キリスト教化以前の神話伝承や慣習との歴史的連続性が強調されている（Gregorius 2015, p. 65）。

最後に、「ノイ・ハイデントゥム」概念が登場してきた時代的文脈について確認しておこう。このドイツ語の概念は、遅くとも一九二〇年代には使用されており、キリスト教会側が、当時現れてきた非・反キリスト教的宗教潮流であったフェルキッシュ宗教運動を総称するために、初代教会時代の「異教」概念使用に倣ってそれらを「新異教」と概念化したことに由来している。その後教会側は、この概念をナチズム自体に適用し、ナチズム＝新異教運動、というイメージが定着していった。そしてこのイメージは、昨今のキリスト教会的・神学的立場からの叙述に至るまで多かれ少なかれ継続している。

四　「ゲルマン的ノイ・ハイデントゥム」の展開

現在のGNH諸潮流がナチズムの過去と結びつけて論じられることが多い理由の一端は、右に加えて、一九四五年前後の状況に求められる。先述のように、一九三〇年代までキリスト教会側から「新異教」と呼ばれ、ナチズムと表裏一体の動きとして批判されてきたフェルキッシュ宗教運動は、ナチズム政権初期における一時的隆盛の後、三六年以降いわゆる「親衛隊国家」の中に組み込まれていったが(Nanko 1993)、戦後になると、ナチズム期に信仰の自由を奪われた〈被害者〉という自己表象を展開し、再組織化していく(久保田 二〇一〇)。そして五〇年代末までに、人種主義思想を継承したGNH団体が次々と再・新結成されていくこととなる。GNHと特徴付けられるような団体は、九〇年代までは事実上、四五年までのフェルキッシュ宗教運動と直接的な連続性を示すこうした諸団体に限定されており、マスメディアでも学界でもGNHに触れられる場合には、四五年以前のフェルキッシュ宗教運動あるいは(ネオ・)ナチズムとの関連が前景に登場していた。

その後のGNHを考える際には、六〇年代の学生運動に端を発する左翼系社会変革運動(六八年運動)とその挫折、その結果現れてきた七〇年代のニュー・エイジ運動や環境主義運動といった文脈の中で検討することが有益だろう。旧来のフェルキッシュ宗教性は一方で、エソテリシズム（秘教的傾向を示す宗教思想運動）の潮流ならびに極右思想と人的・組織的・思想的連関を示すようになる。例えば、ヒムラーの親衛隊に影響を与えたとされるアリオゾフィー（「アーリアの知」。ルーン文字研究者グイド・フォン・リストに代表されるエソテリックなフェルキッシュ宗教思想）の再評価が顕著に見られるようになる（「褐色のエソテリシズム」Eimuth und Lemhöfer eds. 2001）と同時に、フランス「新右翼」（Nouvelle Droite）が説く〈非キリスト教的な〉〈ヨーロッパ固有の宗教〉[6]といった主張と連動していく（Schnurbein 1992, 久保田 二〇一〇）。そしてこの傾向は八〇年代に入ると、ニュー・エイジ運動の文脈の中で、代替的な宗教文化運動の姿を呈するようになる。

他方、当時のエコロジー思想、平和運動、フェミニズム運動という文脈の中で、（自然破壊的であると表象された〈キリスト教〉に対して）自然と共生する思想・運動という――部分的にはそれまでのフェルキッシュな潮流に由来する――自己表象が顕著に見られるようになる（Gründer 2008）。

しかし九〇年代に入ると、ナチズムやネオ・ナチズムを想起させるフェルキッシュな思想傾向から距離をとるか、それと完全に訣別しようとするGNH団体が現れてくる。社会内での民主主義的かつ多文化主義的な風潮と並行しつつ、八〇年代までのフェルキッシュ思想（民族至上主義・人種主義）とアリオゾフィー（フェルキッシュ的エソテリシズム）への自己反省が精力的に進められていき、反フェルキッシュ・反人種主義イデオロギーを掲げる自由主義的・民主主義的な自己理解が形成されていく（Gründer 2008）。

以上の時系列に沿ったGNHの展開から察せられるように、現在においては、大別すると以下の三つの潮流の併存状況が認められる（Schnurbein 2016, pp. 6f., Gründer 2008, pp. 88f.）。第一に、「信仰の構成要素としての民族性を強調し、人間の生物的かつ／または文化的出自や起源を宗教共同体への参与に関する排除基準とする」という旧来のフェルキッシュ系（人種主義的）およびアリオゾフィー系（エソテリシズム的）の潮流は、〈種（Art）に固有の宗教〉、〈ヨーロッパに固有の土着宗教〉等を前提とし、四五年以前との思想的連続性を示している。ただし、その影響力は低下する傾向にある。第二は、「環境」「自然」「女性」「平和」等を鍵概念として、〈保存あるいは回復すべきゲルマン宗教的伝統〉を主張の核心とし、自らを「自然宗教」（Naturreligion）と特徴づけ、前キリスト教時代からの伝承に基づき再構築あるいは新創造された儀礼を介して〈自然〉との調和を図ろうとする潮流である。そして最後に、フェルキッシュ的・アリオゾフィー的傾向から距離をとる、あるいはそれを峻拒し、民主主義と多文化主義の傾向を示す潮流である。これは、第二の潮流と同じく、第一の潮流を出自とし、〈ゲルマン的であること〉を自己理解の根幹に据えつつも、他の地域的・民族的出自のメンバーを受け入れ、教説や儀礼の個人主義的で、単一の文化的遺産にこだわらない（つまり他の文化伝統や、他の「ゲルマン的」ではない）ネオ・ペイガン諸運動からも自由に要素を取り入れるような）折衷主義的な、そして可変的な形成を志向し、組織化した団体所属に拘泥することなく、個人の選択に基づく行動指針を提供しようとする傾向を示している。(7)

五　対抗言説としての「ゲルマン的ノイ・ハイデントゥム」

このように見ていくと、現在、ＧＮＨと特徴づけられる諸傾向が全体として統一的かつ一枚岩的な様相を呈しているとは決して言えない。しかも当事者自身が、自らが引き合いに出している北欧・ゲルマン神話的諸表象の歴史的真正性を否定し、その構築的性格を指摘したり、諸観念が用いられる際の「お遊び」的性格を強調したりさえしている（Heinen 2017, pp. 177ff.）。しかし、北欧・ゲルマン的諸表象や諸観念への依拠と政治的理念（ナチズム的過去の回復の試み）との連関を指摘する論調は現在でも顕著である。そうした指摘によれば、こうした表象・観念の援用あるいはそれへの依拠が明白であるという事実の一方で、それが政治的・文化的・社会的文脈においてナチズムやフェルキッシュ思想・アリオゾフィー等の直接的な称揚とつながっていない（ように見える）という事態にこそ、問題の核心があるということになる（つまり、例えば環境保護や多文化主義といった「表向き」の主張により、「本来の」ネオ・ナチ的な性格が「偽装」されているとされるのである。Pöhlmann ed. 2006, Schnurbein 1992 等）。

この批判が正鵠を射ていないわけではないことは、冒頭に紹介したドイツ・ハイデ戦線の例から明らかである。しかし他方で、先述したように現在のＧＮＨの実態は、そうした言説によって語り尽くされてはいないことも事実である。以下では、前節で概観した歴史的展開を踏まえて、ゲルマン的ノイ・ハイデたちは「何に対抗しているのか」という問いと取り組んでみよう。

前節で指摘した第一の潮流の全盛期はナチズム体制崩壊後の数十年間であるが、一九世紀末以来のフェルキッシュ運動がその直接的起源である。この運動の社会・文化批判的性格は、代替的な社会・文化形成を志向していた。その実現への夢に付随していたのが、まず、一九世紀的人種主義に基づく自民族・自文化中心主義であり、次に、そうした〈単一民族〉によって構成され秩序化された〈国民国家〉像であり、さらに、それを体現していたと見なされた、〈ドイツ人〉の起源としての〈ゲルマン人〉と、〈有機的社会〉を成立させていた〈ゲルマン人の宗教〉という表象であり、そして最後に、キリスト教化によって抑圧されてきたこの〈ゲルマン人の宗教〉の再生の主張であった。したがって、社会的・文化的〈危機〉の克服のために構築された〈ゲルマン人〉や〈北欧・ゲルマン宗教〉表象は、一九世紀末・二〇世紀初頭のドイツ社会（の一部）が志向した理想社会像の構成要素の一つであったと言える。

こうした社会・文化批判がナチズム体制崩壊後の社会においても一定の妥当性を保持し続けた理由は、戦後の西ドイツ社会の政治・文化的言説（「反ナチズム」と自己を規定した民主主義・自由主義国家とキリスト教会）に求められよう。一九四五年まで宗教的少数派であったフェルキッシュ宗教運動は、キリスト教徒との同権を求めていたことから、今やナチズムと同一視された自分たちの宗教的権利が再び脅かされ、しかもそれが〈民主主義〉と〈自由主義〉の名の下で剝奪されようとしているとの主張を展開し、社会的・文化的〈危機〉が続いていることを強調したのである。ゆえに戦後のGNHの自己理解かちすれば、自分たちは一九世紀末以来のフェルキッシュ運動と同様に〈自由主義的〉で〈民主主義的〉な要求を掲げ続けているだけであり、それを阻止し続けているのが他でもない、かつて〈ゲルマン宗教〉を抑圧し、以来政治的権力を行使し続け、今や〈民主主義〉を騙っている〈キリスト教〉だということになる（Kubota 2005, 久保田 二〇一〇）。こうした〈被害者〉としての自己表象は、いくつかのGNH団体がネオ・ナチや極右政党・団体との人的関係を理由に憲法擁護庁によって観察処分の対象となっているという事実によっても一層強化されていると言える。

第二の潮流は、組織的・思想的には第一の潮流の中から生じてきたものであるが、それとは異なる特徴的な傾向を示し始めたのは、七〇―八〇年代の諸々の文化的・政治的オールタナティヴ運動の文脈においてであった。つまり第一の潮流と同様、政治・文化批判的スタンスを保持し続けており、思想内容的には前キリスト教時代の〈北欧・ゲルマン宗教〉の復興を主張する一方で、その政治・文化批判は、エコロジー運動、フェミニズム運動、平和運動等いわゆるリベラル左派の特徴を示している。したがって、〈北欧・ゲルマン宗教＝自然宗教〉の再生という主張は、自然破壊、男性中心主義、戦争・紛争等、西洋社会が形成してきた体制とその結果に対する、スピリチュアルな文明批判という性格を示唆している。ただし、批判の対象となっている西洋社会が、〈自然破壊的、男性中心主義的で、戦争と紛争を好むキリスト教〉の産物であるという理解は第一の潮流と共通している。

第三の潮流の特徴は、マスメディアや学問研究からの「極右」「ネオ・ナチ」「フェルキッシュ」「アリオゾフィー」批判に対する応答が自己形成の重要な要因となっている点、および第二の潮流を受けた形で、リベラル左派的で多文化主義的な価値を引き継いでいることに加え、ポスト近代的な価値を積極的に受容している点に見出される。それに対応し、〈北欧・ゲルマン宗教〉は一方で、明確に反フェルキッシュ的、反アリオゾフィー的であり、他方で、個々人が選択可能なライフスタイルの一つの選択肢として捉えられている。最後の点について言えば、コミュニケーションシステムのグローバル規模の構築という事態に対応して、ゲーム感覚での多様な情報の自由な選択と組み立てを通して、個々人それぞれの嗜好に適した〈北欧・ゲルマン宗教〉が構築され享受されている。先の二つの潮流の特徴であった、自己形成の陰画としての〈キリスト教〉表象との関連で言えば、以上の事態は、信念・実践形成の参照枠はもはや伝統的な制度化した教会ではないことを示しており、それまでのあからさまな反キリスト教的対抗言説は——公的領域でのキリスト教会の社会的・政治的・文化的影響力の激減という現状からすれば、特段不可解なことではないが——影を潜めている。しかし、政治・文化批判という点から見れば、この第三の潮流は、前二者と比較して、〈危機〉意識に促された文化的・政治的オールタナティヴの提示に向かうベクトルは希薄で、インターネット利用を通した自己形成に如実に現れているように、むしろ新自由主義的な市場経済論理と親和性を持っているようである。

以上のように、現在のGNHは単一の思想・実践体系から構成されているわけではなく、現状の社会・文化体制への批判という点でも、すべてのGNHが自民族中心主義的で排外的な社会の構築を喧伝しているわけでもない。〈キリスト教〉批判という点でも、〈自然破壊的宗教〉という表象は共通してはいるものの、その代替となる〈ヨーロッパに固有の宗教〉の(再)構築がすべての潮流で等しく求められているわけでもない。第一の(部分的には第二の)潮流に見られる(人種主義的・自文化保護主義的な)排外的性格についても、その都度の社会構成の現状に対する〈危機〉意識(何によって脅かされていると感じられているか)や、その都度理想とされる代替的社会像(脅かされている何が保持するべきものと考えられているか)に応じて、〈北欧・ゲルマン宗教〉から排除されるものは可変的である(〈ユダヤ人〉〈トルコ人〉〈ムスリム〉〈外国人〉等々)。第三の潮流に至っては、そうした排外的傾向そのもの(〈フェルキッシュ〉〈ネオ・ナチ〉等々)が排除されるべき対象ともなってくる。

そうであるならば、現在のGNHの社会・文化的意義をより適切に測るためには、「ゲルマン的ノイ・ハイデ／ネオ・ペイガンは何に対抗しているのか」という問いではなく、「現在「ゲルマン的ノイ・ハイデ」は何に対抗していると表象されているのか、そしてその表象主体は誰なのか」という問いを立て、GNHをめぐる自他の表象行為の特徴に着目する必要があることがわかってくる。とりわけGNHを一枚岩的な存在として扱い、それを「極右」「ネオ・ナチ」と直結させて論じる表象主体が、そうした表象の再生産を続けることによって一体何に対抗しているのかという問いは、ドイツならびにヨーロッパにおけるGNHを含む「ネオ・ペイガニズム」の宗教・文化・政治的スペクトルを解明しようとする際には、これ以後決して回避できない課題となっていくであろう。

注

(1) 元来は生物学の術語であるが、ナチズム期に「アーリア人種に属さない」といった意味で頻繁に使用された表現。

(2) 一九世紀末に現れた、〈ゲルマン宗教〉の復興を目指す人種主義的・文化本質主義的傾向の顕著な宗教運動。

(3) ブラック・メタルは一九八〇年代にヘヴィ・メタルから派生し、「悪魔崇拝」的であると特徴づけられることが多い。ペイガン・ブラック・メタルは特に「土着宗教」性を強調している。

(4) odalism. これは、古ノルド語 óðal(「故郷」等の意)に基づくヴィケネスの造語である。しかし óðal は、フェルキッシュ運動の中で多様に解釈され、「世襲地」等を表す象形文字ᛟ(othala. 「世襲地」等を表す象形文字)と関連づけられてネオ・ナチの間でも使用されてきた、いわくつきの概念である。

(5) アイスランドでは、一九七二年に設立された「アサトル信者連盟」(Ásatrúarfélagið)が翌七三年に宗教団体として公認された。これはGNH団体が全世界で最初に国家によって公認された事例である。その後二〇〇〇年代に入り、ノルウェーやスウェーデンでもGNH団体が公認団体となり、キリスト教会との法的同権を獲得している(Schnurbein 2016)。

(6) これは、フランス新右翼に多大の影響を与えたジグリド・フンケの著作のタイトルでもある(*Europas eigene Religion*)。

(7) 本稿はGNHの学問的類型を立てることを目標とするものではないので、この三つの潮流を特定の概念によって類型化することはしないが、以下の点だけは指摘しておく価値があるだろう。ネオ・ペイガニズム研究では定説となった感のある類型によれば、一方には、過去の情報の(特に学問的)精査に基づき「より権威があり、より真正な諸伝統」に依拠して自己形成を図ろうとする「再構築主義」が、他方には、特定の地域の過去の「権威」や「真正性」には必ずしも拘束されず、入手可能な諸〈伝統〉を比較的自由に活用しようとする「折衷主義」が見られる(Strmiska 2005, pp. 19f.)。本稿で第一の潮流と呼んでいるのは再構築主義に、第三の潮流と呼んでいるのは折衷主義に相当し、その中間に第二の潮流が位置していると言うことができよう。

参照文献

久保田浩 二〇一〇、「宗教学からネオナチ出版界へ――「ヨーロッパ宗教史」を語る「宗教学」と「極右」」竹沢尚一郎編『宗教とファシズム』水声社。

Dornbusch, Christian and Hans-Peter Killguss 2007, *Unheilige Allianzen. Black Metal zwischen Satanismus, Heidentum und Neonazismus*, 3rd ed., Unrast.

Eimuth, Kurt-Helmuth und Lutz Lemhöfer eds. 2001, *Braune Flecken in der Esoterik. Der Antisemitismus der Alternativen*, GEP-Verlag.

Gregorius, Fredrik 2015, “Modern Heathenism in Sweden. A Case Study in the Creation of a Traditional Religion,” in Kathryn Rountree ed., *Contemporary Pagan and Native Faith Movements in Europe. Colonialist and Nationalist Impulses*, Berghahn.

Gründer, René 2008, *Germanisches (Neu-)Heidentum in Deutschland. Entstehung, Struktur und Symbol-*

system eines alternativreligiösen Feldes, Logos.
Heinen, Serina 2017, *"Odin rules" — Religion, Medien und Musik im Pagan Metal*, Transcript.
Kubota, Hiroshi 2005, *Religionswissenschaftliche Religiosität und Religionsgründung*, Peter Lang.
Nanko, Ulrich 1993, *Deutsche Glaubensbewegung. Eine historische und soziologische Untersuchung*, diagonal.
Pöhlmann, Matthias ed. 2006, *Odins Erben. Neugermanisches Heidentum: Analysen und Kritik*, EZW-Texte 184(Evangelische Zentralstelle für Weltanschauungsfragen).
Schnurbein, Stefanie von 1992, *Religion als Kulturkritik. Neugermanisches Heidentum zwischen New Age und Rechtsradikalismus*, Claudius.
Schnurbein, Stefanie von 2009, "Kontinuität durch Dichtung. Moderne Fantasyromane als Mediatoren völkisch-religiöser Denkmuster," in Uwe Puschner and G. Ulrich Großmann eds., *Völkisch und National*, Darmstadt.
Schnurbein, Stefanie von 2016, *Norse Revival. Transformations of Germanic Neopaganism*, Brill.
Strmiska, Michael F. 2005, "Modern Paganism in World Cultures: Comparative Perspectives," in M. F. Strmiska ed., *Modern Paganism in World Cultures. Comparative Perspectives*, ABC-CLIO.
Vikernes, Kristian 2005, A Burzum Story: Part VII - The Nazi Ghost (July 2005), in http://www.burzum.org/eng/library/a_burzum_story07.shtml(二〇一七年八月二〇日閲覧)。

第9章　児童文学の中の魔女像の変容とジェンダー

大澤千恵子

キリスト教文化圏において、悪魔と契約した女性としての「魔女」は特別の意味を持っている。魔女は、多くの空想的な物語の重要な登場人物として語られてきたし、またよく知られているように現実においても「魔女狩り」が行われてきた。「魔女」イメージは、ファンタスティックであると同時にリアリスティックでもあるという両側面を持ち、虚構と現実の双方に大きな影響を与えてきたといえる。その根底には、キリスト教が長い間葛藤として抱えてきた、女性の聖性に対するアンビバレントな問題がある。すなわち、女性の聖性に対する信仰は、古代異教世界の自然崇拝の一部である女神信仰に由来するが、異教的要素がキリスト教に吸収される過程で、女神は聖母マリアと魔女に分化されたのである。(1)

今日、欧米のファンタジー作品において魔女は人気キャラクターだが、それは伝統的な魔女像からどのように変化しているのだろうか。本稿では、二〇〇〇年以降映像化された『ナルニア国物語』『塔の上のラプンツェル』『アナと雪の女王』『マレフィセント』を取り上げ、その中の魔女像を分析する。各作品に通底するキリスト教と女神信仰の軋轢は、L・M・モンゴメリの『赤毛のアン』（一九〇八年)の中にその萌芽をみることができ、まずそこで表象されていたジェンダーとキリスト教の関係を考察する。それをふまえて、四作品の中で魔女として描き出される女性像を比較検討し、現代的な問題を浮かび上がらせることを試みたい。

一　『赤毛のアン』にみる魔女の戦い

『赤毛のアン』は、児童文学では、アメリカで一八六〇年代から、イギリスで一八八〇年代から開拓された孤児物語、家庭小説、少女小説[2]のジャンルに入れられている。これらの物語の源泉が、一七―一八世紀に大流行したキリスト教的教訓物語であることは定説となっており、そこには子どもたちに教えるべき宗教的な価値理念が盛り込まれていた。

ところが、『赤毛のアン』には、一見すると他の少女小説と同じような日常の家庭・学校生活でのエピソードが描かれながらも、その奥には当時のプロテスタント的価値理念に対するアンチテーゼが込められている。それは他ならぬ主人公アンの魔女性である。

キリスト教によって魔女とされたケルト的な母性信仰の女神たちの反逆が、『赤毛のアン』にはみられる。邦題にもなっている特徴的な赤毛からケルトの血を引くことが明らかなアン・シャーリーには、何度も魔女的な特性がはっきりと言及されている。

アンを駅まで迎えに行った養い親の一人であるマシュウ・カスバートは、初老の独身男性で、女性とくに少女が大の苦手であった。もとはといえば、農場の手伝いをしてくれる男の子をもらうはずであったが、手違いからやってきてしまった女の子を家まで連れて行く道すがら、自分でも驚くほど、その子のおしゃべりにすっかり魅了されてしまうのである。マシュウが、本来の目的からすれば何の役にも立たない女の子を引きとりたいと思っていることを感じ取った、同じく独身の妹マリラ・カスバートは、大いに驚き、「あの子どもは兄さんに魔法をかけた(bewitched)と思いますよ」と猛反対する。ところが、そのマリラも翌日には、アンが風変わりだが面白い子で、次に何を言い出すか楽しみにしている自分がいることに気づく。そして、「私までも彼女の呪文(spell)が効きそうだ。マシュウにはとうに効いているんだからね」と、アンの言葉が呪文のようであり、魔法にかかり始めていることを認めている。

さらに、引き取ることを決めてからも、敬虔なキリスト教徒であるマリラは、アンがお祈りをしないことに衝撃を受け、すぐさまキリスト教教育を施すが、神や祈り、日曜学校について何も知らない少女の素朴な疑問や率直な感想によって、かえって自身の宗教観を問い直すことになるのである。

また、親友となるダイアナ・バリーはローマの狩猟と月の女神の名からもその異端性が明らかである。アンが〝輝く湖水〟と名付けた池の持ち主であるバリーさんのところに、自分と同じくらいの遊び友達となる女の子がいるかマシュウに尋ねる場面がある。その子の名前がダイアナだと聞いたアンは「なんてすてきな名前」と感嘆するが、一方のマシュウは、「恐ろしく異教的(dreadful heathenish)」で、いかにもキリスト教徒らしい「ジェーンやメアリー[3]のような分別のある(sensible)名前」の方がよいという。アンが最初に訪れ、溶け込めなかった日曜学校にダイアナは姿を見せていないことも示唆的である。

ダイアナは腹心の友(bosom friend)として少女時代のアンの傍らにいるが、最も印象的なエピソードは多分にディオニュソス的だといえる。グリーン・ゲイブルズ(カスバート家の家号)に招いてお茶会のまねごとをした際に、アンが木苺水と間違えて出したスグリ酒をコップに三杯も飲み、酩酊してしまうのである。ダイアナの母親は、アンのような“wicked girl”とは二度と遊ばせないと怒り、アンはおろかマリラの謝罪も受け付けない。この頑なさは、マリラの口から語られる、お酒を造ることを快く思わない人々がいることとも関連していると考えられる。意図しようとしまいと、お酒を飲ませたアンも魔女的であるが、大量に飲んでみっともないほど酔っぱらってしまうダイアナもまたキリスト教的共同体からは魔女の烙印を押されてしまうことを、ダイアナの母は、恐れたのであろう。

要するに、アンもダイアナも、長老派教会の理想的共同体であるアヴォンリー村の均衡を乱す異質な存在であるといえる。そして、そのことに対する、共同体側からの警戒と恐れもみられる。モンゴメリ作品のジェンダーの問題について詳しいM・A・ドゥーディによれば、そのことはアンが登場する前の第一章で語られる、孤児の女の子が井戸に毒を投げ込んで一家皆殺しにしたといううわさ話の中にもみて取れるという。つまり、「最初の段階で、アヴォンリーは外来者によって毒を盛られる恐怖を感じる。自己のもっとも内なる本質が、異質な力によって無理やり侵入されるのではあるまいか？　少女吸血鬼《ヴァンパイア》、魔女により生命力が吸い取られてしまうのではあるまいか」(モンゴメリ　一九九九、四七一頁)と恐怖を感じているのである。

しかし、一旦は均衡が乱されるものの、そうした破壊により、むしろ本質を取り戻して新たに再生されたともいえる。なぜなら、アヴォンリー(Avonlea)は、作者モンゴメリの造語だが、一見すると英語らしい響きを持つこの名前には、ケルトの地名アヴァロン（Avalon）のアナグラムが隠されているからである。したがって、アンは結果的に、アヴォンリーのケルト的本質を蘇らせる形でキリスト教的世界を生まれ変わらせる役割を果たしている。モンゴメリ自身がキリスト教を完全に捨ててしまうことがなかったのと同様に、『赤毛のアン』でもキリスト教が捨てられているわけではなく、愛のないキリスト教を解釈しなおした〝女の宗教〟とでも呼べるものがあり、モンゴメリはそこに読者を導こう（モンゴメリ 一九九九、四七三頁）としていることもまた、ドゥーディは指摘する。

この指摘は、小松加代子が二〇世紀における女神信仰と魔女の復活がジェンダーの視点から宗教の見直しを迫るものであると述べていることと一致する。すなわち、「数々の抑圧の中で各地に残ってきたかけらを拾いながら女神を復活させ再創造しようという、過去の再解釈と未来への創造を伴」い、「既成宗教の批判だけにとどまらず、新たな信仰形態を創り出そうとする動き」（小松 二〇〇七、一六七頁）の先駆けだといえよう。ドゥーディは、モンゴメリが男性中心的なキリスト教文化の集合意識に戦いを挑み、目立った戦果を挙げた（モンゴメリ 一九九九、四七四頁）と述べるが、こうした集合意識への戦いは、近代の児童文学作品を原作とした二一世紀の映像作品中の魔女たちに引き継がれている。

二　超自然的力の解放とその愉悦――雪の女王、ジェイディス、アナと雪の女王

一九五〇年代に出版され、二〇世紀児童文学の最高峰とされるC・S・ルイスの『ナルニア国物語』は、二〇〇五年から一〇年までの間に第三巻までが映画化されており、年代記の中心には、ナル

ニアの創造主であり、救世主であるライオン姿をしたアスランが登場する。C・S・ルイスは、アスランのもう一つの名前を問う少女からの手紙に対して、「そう、あなたのいうとおり〔アスランはイエス・キリスト〕です」（一九五三年六月二三日付書簡）（竹野 二〇一二、一八〇頁）という返事を書いている。そのアスランと対立し、人間を誘惑するのが白い魔女ジェイディスである。第一巻で誘惑されるのは、主人公ペベンシー兄弟姉妹の次男エドマンドである。エドマンドは、末の妹のルーシーを追いかけてナルニアに入るが、そこで最初に白い魔女に出会い、大好きなお菓子ターキッシュ・ディライト欲しさに魔女の言葉を受け入れてしまう。アスランが不在の間にナルニアを支配し、永遠の冬にしてしまっている魔女は、次のように説明されている。

そりのまんなかにあたる、はるかに高い座席には、おそろしくかわったひとが、こしかけていました。たいへん位の高そうな、エドマンドがこれまで見たことのないほど背の高い、堂々とした女のひとでした。このひとも、のどもとまで白い毛皮のマントを着て、右手にほそながいまっすぐの金の杖をもち、頭に金の冠をいただいています。その顔は、まっ白で――青白いというのではなくて、雪か紙か砂糖のように白いのですが、くちびるだけは、ひどくまっ赤でした。美しい顔だちの女のひとですが、その表情は高ぶっていて、つめたくて、きびしいものでした（ルイス 二〇〇五、四一頁）。

実は、この場面は、一八四四年にデンマークで出版されたアンデルセン童話『雪の女王』の中の、少年カイと雪の女王の出会いを彷彿とさせるものである。

そこへ、一台の大きな橇がやってきました。それは全体がまっ白に塗ってあって、その中に、粗い白い毛皮にくるまって、白い粗い帽子をかぶった人が、すわっていました。〔略〕カイはすばやく、自分の小さな橇を、それにむすびつけました。〔略〕そして、橇を走らせてきた人が立ちあがりました。見れば、毛皮も帽子も雪でできていました。その人は、せいのすらりと高い、輝くばかりに白い女の人でした。この人こそ雪の女王だったのです。／「ずいぶん遠くまできたのよ。」と、雪の女王は言いました。「おや、ふるえているのね。わたしの白クマの毛皮の中におはいり。」こう言って、カイを自分の橇に乗せて、毛皮をかけてやりました（アンデルセン　一九八四、一七〇―一七一頁）。

『雪の女王』では幼なじみの少女ゲルダによる少年カイのキリスト教的な救済が描かれているが、アンデルセンの雪の女王は、『ナルニア国物語』で白い魔女がエドマンドを食べ物で誘惑したように、カイの欲望に働きかけているわけではない。むしろ、なんだか二人は、もう前から知っているような気がしており、雪の女王がカイの額に冷たいキスをすると、一瞬は死にそうになるもののすぐに気持ちよくなり、寒さも気にならず、周りの人のこともみんな忘れてしまうのである。カイは怖さも感じないし、賢くやさしく、美しい雪の女王をじっと眺めたり、女王の足下で眠ったりしているのである（アンデルセン　一九八四、一七〇―一七二頁）。

したがって、そこには自然の女神の招きに誘われる、人間の原初的なタナトスがあるといってもよく、アンデルセンによるキリスト教的な救済は、雪の女王の存在を打ち破ることが目的とはなっていない。ただ、少女ゲルダのカイへの愛情・思いの強さに起因しているだけなのである。雪の女王が、キリスト教に対立する存在として排撃されるものではないことは、最終的にカイを連れ戻す際に、ゲルダと女王との直接的な対決が描かれていないことからも明らかである。

一方、『ナルニア国物語』では、白い魔女はアスランを処刑することで、ナルニアを支配しようとする邪悪な存在であり、キリスト教の完全な敵対者である。その後兄弟姉妹全員がナルニアにやってきた際に、ビーバーは魔女について次のような説明をしている。

「魔女は、人間じゃないんですか?」／「あの女は、人間だと思われたがっています。〔略〕でもあれは、イブのむすめではありません。あの女は、あなたがたの血すじの(こういってビーバーさんは、ちょっとおじぎをして)アダムの、いちばんはじめのおくさんで、リーリスという女の、血すじをうけているんです。そしてこの女は、ジンとよばれる天魔のたぐいでした。そしてもういっぽうに、人間以前の巨人時代の巨人たちの血がまじりました。どうしてどうして、あの魔女には、ひとったらしの人間の血もあるものですか(ルイス 二〇〇五、一〇〇頁)。

ここには、キリスト教対ユダヤ教の対立軸も見て取ることができる。なぜなら、聖書では「イザヤ書」(三四章一四節)において、リーリスの名は登場するが、詳しくは描かれておらず、ここで描かれているような役割を持ったリーリスは、ユダヤ教のタルムードの中に出てくる（ミューリンク 二〇〇六、一二五頁）ものだからである。また、小林眞知子が指摘するように、「白い魔女のもとで屠り場である石舞台にて断罪され血祭りにあげられるアスランの様子はイエスの受難物語の十字架刑という神話を踏襲する」し、「白い魔女の掟（Deep Magic）が、「世界の始まる前から定めておられた」神の力なるアスランの贖罪の行為により打ち破られる」（小林 二〇一〇、二〇三頁）のである。

北欧の土着的な信仰の対象であった「雪の女王」のこうした変容からは、西欧キリスト教の広がりの中で抑圧され、魔女的な要素が純化した様子が見て取れる。アスランという父権的な神の前では、魔女は邪悪な存在でしかありえなかったのだ。

しかし、父権的なものと魔女との対立軸がそのまま善と悪とで描かれる物語は、「雪の女王」のモチーフに関しては、二一世紀に覆されることになる。それが二〇一三年に空前のブームとなった映画、『アナと雪の女王』（原題：*Frozen*）である。奇しくも『ナルニア国物語』シリーズからは手を引いたウォルト・ディズニー・カンパニーが製作したこの作品では、雪の女王はキリスト教に敵対する悪の存在として撃退されるものではない。雪の女王のイメージを引き継ぐエルサが歌う挿入歌「ありのままで」（原題：*Let it go*）は、若い女性を中心に多くの支持を集め大ヒットしたが、そこには自身の持つ超自然的な力を長い間抑圧してきたものからの解放が描き出されている。「よい子であろうと隠してきたこと」を明るみに出し、「かつて支配していた恐れ」を吹き飛ばすことの愉悦がそこにはあり、前節で述べたモンゴメリによるアンチテーゼとしての魔女性の解放を見て取ることができるだろう。さらに、魔女のイメージは、聖母像との関係性においても覆されていく。

三　母性礼賛へのアンチテーゼとその超克
――『マレフィセント』と『塔の上のラプンツェル』

こうした『アナと雪の女王』熱がさめやらぬうちに、またもやディズニー・カンパニーはこれまでの悪役を主役に据えるという、より大きな顚倒を試みた。それが二〇一四年公開の『マレフィセント』(原題：*Maleficent*)である。一九五九年に同社によってアニメーション映画化された、『眠れる森の美女』(原題：*Sleeping Beauty*)の実写化である。

原作は、ルイ一四世時代のフランスで、シャルル・ペローが再話した妖精物語である。ペローの原作では、王女の「百年の眠り」のモチーフが特徴的だが、それは洗礼式に呼ばれなかった年老いた妖精が腹いせに行った死の予言を、別の若い妖精が変容させたものである。新生児に贈り物をするというフランスの土着的な妖精信仰や、ギリシャやローマ神話の中の生と死を予言する運命の女神のイメージが混淆した物語だが、時代が下るにつれて、年老いた妖精は魔女化していく(大澤 二〇一四、一二三頁)。同じ物語である一九世紀のドイツのグリム童話『いばら姫』でもその傾向がみられるが、ディズニーの『眠れる森の美女』ではさらに魔女化が決定的となっている。原作では死の予言をした後登場しない妖精は、ディズニー版ではその名も魔女の意を持つ「マレフィセント」となり、終始王女と王子との「真実の愛」(true love)を阻む存在で、最後にはドラゴンとなって立ちはだかるも王子に倒されてしまう。そのため、原作では百年後にやってくる王子は、ディズニー版では王女と同時代の許婚として登場し、王女の眠りも王子がマレフィセントを倒すまでの間にすぎない。『眠れる森の美女』には、初期のディズニーのアニメーション映画に通底する善と悪の対立、真実の愛の勝利などが描き出されており、プロテスタンティズムの価値理念がくっきりと浮かび上がっていたといえる。

魔女のイメージは、一九三七年のディズニー最初のアニメーション映画『白雪姫』(原題：*Snow White and the Seven Dwarfs*)ですでに確立されていた。白雪姫の美しさを妬み、亡き者にしようとする女王は、男性を誘惑する妖艶な美女の姿と、死の恐怖を表象する醜い老婆の姿を持っている。清純でかわいらしい白雪姫が、森の奥の小屋で自分をかくまってくれる小人たちのために喜んで家事労働する姿は、良妻賢母的であるし、実際ウォルト・ディズニーは意図的にそのイメージを描き出した。つまり、魔女はプロテスタント的理想的女性像の対立軸として、「幸せな家庭」から切り離された存在であったため、そこには母性は全くなかった。

それに対して、アンジェリーナ・ジョリー演じる『マレフィセント』では、一度は愛した男性の裏切りに対する憎しみとともに、オーロラ姫に死の呪いをかけはするものの、いつしか陰ながら見守る存在となり、母性のようなものが芽生えていくことにおいて画期的であった。しかしながら、注目に値するのは、オーロラ姫との関係性が従来の母子関係としては描かれていないことである。成長したオーロラ姫は、自分を見守っている存在を感じ取って「フェアリー・ゴットマザー」(4)と呼び、姿を見せないマレフィセントに語りかけ、初対面する場面がある。

「そこにいるんでしょう。怖がらないでいいのよ」(Don't be afraid)

「怖がるわけがない」
「じゃあ出てきて」

このやりとりからは、むしろオーロラ姫の側からの思慕と愛情と歩み寄りが閉ざされたマレフィセントの心を開く契機となっていることがわかる。呪いを解く鍵である「真実の愛」の口づけは出会ったばかりの王子ではなく、長年見守ってきたマレフィセント自身の後悔と姫への愛しさからのものであったことは、ディズニーが二〇世紀に繰り返し描き続けてきた「男女の真実の愛」への懐疑に他ならない。最終的に妖精の本性としての翼を取り戻したマレフィセントは、妖精に愛情と理解を示すオーロラ姫とともに自分の国に戻る。男性中心社会の中で剝奪された自らの本性を回復させ、血縁を超え、対等でありながら深い愛情の絆を結んだ二人の関係は、先述のマリラとアンとも共通している。

実は、ディズニーが伝統的な母子関係に疑問を投げかけたのは、このときが初めてではない。グリム童話『ラプンツェル』を原作として、二〇一〇年にアニメーション映画化された『塔の上のラプンツェル』(原題：*Tangled*)には、現代的な問題ともいえる強い母性の功罪がアイロニカルに描き出されている。

原作は、妊娠中、女魔法使いの畑に植わっているラプンツェル(サラダ菜の一種)が食べたくなった妻のために夫が畑に盗みに入るが、見つかってしまうところから始まる。ラプンツェルをやる代わりに生まれてくる子をよこせという取引が行われ、子どもが生まれると女魔法使いはその子にラプンツェルという名前をつけて連れて行ってしまい、美しく成長したラプンツェルは高い塔に閉じ込められる（グリム兄弟 二〇〇八、一一八—一二〇頁）。

女魔法使いは、自分の目を盗んで王子の子どもを妊娠したラプンツェルの髪を切って追い出し、王子にも復讐するが、最終的にはラプンツェルと王子は結ばれて終わる。この結末について、高橋義人は、類話であるフランスの民話『ペルシエット』が老婆（女魔法使いではなく妖精）のもとに帰って、王子とは結ばれないことと比較しながら、「『ラプンツェル』の主題は「愛による救済」にあるが、それとはほぼ正反対に、「ペルシエット」では愛が否定されている」（高橋 二〇〇六、一七〇頁）とする。多くのグリム童話に高橋のいう「愛の救済」は確かにみられるが、それはグリム兄弟のカルヴィニズムに基づく近代的な価値理念である。それに対して、曲がりなりにもラプンツェルを育てた女魔法使いの母性という点に着目するならば、ラプンツェルが塔から追い出され、王子と結ばれるというのは、通過儀礼としての母親からの解放とみられなくもない。

さらにそれが現代的な問題を含みこむ形で表されているのが『塔の上のラプンツェル』で、ラプンツェルをさらったゴーテルである。ラプンツェルの長い髪は呪文を唱えると時を元に戻して傷を癒やしたり、若返らせたりすることができる魔法の力を持つ。その魔法の力を独り占めするためにゴーテルはラプンツェルをさらって塔に閉じ込めているわけだが、その口実として、愛情深く娘思いの母親のふりをしている。「あなたはか弱いから外の世界ではやっていけない」と言い、それでも食い下がるラプンツェルに、言葉巧みに悪いのは自分ではないと思わせることに成功している。良心につけ込まれることでラプンツェルは、外の世界に憧れながらもその手を払いのけることがなかなかできない。自分のことを思うからこそその束縛だと思い込まされているのである。

王子と同じように、たまたま塔にやってきた指名手配犯のフリンの力を借りて、ついに塔の外に出たときにも、自由を得た歓びと母親を裏切った罪悪感が交錯している。


「信じられない。外に出たのよ」

「お母様、きっとカンカンね」

「だけど別に構わない……」

「ああ、どうしよう。お母様が悲しむわ」

「ものすごーく、楽しい」

「わたしって、ひどい子よね。戻らなくちゃ」

「絶対戻ったりしないいんだから」


このラプンツェルの両義的な反応は、子どもの成長期における賢母（ゴーテル自身は実際には違うのだが）の功罪をみることができる。

同じグリム童話の『赤ずきん』でも、おばあさんのところにお使いに行く赤ずきんに対して、母親はこまごまと注意を言う（グリム兄弟 二〇〇六、二五四頁）。そして、よく知られているようにオオカミにだまされ、危険な目に遭った赤ずきんは、「もうこれからは、たった一人で道をそれて森の中へ入るなんてこと、けっしてしないわ。母さんがいけないっていってるんですもの」（グリム兄弟 二〇〇六、二五九頁）と反省して終わるのである。そこには、賢母の言いつけを守る従順な子ども、というグリム兄弟が目指したプロテスタント的な近代家族の理想像が見て取れる。

しかしながら、小さな子どものうちは良き母が、やがて子どもが親離れして独り立ちする際には足枷となることもありうる。実は、グリム童話に影響を与えたペロー童話の『赤ずきん』は、オオカミに食べられて終わり、男性の甘い言葉を簡単に信用してはいけないという若い女性のための通過儀礼の物語となっている。母親は登場するが、赤ずきんにおばあさんの様子を見てきてくれと頼むだけである（大澤 二〇一四、一一〇―一一三頁）。

つまり、塔を出たいという願いを持ち始めたラプンツェルも、少女から若い女性に成長しようとしている時期であり、そこではやさしく心配性の母親がかえってそれを邪魔しているという近代家族が生んだ功罪の罪の方が強くなっているとみることもできよう。だとすれば、そこには現代社会の母と娘の関係のこじれが映し出されているといえるのではないだろうか。

このように、二一世紀に映像化された『マレフィセント』と『塔の上のラプンツェル』では、これまで西洋キリスト教文化圏の中で積み上げられ、自らの古典的なディズニー作品の中で強化してきた理想的女性像としての母性のあり方を、魔女というモチーフを通して再考しているのである。

四　結語

本稿では、欧米のキリスト教文化圏における魔女イメージと、物語における女性に対する近代的な抑圧と現代における解放について見てきた。

解放に向けた兆しは、モンゴメリの『赤毛のアン』の中に見て取ることができ、読者はそれとは明確に気づいていないながらも、魅力を感じて読み続けている。アンの魔女性は、おしゃべりや名付けによって、世界や他者を変える力を持つ。そして、女性的な快楽を否定しないばかりか、ロゴスとしての言葉の持つ力を信用し、崇敬し、愛しているといえる。こうしたモンゴメリの功績は、現代の映像化された女性像の中に引き継がれている。

アンデルセンの『雪の女王』に描き出された美しくも厳しい北欧の自然を象徴する力を持った女神は、『ナルニア国』シリーズにおいては、キリスト教と敵対する邪悪な魔女となった。だが、二一世紀を迎えて、『アナと雪の女王』に描かれているように誰と敵対することもなく、その超自然的な力を抑圧から解放させた女王エルサはむしろその力ゆえに人気を得た。さらに、魔女の対局にある理想的な女性像の根幹としての母性は、『塔の上のラプンツェル』の中で子どもとの関係性におけるその功罪が問われたが、『マレフィセント』において、血縁とも男女の愛とも異なる対等な愛情関係の中で、その本性を解放し、再統合されたのである。

こうした児童文学の中にみられる魔女として描かれる女性像の変容は、西欧の父権的キリスト教の抑圧に対する女性のアンチテーゼである。一八―一九世紀に抑圧されていたものが、二〇世紀の無自覚な胎動に始まり、それと気づかれないまま少しずつ大きな潮流となって二一世紀のヒロインたちの中に展開している。現代の女神信仰の復活は、こうした近代の物語における魔女像の系譜とも無関係ではないはずである。長い間抑圧され続けた女性の根源的で集合的な願望と、それに呼応し、そこからの解放を引き受けようとする現代を生きる女性の結びつきであるといえるのではないだろうか。

注

(1) 小松加代子は二〇世紀の女神信仰の復活について論じる中で、ローマ帝国の国教としてキリスト教が勢力を広げる中で、古い女神信仰は駆逐され、処女マリア崇拝にのみ残されたことを指摘し、さらに宗教改革を経て魔女狩りが盛んになると「自分の意志を持った女性は魔女とされ、静かで敬虔な女性が主婦や母として尊重された」とする(小松 二〇〇七、一七一頁)。

(2) ルイーザ・メイ・オルコットの『若草物語』(一八六八年)、ケイト・ダグラス・ウィッギンの『少女レベッカ』(一九〇三年)や、エリナー・ポーターの『少女パレアナ』(一九一三年)などが代表的である(赤松二〇〇一、八五頁)。

(3) ただし、後のエピソードで、日曜学校主催のピクニックには参加している。

(4) 名付け親の妖精。ペローの妖精物語では、「サンドリヨン」(原題:*Cendrillon*、英語名:シンデレラ(*Cinderella*)。一六九七年)に登場し、主人公の援助者として様々なものを変身させて舞踏会に行かせるとともに、ガラスの靴を贈っている(大澤 二〇一四、一一五頁)。

参照文献

赤松佳子 二〇〇一、「少女の想像力、観察力、表現力――『赤毛のアン』」日本イギリス児童文学会編『英米児童文学ガイド――作品と理論』研究社出版。
アザール、ポール 一九五七、矢崎源九郎・横山正矢訳『本・子ども・大人』紀伊國屋書店。
アンデルセン、H・C 一九八四、大畑末吉訳『完訳アンデルセン童話集2』岩波文庫。
上山安敏 一九九八、『魔女とキリスト教――ヨーロッパ学再考』講談社学術文庫。
大澤千恵子 二〇一四、『見えない世界の物語――超越性とファンタジー』講談社。

カーペンター、H、M・プリチャード 一九九九、神宮輝夫監訳『オックスフォード世界児童文学百科』原書房。
グリム兄弟 二〇〇八、池田香代子訳『完訳グリム童話集1』講談社文芸文庫。
小林眞知子 二〇一〇、『C・S・ルイス――霊《プネウマ》の創作世界』彩流社。
小松加代子 二〇〇七、「女神信仰」田中雅一・川橋範子編『ジェンダーで学ぶ宗教学』世界思想社。
シュメルツァー、ヒルデ 一九九三、進藤美智訳『魔女現象』白水社。
タウンゼンド、J・R 一九八二、高杉一郎訳『子どもの本の歴史――英語圏の児童文学』岩波書店。
高橋義人 二〇〇六、『グリム童話の世界――ヨーロッパ文化の深層へ』岩波新書。
竹野一雄 二〇一二、『C・S・ルイス 歓びの扉――信仰と想像力の文学世界』岩波書店。
田中雅一・川橋範子編 二〇〇七、『ジェンダーで学ぶ宗教学』世界思想社。
奈倉洋子 二〇〇八、『グリムにおける魔女とユダヤ人――メルヒェン・伝説・神話』鳥影社。
日本イギリス児童文学会編 二〇〇一、『英米児童文学ガイド――作品と理論』研究社出版。
浜本隆志 二〇〇四、『魔女とカルトのドイツ史』講談社現代新書。
松村一男・森雅子・沖田瑞穂編 二〇一五、『世界女神大事典』原書房。
ミューリンク、マルクス 二〇〇六、上田彰・久保田浩・小泉健訳『C・S・ルイス「ライオンと魔女」の謎を解く――ナルニアガイド』一麦出版社。
モンゴメリ、L・M 一九九九、山本史郎訳『完全版 赤毛のアン』原書房。
ルイス、C・S 二〇〇五、瀬田貞二訳『ナルニア国物語 ライオンと魔女』岩波書店。

第10章　創造論、新無神論、フィクション宗教
――非制度的宗教の新展開

谷内　悠

二〇〇一年の同時多発テロとその後のイスラーム過激派によるテロの数々に対し、十字軍を自称して対テロ戦争を行ったブッシュ大統領は、政治的プロテスタント保守派の先鋒と目された。そのような特に好戦的な勢力も含め、保守派はさまざまな形でキリスト教、ひいては宗教的真理や権威を守り、あるいは復興させることを目指している。保守派のプロテスタントを中心に支持されている宗教復興運動の一つであり、二一世紀にも新たな展開を見せているのがキリスト教の「創造論運動」である。運動自体は一九二〇年代から続いているが、二〇世紀終わりからは新たな手法の「インテリジェント・デザイン論」（ＩＤ論）が問題となった。

このような背景のもと、二〇〇〇年代にはプロテスタント保守派やイスラーム過激派のような宗教の好戦的な面や、ＩＤ論などの宗教復興運動の政治的な動きに対する批判も強まった。それに伴って、アメリカ、イギリス、オーストラリアなど、英語圏を中心とした欧米文化圏において、「スピリチュアル文化」に代表される非制度的な性質をもつ宗教現象が二つ興隆した。

一つは「新無神論」である。これは主に科学的な立場から宗教全般を強く批判し、無神論的な生き

方を称揚するものだ。思想の内容は「近代派」に相当し、特に保守派と激しく対立している。一方で、新無神論をはじめとする無神論的なものを信じる人々は、基本的に個人主義的で、教団のような組織性をもつわけではなく、その分散したあり様はニューエイジと類似していると言われている[1](Cotter 2011)。

もう一つは、「空飛ぶスパゲッティ・モンスター教」(スパモン教)である。創造論(特にＩＤ論)の言説をパロディ化することでそれを批判したフィクションが、インターネット上で大流行し、やがて一種の宗教と呼べるような体系となった。

ポピュラーカルチャーにおけるフィクション作品を基礎として生まれた、あるいはそれを取り込んだ宗教は、一九六〇年代から見られ、ニューエイジ－スピリチュアル文化の消費主義やカウンターカルチャーの性質、個人主義的な側面などを引き継いでいる。そして、信仰の内容に明らかなフィクションが含まれるという点で、一層、伝統的宗教の真理体系に対する相対化を体現したものと言えるだろう。このようなものを「宗教」として捉えようとする宗教社会学の概念としては、「ハイパーリアルな宗教」(Possamai 2005)、「つくられた宗教」(Cusack 2010)、「フィクションに基づいた宗教」(Davidsen 2013)などが挙げられる。「ハイパーリアル」とは、実在と対応する記号(表象)ではなく、現実との対応関係のない「シミュラークル」が現実よりリアルになった現代を描写するためのジャン・ボードリヤールの用語である。つまり、これらの宗教はフィクションを用いたり基礎としたりしており、実在とは対応しないわけだが、信奉者たちはそのことを認識しつつも、そこに描かれた超自然的対象などをリアルに感じ、実在すると信じているのである。その意味で、熱狂的なファンなどとは異なり、

「宗教」と呼べるというのである。

とりわけ二一世紀には、フィクション作品を既存の宗教に取り込むといった形式[2]ではなく、フィクション作品をより中心的に扱う傾向が見られる(Possamai 2012)。その代表的な事例は、映画『スター・ウォーズ』に基づいた「ジェダイズム」である。また、二〇世紀の終わりからは、インターネットの普及がフィクション宗教の興隆を助けた。

本稿では以下、背景として創造論の二〇〇〇年代以降の動向に触れた上で、新無神論、スパモン教、ジェダイズムについてそれぞれ詳しく見ていく。

一　二〇〇〇年代以降の創造論

キリスト教の創造論(以下、創造論)とは、宇宙や生命の起源についての聖書の記述を信じるというものである。聖書の創世記には、〈神によって六日間で、今の状態の宇宙と生命が創造された〉ということが書かれており、その年代は、諸説あるが四〇〇〇年から六〇〇〇年程前と推定されてきた。このような考えは、チャールズ・ダーウィンの『種の起源』(一八五九年)を契機とする進化論の出現によって大いに脅かされることとなった。キリスト教の権威が世俗化や宗教的真理の相対化に伴って徐々に弱まるなか、進化論に裏づけられた地球の年代やヒトがサルから進化したということが、キリスト教にさらなる衝撃を与えたのである。

これを受けて、進化論が広まりはじめた一九二〇年代に創造論運動が興った(以下、本節は鵜浦 一九

九八、二〇〇四、スコット 二〇〇四、Dixon 2008 など参照）。二〇世紀前半からは、主に公立学校の生物の時間に進化論を教えないように働きかける活動を行い、さらに二〇世紀後半以降は、科学的な粉飾を施した創造論を「科学である」として、公立学校の生物の時間に教えるように働きかける活動が目立つようになった。後者の代表は一九六〇年代から八〇年代に興隆した創造科学（Creation Science）と九〇年代以降のＩＤ論である。

創造科学が聖書に書かれた歴史を字義通り解釈し、それを科学的に説明しようとしたのに対し、ＩＤ論は進化が起きたという事実を認める。しかし、生命の複雑さは自然選択（自然淘汰）だけでは説明できず、「インテリジェント・デザイナー」の導きなくしてはありえないと主張する。特に生化学が扱うようなミクロのレベルに注目することが特徴である。人間の眼や細菌の鞭毛、血液凝固カスケードのようなシステムは非常に複雑で、多様な要素が相互作用して成立しており、そのうち一つでも欠けると機能不全に陥ってしまう（これを「還元できない複雑さ」と呼ぶ）。そのため、漸進的な進化ではなく、システム全体が一度に、そして知的な存在によって作られる必要があったというのである（Behe 1996）。

これは、〈世界を設計《デザイン》した知的な存在がいると考えなければ、この世界と生命が複雑で秩序立っていることを説明できないため、神は存在する〉という神の存在証明（目的論的証明）の最新バージョンと言える。そして、デザイナーはキリスト教の神であるとあえて明言しないことによって、ＩＤ論は宗教ではなく科学理論であり、公立学校の生物の時間に進化論と同等の理論として教えられるべきであると主張する。

ＩＤ論の議論に対しては、科学者たちによる科学的な批判も多々ある他、まだ科学的に説明できていない「ギャップ」部分に全能であるはずの神の叡智を押し込めてしまうこと（ギャップの神）や、聖書に触れず進化論を批判することに重点を置いたものであることなどから、キリスト教内部からの批判も多い。

また、創造論運動はいくつもの裁判で合衆国憲法修正条項第一条（国教樹立の禁止）に反するとして違憲判決を受けている。例えば、創造科学やＩＤ論は科学ではなく宗教であるため、公立学校の生物学の時間で教えられるべきではないというのである。それでもそれらが「科学」として振る舞おうとしていることの背景には政治的な思惑もあり、創造論運動は保守・創造論支持の共和党とリベラル・進化論支持の民主党の対立を反映している。

創造論者は他にも多様な活動をしている他、メディア戦略などの巧みさがしばしば指摘されている。そのため創造論は依然として大きな力をもち、現在でもアメリカを中心として社会問題となっている。二〇一七年五月に公開されたギャラップ調査の結果（ＵＲＬ①）では、「神が人間を過去一万年ほどのうちに、今の姿で創造した」という立場が、調査を開始した一九八二年以来もっとも少ない三八％となったものの、それでも三分の一以上のアメリカ人がそれを信じているという状況にある。また、「人間は何百万年もかけて進化してきた、しかし神がその過程を導いた」は同じく三八％、「人間は何百万年もかけて進化してきた、しかし神はその過程に関与しなかった」は一九％に留まった。

二　新無神論

新無神論は、サム・ハリスの *The End of Faith: Religion, Terror and the Future of Reason*（Harris 2004）と *Letter to a Christian Nation*（Harris 2006）、リチャード・ドーキンスの *The God Delusion*（Dawkins 2006）（邦訳『神は妄想である――宗教との決別』）、ダニエル・C・デネットの *Breaking the Spell: Religion as a Natural Phenomenon*（Dennett 2006）（邦訳『解明される宗教――進化論的アプローチ』）、クリストファー・ヒッチェンズの *God Is Not Great: How Religion Poisons Everything*（Hitchens 2007）という四人の著作が代表とされる思想である。この四人は、ヨハネ黙示録になぞらえ「四騎士」と呼ばれる。ここでは、四騎士を中心とする新無神論的思想の発信者たちに注目し、その受容者と区別する。

まず、四騎士の思想の共通点としては、基本的に宗教は危険なものであると認識していることが挙げられる。宗教による紛争や残虐行為を挙げ、宗教が暴力を引き起こすとし、その点を強く批判しているのである。また、欧米文化圏では、宗教が道徳を担保し、無神論者は道徳的ではないという考えが広く見られるが、実際には宗教なしでも道徳的でありうることを示し、時には宗教の側が不道徳であるとも指摘する（Cotter 2011）。

また、彼らは基本的に科学の立場にある。そして、宗教は無知のままで満足し、権威に服従することを推奨し、知識と進歩を妨げていると批判し、（超自然的なものに訴えずに説明する）自然主義的、理性的な教育を促進することを重視する。また、そのような思考は世界をより良くしたり、生きていることの幸運を理解して人生を肯定できたりすると主張する他、自然の驚異や壮大さへの賛美も見られる。新無神論では、以上のような宗教批判と前向きな無神論的世界観の促進によって人々の意識を高めることを目指すとされる(Cotter 2011)。

ただし、四騎士は学問的立場、対象とする宗教の幅、宗教に対する態度、ターゲット層など、さまざまな点で異なっている。二〇〇六年の夏から秋にかけて、メディアがこのように多様な対象を徐々にまとめて新無神論と呼ぶようになった(Zenk 2013)。このような経緯や、新無神論のどこが本当に新しいのかについて論争があることなどから、この語をアカデミックに使用することには慎重な論者が多い。

重要なのは、彼らが科学的であるという自己認識をもち、宗教を批判しているにもかかわらず、新無神論自体が宗教的であるという指摘が多くなされているということである(Zenk 2013など)。新無神論者はしばしば宗教的、好戦的な表現で描写される他、他者の信仰を軽視し、自分の信念を決して疑わないため原理主義的であるという指摘すらされる(Wolf 2006など)。このように正反対のように見える新無神論と宗教的原理主義が類似した面をもつのは、両者が後期近代における意味の危機に直面して確実性や権威を探求し、再創造しようとしているためであると分析されている。どちらも自らが真理について特権的であり、自らの信念が道徳などを基礎づけていると考えているため、反対者を悪と見なし、争いが起こるというのである(Stahl 2010)。

一方で、現代における無神論の運動(ただし一部の無神論者は新無神論の過激さなどに対し批判的である)

には、制度的宗教を忌避する傾向や、マイノリティによる主流の文化的思想に対する抗議の形式であること、ポピュラーカルチャーの要素が見られることなど、非制度的な「ハイパーリアルな宗教」の特徴が見られるという指摘もある。[3]実のところ、キリスト教も映画やゲームといったポピュラーカルチャー的手法を積極的に利用しており、無神論的な運動も次に見るスパモン教も、そのようなキリスト教の強力なマーケティングおよびメディア戦略に対抗したものとならざるを得ないという（Nixon 2012）。

ここで四騎士がかかわる運動をいくつか挙げよう。「ブライト運動」は、自然主義的な世界観をもつ人々を「明るい」という肯定的な意味合いのある“Brights”と呼ぼうとはたらきかけるもので、ドーキンスとデネットが参加している。「アウト・キャンペーン」は、無神論者、非有神論者、不可知論者、世俗主義者などであることはおかしくも恐ろしくもなく、彼らもまた良い人々であるということを啓蒙し、カミングアウトを勧めるもので、「理性と科学のためのリチャード・ドーキンス財団」（URL②）が支援していた。同財団は二〇一四年からは、後者と同様の運動として「オープンリー・セキュラー」というプロジェクトを率いている。これらはゲイ運動に倣ったものである。

運動だけでなく思想にも、「ハイパーリアルな宗教」的なものが見出だせる。前述のとおり、新無神論では、科学によって明らかにされる世界の美しさや稀有であることなどに対する畏怖や喜びが表明されている。このような理想化された自然のイメージを信奉することは一種のスピリチュアリティと捉えることができる。これは受容する側にも見られる。また、権威を再創造する際、四騎士やカール・セーガンのようなカリスマ的な人物たちが「科学の魔術化されたイメージ」（再魔術化にかかわる）

を利用しているという指摘も重要である。受容する側の無神論的な人々は、科学の複雑な実態とは乖離した、大衆向けの魅力的な科学のイメージをリアルに感じ、信奉しているというのである（Nixon 2012）。これら二つのイメージは、現実とは異なるハイパーリアルなものと言える。

以上のように、新無神論には、正反対とも思える創造論に似た類の宗教性が見られる一方、自然についてのスピリチュアリティ的な要素もある。そして一般の無神論者たちの考えや活動にも、多くの点で非制度的な「ハイパーリアルな宗教」との類似が見られる。

三　空飛ぶスパゲッティ・モンスター教

二〇〇五年六月、アメリカのカンザス州教育委員会で、公立学校の生物の授業において進化論以外の考え、すなわちＩＤ論があることを示すべきだという主張が通りそうになっていた。そのことに抗議するため、のちに預言者を名乗るボビー・ヘンダーソンが書いた公開質問状がスパモン教の原型となり、その後インターネット上で爆発的人気を得た。

スパモン教の基本教義は〈宇宙と生命は空飛ぶスパゲッティ・モンスターによって約五〇〇〇年前に創造された〉というものである。空飛ぶスパゲッティ・モンスターとは、絡まった触手のようなスパゲッティにミートボールが二つ収まり、さらに飛び出た目玉が二つあるという外観の神である（そのためスパモン教は「パスタファリアニズム」とも呼ばれ、信者は「パスタファリアン」と言う）。そして、インテリジェント・デザイナーは特定の神ではないとされていることを逆手に取って、スパモン教もＩ

D論の一つであり、進化論とID論と同等の「科学理論」として公立学校の生物の時間に教えられるべきであると主張した。スパモン教という荒唐無稽なパロディによってID論を相対化することで、ID論を科学として教えることのおかしさを示したのである。

当初スパモン教は、創造論運動に抵抗するための短いフィクションであったが、のちにその他の疑似科学的体系や宗教のパロディも含めた『空飛ぶスパゲッティ・モンスターの福音書』(Henderson 2006)が出版され、体系化された。前述のような、対象の論法を巧妙かつユーモラスに真似て荒唐無稽な対比を提示することで、対象の問題点や非科学性を浮き彫りにするという手法はスパモン教の中核を成し、他にも多様な言説が展開されている。

また、具体的な教義や世界観は聖書のパロディとなっている。例えば、世界の創造はスパモンが「光あれ」と言うところからはじまるが、五日間で創造は終わる。スパモンが疲れてしまったからだ。そして毎週金曜日を休日と定めた。また、ノアの大洪水はスパモンがスパゲッティを茹でた湯を切る際、流れ出た水によるとされる。そして、祈りの言葉は「ラーメン」である(Henderson 2006)。

このようにスパモン教は、聖書を基礎とし、さらに神話に特徴的な多義性を内包しており、宗教物語として十分なほど魅力的な物語体系をもつ。また、スパモン教にはユーモア、ポピュラーカルチャーとの相互作用、さまざまなおもしろい画像といった、成功するインターネット・ミームの特徴があるという指摘もある(Cusack 2010)。

さらに、ID論などと同様、メディア戦略や一般の人々へのアピールがうまく、福音書、Tシャツやコーヒーカップ、ステッカー、ひいては聖職者の公式任職証明書まで発売するなど、商業的にも成功していると言える。

現在では募金活動や公的な承認を得ようとする活動なども行われている。前者としては、二〇〇八年から主に"KIVA"という、アフリカ、東南アジア、南米などを中心として世界中の事業をはじめたり学校へ通ったりするためにお金が必要な人に融資するクラウドファンディングのサイトで活動しており、二〇一八年九月現在では三九七万ドル集まっている。

後者としては、二〇一一年から、運転免許証の写真を撮影する際にパスタの湯切りざるを被って認められた例がオーストリア、アメリカ、ニュージーランド、オーストラリアなどである。パスタの湯切りざるを被るという行為は福音書に書かれているものではなく、活動も信者による自発的なものであるが、成功例などは公式サイト(URL③)で紹介されている。二〇一六年二月にはニュージーランドでスパモン教徒から結婚式の執行司祭を選ぶことが公的に認められ、二〇一六年四月に世界で初めての正式なスパモン教結婚式が行われた。この式次第も、信者が福音書などの要素を巧みに用いて独自に構成したものである。

スパモン教は、本質的には科学の立場でありながら、ＩＤ論という疑似科学的体系を批判するために宗教を模倣した。その後さらに、「宗教」という概念そのものを問い直す活動を繰り広げている。そのため、スパモン教の信仰の構造は複雑であるが、フィクションから一種の実体ある非制度的宗教に発展しつつあるものと言えるだろう。

四　ジェダイズム

ジェダイズムは、一九七七年からはじまり現在も新作が作られている映画『スター・ウォーズ』シリーズを基礎としてできた宗教である（以下、本節はCusack 2010, McCormick 2012, Possamai 2005など参照）。ファン活動からはじまり、インターネットの普及とともに広まった。さまざまなサイトを起点として活動が行われている。

ジェダイズムの信奉者たちは基本的に、映画に描かれた高潔なジェダイの騎士の生き方や考え方を、現実世界を生きる際の理想や手本とする。特にルーク・スカイウォーカーの姿に自らを重ね、さまざまな心身の修練を積む。これらには禅、道教、ヒンドゥー教、日本のサムライや少林寺の僧侶のような武道といった、東洋の宗教的要素が見られる。そして修行により超能力的な「フォース」という力を使えるようになるとされる。

このフォースが、映画中のジェダイの思想およびジェダイズムの中核となるものである。『スター・ウォーズ』においてフォースとは、宇宙を流れるある種のエネルギー体で、ジェダイの騎士が用いるさまざまな能力（予知、テレキネシス、テレパシーなど）の源となるものである。ジェダイズムにおいては、「ジ、ェダ、イ、（ジェダイズムの信奉者）が、宇宙の根底をなす根本的な性質であると信じる、至るところに存在する、形而上学的な力」（URL④）などとされる。流派や個人によってさまざまな解釈があるが、フォースの実在を信じることがジェダイズムの中心的教義となることが多いようである。

このように、信者は『スター・ウォーズ』がフィクションであることを理解しているが、同時に、そこにはなんらかの宗教的真実があると考えている。創造者であるジョージ・ルーカス監督の意図を離れて、宗教として真摯に信じられるようになったのである。

ジェダイズムが広がるきっかけとなったのは、二〇〇一年の「ジェダイの国勢調査現象」だった。これは国勢調査の宗教についての質問に対し「ジェダイ」と書くようはたらきかける世界的なEメールキャンペーンによって起きたもので、イギリスで三九万人（約〇・八％）がジェダイあるいはジェダイの騎士を名乗ったのをはじめとして、オーストラリアで七万人（〇・三七％）、ニュージーランドで五万三〇〇〇人（一・五％）など、複数の国で同様の現象が起こった。その後勢いは衰えたものの、ジェダイと答える人は一定数いる。ただし、冗談やアンチ宗教の立場を示すために書いた人も多いだろう。ジェダイズムを真剣に信奉するコアな信者は一部と考えられる。

しかし、現実世界への影響としては、他にも、非営利の宗教的・教育的団体として認められようという活動が挙げられる。Temple of the Jedi Order（以下、TOTJO）は二〇〇五年に、アメリカのテキサス州で法人として法的な認可を受けた。二〇〇九年にはカナダの The Order of the Jedi も法人化された。一方で、ニュージーランドの Jedi Society Incorporated は二〇一五年に（URL⑤）、TOTJO は今度はイギリスで二〇一六年一二月に（URL⑥）、慈善事業としての登録を申請したが却下された。

以上のように、フォースの実在を信じることや現実世界への影響などから、ジェダイズムはフィクションから宗教へと転化したものと言える。ネオペイガンが自己構築のためにJ・R・R・トールキンの『ロード・オブ・ザ・リング』のようなファンタジー作品を読み込むなど、ポピュラーカルチャーを宗教的目的のために消費するという行為はニューエイジ－スピリチュアル文化にも見られるが、ジェダイズムはより純粋にフィクション作品に基づいた形態であることが特徴である。現在でも活発なジェダイズムのサイトもあるが、閉鎖されるものも増えつつあり、二〇一〇年代には勢いが衰えていると言えるかもしれない。しかし今後、新たなフィクション宗教が生まれる可能性は十分にあるだろう。

五　結び

以上、二〇〇〇年代以降の欧米文化圏における宗教復興を背景とした、非制度的な性質をもつ宗教現象を見てきた。創造論、新無神論、スパモン教は、それぞれの内部で宗教と科学の立場が錯綜しており、それが互いに奇妙に類似している原因の一つと考えられる。伝統的宗教と科学は権威の再興にかかわる領域である。

それに対し、ジェダイズムは（そしてスパモン教も）フィクションとのかかわりが深い。これらは宗教的真理の一層の相対化を体現する事例と言える。かつて宗教的真理は伝統や権威を強く必要とし、徐々に相対化しつつあってもなんらか現実的な伝統などとのつながりが求められていた。しかし今や、明らかにフィクションを基礎とするものまで宗教と認めようとする動きが、在野でも学問上でも起こっているのである。スパモン教の活動とジェダイズムの一部が行っている活動も、「宗教」という概[4]念および権威に対する反発と捉えることができる。二〇世紀のスピリチュアルが〈宗教ではなくスピリチュアルである〉という立場だったのに対し、「「宗教」のパロディ」としての性格も含むこれらの事例は、逆説的にも、より積極的に「宗教」を相対化するために自ら「宗教」という立場を主張していると言えるのである。

このように、二一世紀の信仰において「宗教」という概念そのものが再帰的に扱われるなか、本稿でかかわりの深い科学やフィクションという概念そのものや、それらと「宗教」との関係などを再考する必要が増していくと考えられる。本稿で取り上げた体系が今後どのように展開していくのか、動向に注目したい。

注

(1) 近年では、保守派の組織に対抗するため、より組織化されつつあるという指摘もある(Nixon 2012)。

(2) 二〇世紀のそのような例として、当初はロバート・A・ハイラインのSF小説『異星の客』(一九六一年)に基づいてつくられたが、それをネオペイガンの枠組みに結びつけ、その一部と目されるChurch of All Worldsなどが挙げられる(ネオペイガニズムについては第8章参照)。

(3) 見えないピンクのユニコーン、スパモン、ラッセルのティーポットのような無神論的なシンボルが採用され、それらが無神論の活動の一環として、Tシャツ、ステッカー、ポスター、映画、音楽に使われていることなどを指す。

(4) ジェダイズムの真剣な、あるいは穏やかな信者は、個人的にサイトを読んだり、そこで提示される修行をしたり、サイトで仲間とつながったりすることに重点を置いており、社会的活動にはあまり従事していないと考えられるため、「一部」とした。

参照文献

鵜浦裕　一九九八、『進化論を拒む人々――現代カリフォルニアの創造論運動』勁草書房。

鵜浦裕　二〇〇四、「創造論運動の時期区分、戦略、人口統計、要因――スコット講演の補足(特集：進化と創造主義)」『生物科学』第五六巻第一号。

スコット、ユージニー・C　二〇〇四、「アメリカの公立校における創造論と生物進化論――比較の視点(特集：進化と創造主義)」『生物科学』第五六巻第一号。

堀江宗正　二〇一五、「サブカルチャーの魔術師たち――宗教学的知識の消費と共有」江川純一・久保田浩編『「呪術」の呪縛　上巻』リトン。

Behe, Michael J. 1996, *Darwin's Black Box: The Biochemical Challenge to Evolution*, Free Press(長野敬・野村尚子訳『ダーウィンのブラックボックス――生命像への新しい挑戦』青土社、一九九八年)。

Cotter, Christopher R. 2011, "Consciousness Raising: The Critique, Agenda, and Inherent Precariousness of Contemporary Anglophone Atheism," *International Journal for the Study of New Religions*, vol. 2, no. 1.

Cusack, Carole M. 2010, *Invented Religions: Imagination, Fiction and Faith*, Ashgate Publishing Company.

Davidsen, Markus Altena 2013, "Fiction-based Religion: Conceptualising a New Category against History-based Religion and Fandom," *Culture and Religion: An Interdisciplinary Journal*, vol. 14, issue 4.

Dawkins, Richard 2006, *The God Delusion*, Houghton Mifflin(垂水雄二訳『神は妄想である――宗教との決別』早川書房、二〇〇七年)。

Dennett, Daniel C. 2006, *Breaking the Spell: Religion as a Natural Phenomenon*, Viking(阿部文彦訳『解明される宗教――進化論的アプローチ』青土社、二〇一〇年)。

Dixon, Thomas 2008, *Science and Religion*, Oxford University Press(中村圭志訳『科学と宗教』丸善出版、二〇一三年)。

Harris, Sam 2004, *The End of Faith: Religion, Terror and the Future of Reason*, W.W. Norton.

Harris, Sam 2006, *Letter to a Christian Nation*, Knopf.

Henderson, Bobby 2006, *The Gospel of the Flying Spaghetti Monster*, Villard Books（片岡夏実訳『反☆進化論講座――空飛ぶスパゲッティ・モンスターの福音書』築地書館、二〇〇六年）。

Hitchens, Christopher 2007, *God Is Not Great: How Religion Poisons Everything*, Twelve.

McCormick, Debbie 2012, “The Sanctification of Star Wars: From Fans to Followers,” in Adam Possamai ed., *Handbook of Hyper-real Religions*, Brill.

Nixon, Alan 2012, “Contemporary Atheism as Hyper-real Irreligion: The Enchantment of Science and Atheism in This Cosmos,” in Adam Possamai ed., *Handbook of Hyper-real Religions*, Brill.

Possamai, Adam 2005, *Religion and Popular Culture: A Hyper-Real Testament*, P. I. E. Peter Lang.

Possamai, Adam 2012, “Yoda Goes to Glastonbury: An Introduction to Hyper-real Religions,” in Adam Possamai ed., *Handbook of Hyper-real Religions*, Brill.

Stahl, William A. 2010, “One-Dimensional Rage: The Social Epistemology of the New Atheism and Fundamentalism,” in Amarnath Amarasingam ed., *Religion and the New Atheism: A Critical Appraisal*, Brill.

Wolf, Gary 2006, “The Church of the Non-Believers,” in *Wired* 01 November at https://www.wired.com/2006/11/atheism/（二〇一八年九月一六日閲覧）。

Zenk, Thomas 2013, “New Atheism,” in Stephen Bullivant and Michael Ruse ed., *The Oxford Handbook of Atheism*, Oxford University Press.

URL

①GALLUP. “Evolution, Creationism, Intelligent Design.” https://news.gallup.com/poll/21814/evolution-creationism-intelligent-design.aspx（二〇一八年九月一六日閲覧。以下同）

②Richard Dawkins Foundation for Reason & Science. Home. at https://richarddawkins.net/
③Church of the Flying Spaghetti Monster. Home. at https://www.venganza.org/
④Temple of the Jedi Order. "Doctrine of the Order." at https://www.templeofthejediorder.org/doctrine-of-the-order
⑤Charities Services (New Zealand). "Registration Decision: The Jedi Society Incorporated (JED49458)." at https://www.charities.govt.nz/assets/Uploads/Jedi-Society-Incorporated.pdf
⑥GOV. UK. "Decision: The Temple of the Jedi Order." at https://www.gov.uk/government/publications/the-temple-of-the-jedi-order

三　グローバル化とダイバーシティ

【争点4】グローバル化は宗教の多様化か、一元化か?

藤原聖子

一九九〇年代に時代のキーワードとなった「グローバル化」については、社会や文化の多様化をもたらすという見かたと、逆に同質化・一元化をもたらすという見かたがある。宗教についてはどうなのか。ここではまず、宗教が国境を越えて広がるという意味での「宗教のグローバル化」、次に移民の流入やインターネットによる情報化が人々の宗教意識をどう変えるかという意味での「宗教へのグローバル化の影響」の順で論点を整理したい。

一九九〇年代から大きな変化は起きているか?

「宗教のグローバル化」と言えば、R・ロバートソンのように、キリスト教や仏教の世界的拡大を例に、グローバル化は今に始まったことではないという研究者もいる。だが、一九九〇年代から顕著になった新たな現象があることもまた事実だ。序論で概観した、A新宗教、Bスピリチュアル文化、C伝統回帰派の宗教復興のどれもがアフリカ、ラテン・アメリカ、アジアで拡大中なのである。一部の例示に留まるが、C→A→Bの順で見てみよう。

①プロテスタント保守派のグローバル化

日本ではあまり耳にしないが、このところ国際的な文脈では頻繁に登場するのがキリスト教のペンテコステ派である。これはプロテスタント保守派の一形態(教派よりも広い単位)であり、起源は二〇世紀初頭アメリカ合衆国の原理主義運動(fundamentalism)である。だがその後、一九七〇年代から再興したその運動(「福音派」と呼ばれるようになる)が活発な政治的活動を展開したのに対し、世界に広がったネオ・ペンテコステ派の方は政治化せず、礼拝中の激しい聖霊体験(しばしば悪霊祓いを伴う)と「繁栄の神学・福音」(prosperity theology/gospel)をその特徴とする。後者は神を信じれば物質的富が約束されるとする教えだが、受け身で幸運を待っているのではなく、信仰によりエンパワーされ経済的成功を目ざすのである。

このあけすけな(『プロテスタンティズムの倫理と資本主義の精神』に描かれるカルヴィニズムに比べると何のひねりもない)物欲肯定型プロテスタンティズムが、ラテン・アメリカ、アフリカ、東アジア、オセアニア地域の貧困層に受け入れられ、二〇一〇年代には全世界で五億人の信者がいると見積られるまでになった。多くは既にクリスチャンだった人たちが改宗・信仰強化するケースである。ペンテコステ派が世界のキリスト教を同質化するという現象が起きたのだ。ラテン・アメリカの状況は次の第11章で詳述されるが、同じ貧困層の救済といっても、一九六〇年代に盛り上がった、政治的には社会主義的・反体制的なカトリックの「解放の神学」よりも、資本主義体制の中で成り上がろうというペンテコステ派の「繁栄の神学」の方が結局のところ勝利を収めたことになる。

だが、ペンテコステ派が中産階級にも信者を増やすにつれ、社会福祉と「繁栄の福音」を対置する図式も崩れてきた。南アフリカの事例だが、[1] アメリカのアフリカ系アメリカ人の人気テレビ伝道師が、二〇〇〇年代後半から毎年、何百人ものアメリカの信者とともにソウェト地区などを訪れ、そこで地元の信者を招いて礼拝と社会事業を兼ねた大規模な集会を開いている。社会事業の中身は、HIV／AIDS問題、水汚染問題への取り組みである。しかしそこでは南アの社会問題が植民地支配や人種差別に由来することが指摘されることはなく、グローバル資本主義のパワーで問題が現実的に解決できることが強調される。アメリカからの信者たちは滞在期間中、現地の信者と交流しながら社会問題を実地に学び、同時に観光客として地域経済にお金を落としていく。

②日系新宗教のグローバル化

他方、ラテン・アメリカやアフリカでは新宗教教団も布教を試み、信者数ではペンテコステ派を下回るものの宗教の多様化をもたらしている。日本の仏教系・神道系新宗教も広がっている。ラテン・アメリカでは日系人を通しての浸透が図られたが、近年信者が増加しているのはアフリカ諸国である。

キリスト教・イスラームという大宗教が根づいているアフリカで、なぜ日本の新宗教が受け入れられているのか。対抗文化期の欧米社会のヒッピーたちにインド系の新宗教が流行したのとは異なり、アフリカ人にとって日本の創価学会や幸福の科学などの新宗教は一般に自助を促し社会的上昇を導くものとして受容されているようである。また、真光や真如苑など、日本の宗教社会学ではしばしば「霊術系」と分類される教団の、神霊との交流や霊的エネルギー利用の術はアフリカの土着文化に通じる。さらに、教団からの物質的支援がイメージを良くしているという面もある。と書くといかにも拝金的だが、一九八〇年代のコンゴを事例に、欧米先進国による途上国援助は独裁者モブツ大統領が着服してしまったのに対し、貧困層に届いたのは統一教会(世界平和統一家庭連合)による経済支援であり、その資金は日本での霊感商法の収益だったという指摘があり、[2] 教団の影響をグローバルなコンテキストからとらえる必要性に気づかされる。

となると、日本の新宗教のアフリカ人にとっての魅力はペンテコステ派の魅力と似ていることになる。つまり、パッケージは違うが、信者のニーズのとらえ方は同じということだ。加えて、日本では新宗教教団は信者を囲い込むというイメージがあるが、アフリカではキリスト教を棄教せずに教団の本を買ったり礼拝に参加したりしてさらなるパワーアップを図るというケースがある。そういったことでは、発信元は教団でも、スピリチュアル文化に近い形態で広がっている面もあるようだ。

③ スピリチュアル文化のグローバル化

欧米社会のスピリチュアル文化は、欧米の宗教伝統に対する代替物を求めたために、アジアの宗教的要素を取り込みながら形成されたが、それがアジア諸国に逆輸入されるようになり、一九九〇年代以降はグローバル経済の波に乗って顕著な動きになった。これは多様化とも同質化とも言い難い。アジアではそのようなスピリチュアル文化は伝統回帰とオーバーラップするため、ナショナリスティックな色合いを帯びることがある。日本ではたとえばパワースポットとしての神社ブームとして現れるが、インドでもヒンドゥー教のヨガやアーユル・ヴェーダ(伝統医学)が健康志向の都市中間層の間で流行るということが起こる。日本の場合、それを国家神道復活の兆しと見る者がいるように、インドについてもヒンドゥー・ナショナリズムに結びつくのではないかと警戒する意見もある。[3]

中国もまた、スピリチュアル文化のグローバル化に合わせ、伝統医学である中医学(日本の漢方にあたる)の輸出を国策として推進しようとしている。二〇〇〇年代半ばには中医学は科学か非科学かが大論争になったのだが、政府は中医学を伝統医療のグローバルスタンダードに据え、世界市場を牛耳る方向に舵を切ったのである。ただし社会主義国であるため、中医学の宗教的ルーツは否定しながらである。[4]

イスラーム圏では、多神教的世界観に基づくスピリチュアル文化は、教義上はイスラームとは相いれない。このため、ヨガなどは宗教から切り離された健康法として受け入れられ、中東諸国でもブームになっている。自前のスピリチュアル文化としては、スーフィズム(イスラム神秘主義)の現代的展開がある。

最近では、Ｚｅｎと並び、スピリチュアル文化としての神道の新たなグローバル化現象も話題である。これは日系移民が海外に持ち出した結果というよりも、外国人で神道の信者を自認する人々がインターネット上でコミュニティを形成している状況を指す。その場合、神道は自然を崇拝する、環境にやさしい宗教としてとらえられており、しばしば宮崎アニメが描く世界と重ね合わされている。従来民族宗教に分類されてきた神道がエコロジーという普遍的価値を持つと見なされ、日本人以外に広がっているのである。[5]

多様な宗教との出会いは、心を開くのか、閉ざすのか？

「宗教へのグローバル化の影響」については、主な論点を四点あげることができる。

第一に、多様な宗教との出会いは、信仰を揺るがすのかどうかをめぐる議論がある。移民の流入により、典型的にはヨーロッパ諸国の都市部など、異なる宗教に接する機会が増えたという地域がある。一九九〇年代以降はインターネットによる宗教情報・宗教批判情報の増加もある。そのような新たな状況は信仰心に変化をもたらしているのだろうか。

これについては、信仰が相対化され、失われるとする説もあれば、宗教間に競争が発生するため、かえって自己の宗教への帰属意識が強くなるとする説もある。この論争は世俗化論争（【争点1】参照）に帰着し、一概にはどちらとも言えない。

第二に、グローバル化とナショナリズムの関係は宗教についてはどう現れるかという議論がある。グローバル化は国民国家を衰退させるという見かたがある一方、R・ロバートソンやP・バイヤーなどの宗教社会学のグローバル化論者は、グローバル化はむしろナショナル・アイデンティティを強化すると言う。その宗教上の主な表れが、M・ユルゲンスマイヤーの言葉では「宗教的ナショナリズム」、しばしば排外主義を伴う伝統回帰現象である。

第三の論点は移民の立場からこれら二点をとらえたもので、典型的には、ヨーロッパの世俗社会に暮らす移民は信仰を失うのかどうかをめぐる議論がある。失う場合は、それは「同化」現象と呼ばれるが、むしろ異国で疎外体験を持つことにより、自分のアイデンティティに目覚め、信仰が強化されるケースも注目されてきた。というのも、二〇〇一年のアメリカ同時多発テロもその後のヨーロッパでのホーム・グロウン・テロも、疎外された移民の若者がアイデンティティを模索する中で宗教的に保守化（伝統回帰）し、さらに過激化した結果だとする説が一定の説得力を持ったためである。(6) そういった若者がインターネットを通してグローバルなテロリスト・ネットワークに接触する問題も度々指摘された。

第四に、グローバル化は異なる諸宗教に対する寛容な態度を生み出すという面を強調する議論もある。U・ベックの宗教の「コスモポリタン化」論は、現象の記述というよりも規範的観点から、多様な宗教を多様なままに承認するコスモポリタンな意識を広げることで宗教対立・テロを克服しようという主張である。彼の「〈私〉だけの神」概念も、現象としてはルックマン等が早くから指摘してきた宗教の「私事化」のことだが、やはり規範的なものだ。彼の念頭にあるのは、宗教市場から好きなものだけをつまみ食いする個人ではなく、組織に属さないことで他者の宗教に開かれた心を持つコスモポリタン的個人である。

さて、これら四つの論点が示唆するのは、従来の「宗教へのグローバル化の影響」論は、「アイデンティティ」を中心に展開していたということだ。グローバル化が進行すると、人はアイデンティティ・クライシスに陥り、そこからアイデンティティを再編するというのが共通した見かただった。現在はここから次巻のテーマである世俗主義批判へとつながる議論に移行しつつある。世俗主義批判とは、必ずしも宗教の再評価という意味ではない。グローバル化により異なるタイプの宗教の信者が国内に増えることにより、それまで社会の共通ルールだった宗教と世俗の分割線が問い直されるという事態が起きているのである。政教分離制であればどの宗教にも中立であるというわけではなかったということが露呈し、ダイバーシティのあり方が再考されている。

注

（1）Marla F. Frederick, "Neo-Pentecostalism and Globalization," in R. Orsi ed., *The Cambridge Companion to Religious Studies*, Cambridge University Press, 2012.

（2）上野庸平『ルポ　アフリカに進出する日本の新宗教』花伝社、二〇一六年。

（3）中島岳志『インドの時代　豊かさと苦悩の幕開け』新潮社、二〇〇六年。

（4）「漢方薬に異変あり　伝統医療の覇権争い」ＮＨＫクローズアップ現代、二〇一二年四月二四日放送（http://www.nhk.or.jp/gendai/articles/3189/1.html）。

（5）Aike P. Rots, "Worldwide *Kami*, Global Shinto: The Invention and Spread of a 'Nature Religion'," *Czech and Slovak Journal of Humanities*, 3, 2015.

（6）朝日新聞アタ取材班『テロリストの軌跡――モハメド・アタを追う』草思社、二〇〇二年。

参照文献

ベック、ウルリッヒ　二〇一一、鈴木直訳『〈私〉だけの神――平和と暴力のはざまにある宗教』岩波書店。

ロバートソン、ローランド　一九九七、阿部美哉訳『グローバリゼーション――地球文化の社会理論』東京大学出版会。

Beyer, P. 2014, *Religion in the Context of Globalization: Essays on Concept, Form, and Political Implication*, Routledge.

Lechner, F. J. and J. Boli eds. 2014, *The Globalization Reader*, 5th edition, Wiley-Blackwell.

第11章　プロテスタントの爆発的拡大から半世紀
――ラテンアメリカにおける宗教地図の変容

大久保教宏

一　はじめに

二〇一六年リオデジャネイロオリンピックの男子サッカーでブラジルが金メダルを獲得し、表彰式でエースのネイマールが「100% Jesus」(一〇〇%イエス)と書かれたバンダナをしていたことが物議をかもした。オリンピックでは選手が政治的、商業的、宗教的な宣伝を行うことが禁じられているため、ネイマールの行為がそれに抵触している可能性があったからである。オリンピック以外でも、宗教的宣伝ととられかねない行為は、ネイマール以前からも見られることがあった。勝利が決まるとユニフォームを脱ぎ、アンダーシャツに書かれたメッセージを見せるサッカー選手はよくいるが、元ブラジル代表のカカは英語で「I belong to Jesus」(私はイエスのもの)と書かれたアンダーシャツを身に着けていた。文字を掲げるわけではないが、創成期の日本のJリーグで活躍した選手で、やはり元ブラジル代表であったビスマルクは、ゴールを決めるたびにひざまずき、神に感謝をささげる仕草を見せた。

ブラジルと言えば、信者数で世界最大のカトリック国とされ、熱心な信者も多いであろうから、ブラジルの選手が試合や表彰式において、信仰的な仕草を見せたり、メッセージを発したりすることは自然な行為なのかもしれない。

しかし、ネイマールもカカもビスマルクも、実はカトリック信者ではない。彼らはいずれもプロテスタント、しかも福音派やペンテコステ派と呼ばれる集団の信者である。プロテスタント信者のサッカー選手が目につくようになったのは、ブラジル全体でプロテスタント信者の数が増えたからである。その増加傾向は著しく、「現在ブラジルは、世界で最大のカトリック国であると同時に、数の上で言えば、世界で最大のプロテスタント国の一つでもある」(Garrard-Burnett 2009, p. 191)と言われるほどである。

ブラジル選手以外でも、コロンビアを代表するフォワードのラダメル・ファルカオ、二〇一四年のFIFAワールドカップでのコスタリカ躍進の原動力となったゴールキーパーのケイロル・ナバス、二〇一〇年大会でのドイツとの三位決定戦でゴールを決めたウルグアイのエディンソン・カバーニらも、プロテスタントのサッカー選手として知られている。すなわち、ラテンアメリカ全体でプロテスタントが増えているのである。その著しい増加が始まったのは一九六〇年前後のことだ。以後、あまりの急増に驚いた研究者たちは、「プロテスタンティズムの爆発」としてその現象を表現した[1]。その後、半世紀が過ぎ、すでにラテンアメリカ各国人口の一〇%から四〇%程度がプロテスタント信者となっている。ラテンアメリカでこれほどまでにプロテスタントが広まった理由は何であろうか。

二　プロテスタントによって描き直されるラテンアメリカの宗教地図

まずは、現在、ラテンアメリカにプロテスタントがどの程度いるのかを概観しておく。二〇一四年、米国のシンクタンクであるピュー・リサーチ・センターが、ラテンアメリカの宗教に関して、各国から数千人程度を選び出して対面調査をした報告書を出しているが、それをもとに筆者が作成したものが表である（キューバの調査はなされなかった）。参考までに、世界銀行が示した二〇一六年のデータから、ラテンアメリカ各国の総人口も表に加えた。なお、本稿では、ピューが調査対象とした旧スペイン領の一八カ国（うちプエルトリコは米国の自由連合州であり、厳密には独立国ではない）、旧ポルトガル領のブラジルに、キューバを加えた地域をラテンアメリカと

図　ラテンアメリカ諸国

して想定することとする。

表の数値を見てみると、カトリック信者の割合が高い国としては、八九%のパラグアイを筆頭に、次いでメキシコ、そしてアンデス諸国のコロンビア、エクアドル、ボリビア、ペルーが続く。これに対し、ウルグアイ、ホンジュラスでは四〇%台であり、グアテマラ、エルサルバドル、ニカラグア、ドミニカ共和国、プエルトリコでは五〇%台である。プロテスタントについて見てみると、グアテマラ、ホンジュラスが四一%と最大で、ニカラグア、エルサルバドル、プエルトリコが続く。表にあるいずれの国でも、カトリックがプロテスタントを上回っているが、その割合は国・地域によりかなりばらつきがあることがわかる。比較的プロテスタント人口が多いのが、グアテマラ、ホンジュラス、ニカラグアなどの中米諸国で、プエルトリコ、ドミニカ共和国といったカリブ海地域がこれに続く。アンデス諸国、ラプラタ諸国などの南米諸国は総じてプロテスタントが少ない。このように、一口にラテンアメリカと言っても、国・地域によって状況は様々である。それは、国・地域ごとの事情が異なるからに他ならない。ここでは、中米・カリブ海地域でプロテスタントが多い理由として、米国と近接し、小国であり、相対的にカトリックが弱かったことの三点を指摘しておこう。

米国から物理的に近いと、その文化の影響をより受けやすいのは当然かもしれない。スポーツを例にとれば、キューバ、ドミニカ共和国、プエルトリコ、ニカラグア、パナマ、ベネズエラなどでは、米国から伝わった野球が盛んで、国際大会でも成績上位を占める。これに対し、ブラジル、アルゼンチン、ウルグアイ、チリといった南米諸国は、サッカー強国であるが、野球はそれほどでもない。ラテンアメリカ全体としてはヨーロッパ起源のサッカーが盛んだが、米国に近い国では野球も広まって

表　ラテンアメリカ諸国の宗教

（%）

地域・国	総人口（人）	カトリック	プロテスタント	どの宗教にも属さない	その他の宗教	プロテスタントのうちペンテコステ派
メキシコ	127,540,423	81	9	7	4	59
中米諸国						
グアテマラ	16,582,469	50	41	6	3	72
エルサルバドル	6,344,722	50	36	12	3	60
ホンジュラス	9,112,867	46	41	10	2	69
ニカラグア	6,149,928	50	40	7	4	73
コスタリカ	4,857,274	62	25	9	4	61
パナマ	4,034,119	70	19	7	4	80
カリブ海地域						
キューバ(参考)	11,475,982					
ドミニカ共和国	10,648,791	57	23	18	2	81
プエルトリコ	3,411,307	56	33	8	2	65
アンデス諸国						
ベネズエラ	31,568,179	73	17	7	4	57
コロンビア	48,653,419	79	13	6	2	56
エクアドル	16,385,068	79	13	5	3	69
ペルー	31,773,839	76	17	4	3	52
ボリビア	10,887,882	77	16	4	3	49
チリ	17,909,754	64	17	16	3	67
ラプラタ諸国						
パラグアイ	6,725,308	89	7	1	2	61
アルゼンチン	43,847,430	71	15	11	3	71
ウルグアイ	3,444,006	42	15	37	6	53
ブラジル	207,652,865	61	26	8	5	80
全体		69	19	8	4	

注：Pew Research Center（2014, pp. 14, 62）にもとづき筆者が作成．総人口は世界銀行による 2016 年の数値（URL ①）．

いる。同様のことが宗教に関しても当てはまりそうである。すなわち、ラテンアメリカ全体としてはカトリックが優勢だが、世界最大のプロテスタント人口を擁する米国に近い国・地域では、プロテスタントも広まっている。

しかし、米国と陸続きで接している唯一のラテンアメリカの国メキシコで、プロテスタントがさほど広まっていないのはなぜであろうか。一因として、メキシコが人口、面積や国際社会での影響力においてラテンアメリカで最大級の大国であることが考えられる。現在、メキシコは一億強の人口を擁し、日本を抜いて人口で世界一〇位となった。対して、中米・カリブ海地域では、約一六〇〇万のグアテマラが人口最大で、それ以外は数百万規模のいわば小国がほとんどである。一〇〇万人をプロテスタントに改宗させたとして、人口六〇〇万の国(エルサルバドル、ニカラグアがこの規模)なら約一七%を改宗させたことになるが、一億の国なら一%を改宗させたにすぎない。人口規模の大きい国で新しい宗教信者の割合を高めるには、小国の何倍もの労力が必要なのである。また、キューバ、ドミニカ共和国、ニカラグア、パナマなど、野球が盛んな中米・カリブ海地域の国は、いずれも、米国による政治的、軍事的支配を受けた歴史がある。大国による支配を受けている間に、スポーツ、宗教など文化面でもその影響を色濃く受けていったのであろう。

ところで、メキシコとコロンビアでは野球、サッカーともに盛んであるが、メキシコはスペイン語を公用語とするラテンアメリカ諸国では人口最大、コロンビアは同二位である。人口規模が大きいと、新旧様々な文化の担い手が、数の上で十分存在しうるということであろうか。であるなら、プロテスタントとカトリックの信者数も拮抗しそうであるが、この二つの国では他国に比べてカトリック信者数がかなり優位にある。その一因として思い浮かぶのが、メキシコもコロンビアも組織としてのカトリック教会が比較的強力であったことである。スペインは植民地化した南北アメリカの領土を、最終的には四つの副王領に区分して統治したが、メキシコ市とコロンビアの現首都ボゴタには、それぞれ副王領の都が置かれ、カトリック教会の拠点も築かれた。また、異教徒を裁くために南北アメリカに設置された三カ所の異端審問所もメキシコ市とコロンビアのカルタヘナに作られた(もう一カ所はペルーのリマ)。強大なカトリック組織の存在が、プロテスタントの流入を阻んできたと言える。これに対し、スペインによる支配が手薄で、カトリック教会による異教徒の取り締まりも緩かった「周縁」には、プロテスタントも入りやすかった。そのような地域がまさに中米・カリブ海地域であった。このように、カトリック文化圏との一言で語ることができたラテンアメリカはすでに過去のこととなりつつあり、現在では国・地域によって相当程度のプロテスタントが広まっているとする新たなラテンアメリカ宗教地図を描く必要が生じている。

三　半世紀前に何が起きたか

プロテスタントというと、ルーテル派、長老派、聖公会(英国国教会)、メソジスト、バプテストなど、一六世紀のヨーロッパにおける宗教改革やその後の改革運動に起因する諸教派を想起するかもしれない。これらはラテンアメリカでは「歴史的プロテスタント」と呼ばれ、この地におけるプロテスタント宣教の先駆者として、それなりの地歩を固めてきた。しかし、先の**表**の「プロテスタントのうちペンテコステ派」の項目を見ると、ラテンアメリカのプロテスタント信者の五〇%から八〇%は、二〇世紀に起源があるペンテコステ派に属している。ペンテコステ派の割合が高い国は中米・カリブ海地域やブラジルであり、ペンテコステ派が国全体におけるプロテスタントの割合を高める牽引役を果たしている。

ペンテコステ派が広まる以前、ラテンアメリカには二つのプロテスタント流入の契機があった。まずは、一九世紀半ばころ、独立して間もないラテンアメリカでの成功を夢見て、イギリス、ドイツ、スイス、北欧諸国といった国々から移民がやってきた。彼らの多くが歴史的プロテスタントの信者であったのだ。次いで、一九世紀後半以降、米国の歴史的プロテスタントの宣教師たちが、国内を西へと宣教していったが、西海岸へと行きつくと、進路を南、すなわちラテンアメリカへと向けた。とはいえ、二〇世紀前半においては、ラテンアメリカのプロテスタントは、各国人口の一%程度を占めるにとどまっていた。

ペンテコステ派はどうであったろうか。ペンテコステ派の起源の一つとして、米国ロサンゼルスのアズサ通りにおける一九〇六年のリバイバル集会が挙げられるが、アフリカ系アメリカ人中心とされていたその集会にメキシコ人も立ち会っていたことが確認されている。一九一〇年代には、メキシコ、グアテマラ、プエルトリコ、チリ、ブラジルなど、いくつかのラテンアメリカの国に最初のペンテコステ派集団が形成された。しかし、ラテンアメリカでペンテコステ派が急速に拡大するには、なお半世紀を待たねばならない。では、なぜ一九六〇年前後のラテンアメリカで、プロテスタントが拡大を始めたのであろうか。

一九四九年の中華人民共和国の成立により、プロテスタントにとって世界最大の宣教地が閉ざされ、それまで中国での宣教活動に注がれていた人員、資金の多くが、ラテンアメリカに向けられた。一九五九年のキューバ革命とそれに続くキューバの社会主義化は、ラテンアメリカもいずれプロテスタントに門戸を閉ざすのではとの恐れを宣教師たちに抱かせた。実際、一九七〇年代以降、グアテマラ、エルサルバドル、ニカラグアなどで、政府と左派ゲリラによる内戦が激化し、ニカラグアではゲリラ側が勝利して、社会主義政権が成立した。このように、中米・カリブ海地域で、東西冷戦の代理戦争が繰り広げられていく状況で、プロテスタント宣教師たちは左派勢力に対抗しようと、ゲリラの温床と見なされた農村や、都市周縁のスラムでの活動を本格化させた。そのような動きを、左派ゲリラを抑え込もうとする米国政府や現地政府も歓迎した。

一九六〇年代は、数カ国を例外とするほとんどのラテンアメリカ諸国で軍事政権が成立する時代でもあった。軍事政権は経済成長を求めて積極的な外資の導入や工業化推進を行い、ある程度の成功を収める場合もあったが、対外債務の増大、急速なインフレ、農村から都市への大規模な人口移動、貧富の差の拡大等を招き、反発する勢力を苛烈に弾圧した。人口流出や農業の企業化により伝統的な農村社会は崩壊し、都市周辺にはスラム街が形成された。政治的弾圧、経済的混迷、治安の悪化により社会的な緊張が高まる中で、人々が宗教に救いを求めていったとしても不思議ではない。

であるなら、人々はまず、カトリック教会に救いを求めるのではなかろうか。しかし、プロテスタントに多数の信者を奪われ、カトリックが圧倒的な優位にある宗教としての地位を失い始めたのもこの時代である。その理由は何か。そもそも、カトリックが伝わって以降、広大なラテンアメリカで相当数の信者に対応するには、カトリック神父の数は常に不足しており、村や町ごとに教会堂が建てられても、常駐する神父がいないことも珍しくなかった。そのため、スペインやポルトガルによる征服以前からの宗教的要素とカトリシズムとが混淆したフォーク・カトリシズムがラテンアメリカ各地で発展した。カトリック神父がフォーク・カトリシズムを是正するために、民衆が行う儀式や祭礼に介入しようとすると、反発する民衆によって追放されることもあった。神父のカトリシズムと民衆のカトリシズムに乖離が生じていたのである。それでも、他に有力なライバルが不在の状況では、カトリックがラテンアメリカで圧倒的な存在の宗教であることに変わりはなかった。

ところが、一九六〇年前後になると、人口の移動が活発化し、移動した人々は出生地でのカトリックの縛りから解放され、宗教的には空白地帯に等しかった都市周辺のスラム街へと移住していく。そこへ、中国やキューバを追われたプロテスタント宣教師が乗り込んできたのである。宣教師たちは、戸別訪問を積極的に行うほか、貧しい者でも手に入れやすかったラジオに宣教の番組を流し、社会不安の中で宗教を失っていた人々に果敢に接近していった。そのことは、多くの人々にとって、宗教選択の自由を行使する初めての機会となった。

カトリック教会も手をこまねいてばかりいたわけではない。一九六〇年代はラテンアメリカのカトリック教会にとって大きな転機の時であった。「貧しい者の選択」を唱える解放の神学に主導されたカトリックの改革的な動きは、一九六二年から六五年まで開かれた第二バチカン公会議に後押しされ、一九六八年にコロンビアのメデジンで開かれた第二回ラテンアメリカ司教協議会でいっそう明確となった。教皇庁は解放の神学批判に転じたが、ラテンアメリカのカトリック教会は、貧しい者を抑圧しているとして軍事政権を非難した。草の根レベルでは、解放の神学派神父は民衆をキリスト教基礎共同体と呼ばれる組織に集め、その成員たちは聖書を学びつつ、貧困など社会問題の解決に取り組み、反体制的な意識を高めていった。その報復として、エルサルバドルの大司教オスカル・ロメロをはじめとして、多くの神父、修道女、信者らが暗殺された。これに対し、多くのプロテスタントは宗教的な救いを求めることに専心し、政治体制には無批判である傾向があったとされる。カトリック教会の反体制的活動に深くコミットして命の危険にさらされるより、プロテスタントとなったほうが身の安全が図れることも、プロテスタントの魅力の一つとなっていた。また、プロテスタントになると、労力や金銭の負担が大きいカトリックの祝祭や儀礼から解放される。プロテスタントの増加は各地でフォーク・カトリシズムの衰退を招いていった。

四　なぜペンテコステ派か

前節で述べたような事情が重なり、一九六〇年前後からラテンアメリカにおいてプロテスタントが爆発的に拡大していった。しかし、これらの事情からは、なぜプロテスタント全般ではなく、特にペンテコステ派が拡大したかについては見えてこない。ペンテコステ派が成功した理由は、人口が多い民衆に効果的に働きかけうる教えや儀礼、組織のあり方を有していたからであると考えられる。それまでのラテンアメリカのプロテスタントは、イギリスやドイツなどからの移民を受け入れた社会的上層や、都市のミッション系学校に通うことができた中間層にごくわずかの信者を集めるにとどまっていた。これらの層の人々は、ステータスシンボルとして、あるいは憧憬の対象として欧米の文化を捉え、その文化の一部としてプロテスタントを受け入れる傾向にあった。

これに対し、ペンテコステ派は、従来のラテンアメリカ民衆文化と積極的に同化していった。ペンテコステ派の最も顕著な特徴の一つは、聖霊の強調である。そのことは、ペンテコステ派の礼拝に出席するとよくわかる。礼拝の中で、信者たちは聖霊を体内に降臨させ、恍惚状態となって盛んに身体を揺り動かし、異言(聖霊に満たされた人が語る理解不能な言葉)を語り、時には卒倒する。また、神癒、悪魔祓いなども、ペンテコステ派に共有される宗教的行為である。これらは、先住民や、アフリカより主に奴隷として連れてこられた人々から伝わる霊信仰や民間療法などと親和性があり、民衆にとっては馴染みやすかった。貧困や社会的緊張により、日々苦難の中にある民衆は、難行苦行による救いや、遠い未来の救いを待つことができない。救われるか否かはすでに神によって決まっているという予定説も受け入れ難い。ペンテコステ派の礼拝では、聖霊降臨や神癒といった具体的体験により、民衆が比較的容易に救いの実感を得ることができた。

聖書の読み方にも特徴がある。歴史的プロテスタントはともすると難解な神学的解釈を講じて聖書を読んだが、ペンテコステ派では聖書を字義通りに読み、聖職者や神学者による解説がなくとも、信者は自ら聖書を読んで理解した。また、聖書に書かれた通りの生活を送ろうとすると、多くの娯楽、快楽とは決別した禁欲的、倫理的な生活を送ることになる。たとえば、聖書の中に酩酊を忌む表現があれば、ペンテコステ派は字義通りに読んで、飲酒を慎む。このような禁欲的、倫理的教えは、貧しい者がその置かれた状況を脱する具体的な指針となった。酒におぼれ、ギャンブルに走り、暴力をふるい、仕事もせず、経済的にますます困窮して、現実逃避のためにさらに酒やギャンブルにふけるという悪循環から脱するための指針である。そのような悪循環から脱し、教会や家庭の中で尊厳ある立場になれる希望を抱かせてくれることが、ペンテコステ派の魅力になっている。

柔軟に増殖を続けることができる組織的な特性にも、ペンテコステ派が拡大した要因がある。現在、ラテンアメリカには無数のペンテコステ派教団がある。もともとは、たとえばアッセンブリーズ・オブ・ゴッドなど、米国の教団がラテンアメリカに伝わったものが起源であるが、ラテンアメリカのペンテコステ派教団は、既存のペンテコステ派教団や歴史的プロテスタントの教団から分離したものがほとんどである。ペンテコステ派は分離を繰り返しながら増殖することで、遠隔の農村やスラム街の一角など隅々にまで広がることが可能となり、階層、教育水準、文化の相違にもきめ細かく対応することができた。

このような教会の増殖は、ペンテコステ派では比較的容易に牧師になれることと関連している。カトリック神父や歴史的プロテスタントの牧師になるには、神学校を卒業して定められた資格を得る必要がある。しかし、多くのペンテコステ派の牧師は、神学校を卒業しているわけではなく、霊が宿る体験を通して、自ら牧師であると宣言して牧師となっている。それを多くの信者も認め、その牧師に追随することで、新しい教会が形成される。牧師になる者が増えれば、その分、教会の数も増える。そして、各教会の特徴は牧師や信者の個性や属性によりかなりの部分、決定づけられる。そのような教会は、所属していた教団とは異なる方向性を持つようになり、やがては方向性を巡って不和を起こし、教団から分裂して、新たな教団を作る。不和を起こさなかったとしても、貧しい牧師や信者は、より良い収入源を求めて頻繁に移動を繰り返し、時には伝道目的で故郷の農村に帰るなど、地理的に母教会から離れることで新たな教会、教団を設立していく。移動は国内とは限らない。第二次世界大戦後の米国の労働力不足を補うために、ラテンアメリカから大量の移民が米国に入った。そこでペンテコステ派と出会い、信者となって故国に帰り、自ら牧師となって教団を形成していく者もいる。柔軟に教会の増殖を繰り返すことで、ペンテコステ派は拡大を続けていったのである。

五　爆発以後のさらなる宗教地図の変容

当初は主に民衆の間で爆発的に拡大したペンテコステ派であったが、やがて社会の中・上層にも信者を獲得していった。拡大時期や信者の層が異なるこの流れは、新ペンテコステ派と呼ばれる。中・上層の人々が新ペンテコステ派に入信する動機として、貧しい者を選択し、反体制的となったカトリック教会への反発や幻滅がある。体制の中で富を築いた中・上層の人々は、現世の利益や健康も神の祝福によるものという、新ペンテコステ派が説く「繁栄の神学」に惹かれていった。

ペンテコステとは、キリストの弟子たちに聖霊が降り、宣教活動を活発化させたという、新約聖書の使徒行伝に記された出来事であるが、それに倣って、新旧ペンテコステ派とも宣教に熱心である。戸別訪問に始まり、ラジオ、テレビ、インターネットと、その時代に普及したメディアを積極的に用いてきた。一九八九年にはテレビ局を買い取る教団もブラジルで現れた。新旧ペンテコステ派は、数千人から数万人を収容するメガ・チャーチを建設し、サッカースタジアムや映画館を借りて大規模な集会を行うなど、社会にインパクトを与えていった。著名なサッカー選手が信仰的なメッセージを発するのも、様々な手段、機会を利用して積極的に宣教する姿勢を受け継いでのことかもしれない。

政治的指導者にもプロテスタントの姿が見られるようになった。最も顕著なのはグアテマラで、一九八二年にクーデタで大統領となった軍人のエフライン・リオス・モント、一九九一年に就任した文民大統領ホルヘ・セラーノ・エリアスは新ペンテコステ派の会員であり、二〇一六年から大統領を務めるジミー・モラレスも福音派の信者として知られる。グアテマラ以外の国でも、プロテスタントは有力な圧力団体と化している。ウルグアイ、コスタリカでは、プロテスタントが国会の議長となった。知事、市町村長がプロテスタントというのは、すでに珍しいことではない。

このように、成長著しいプロテスタントであるが、二つの対抗勢力が台頭しつつある。「カトリック・カリスマ刷新」は、一九六七年に米国のデュケイン大学で数人の教員と学生によって始められ、一九七〇年代にラテンアメリカに伝わった。ペンテコステ派のカトリック版と言えるもので、聖霊の働きを強調し、神学的理解よりも救済体験を重視するなど、ペンテコステ派と多くの共通点を有している。実際、カリスマ刷新の成員たちは当初、ペンテコステ派と共同で集会を行い、「ペンテコステ的カトリック」と自称していた。キリスト教基礎共同体やフォーク・カトリシズムの担い手が減少する中で、最も勢いのあるカトリック内の運動となっている。現在、ラテンアメリカのカトリック信者の約四〇%が、自らをカリスマ刷新に関わっていると見なしている(Pew Research Center 2014, p. 15)。

もう一つの対抗勢力は「どの宗教にも属さない」人々である。表に戻れば、これらの人々は多くの国で全体の一〇%に満たないが、カトリック、プロテスタントに次ぐ勢力となっている。ウルグアイで三七％と突出しているのは、この国では中間層が厚く、生活水準が全体的に高いことや、政教分離の歴史が長いことなど、いくつかの要素が重なってのことであろう。他のラテンアメリカ諸国も、生活水準が向上し、政教分離が定着すれば、どの宗教にも属さない人々の数も増えていくことを示唆しているのかもしれない。

六　おわりに

本稿では、半世紀にわたるラテンアメリカでのプロテスタントの拡大について見てきたが、このことは現代世界の宗教情勢にとってどのような意味を持つのであろうか。ラテンアメリカは信者の絶対数や全人口での割合において、世界で最もカトリックの影響力が強い地域であろうが、プロテスタントの台頭により、その状況は崩れつつある。解放の神学がラテンアメリカで生じたことや、初のラテンアメリカ出身のローマ教皇が誕生したことは、ラテンアメリカでの失地回復をカトリック側が模索してきたという文脈でも理解できそうだ。

だが、ラテンアメリカにおける宗教地図の変容を、カトリックとプロテスタントの対立の図式からのみ理解するのは一面的である。ペンテコステ派とカリスマ刷新が成員を増やしていることに着目するなら、聖霊体験を重視する信者主体の宗教が、神学的理解を重視する聖職者の宗教を凌駕しつつあると見ることもできる。

カリスマ刷新の興隆により、ラテンアメリカでは活動的なカトリック信者が増えている。このことは、ラテンアメリカではどの宗教にも属さない人々がさほど多くなっていない一因ともなっているようだ。ヨーロッパには、宗教に属さない者やムスリムの数が増え、キリスト教の影響力が低下しつつある国や地域もあるが、ペンテコステ派とカリスマ刷新が競争を続けるラテンアメリカでは、当面はキリスト教の勢いはそれほど衰えそうにはない。

注

（1）たとえば、宗教社会学者デヴィッド・マーティンの研究書の書名に「プロテスタンティズムの爆発」の語が使われている(Martin 1990)。

参照文献

Garrard-Burnett, Virginia 2009, "'Like a Mighty Rushing Wind': The Growth of Protestantism in Contemporary Latin America," Lee M. Penyak and Walter J. Petry eds. *Religion and Society in Latin America: Interpretive Essays from Conquest to Present*, Orbis Books.

Martin, David 1990, *Tongues of Fire: The Explosion of Protestantism in Latin America*, Basil Blackwell.

Pew Research Center 2014, *Religion in Latin America: Widespread Change in a Historically Catholic Region*.

URL

①http://www.Worldbank.org/(二〇一七年一〇月三一日閲覧)

第12章　アメリカの「伝統」の新たな挑戦
――多様な宗教・非宗教の共存

佐藤清子

一　はじめに

二〇一〇年代は、世界各地で移民とホスト社会の間の軋轢が改めて注目を集めた時代となった。中東、北アフリカでの政変やＩＳ（イスラム国）誕生、難民の発生、そして相次ぐテロ事件を背景として、ヨーロッパ諸国では新旧住民の共存の難しさが表面化し、本稿が取り扱うアメリカ合衆国においても、二〇一六年の大統領選挙では不法移民取り締まりや特定国からの入国制限強化を約束したトランプが大統領に選出された。だが、ヨーロッパと合衆国の状況には大きな違いも存在する。前者において、ヨーロッパ外からの移民受け入れの歴史が比較的浅く、キリスト教を背景とした白人と、非白人のムスリムの移民の間に分断が発生している一方、合衆国の移民の歴史はより長く、分断線はより入り組んだものとなっている。

合衆国はその建国時から多様な人々から成る国家であり、しかも多様性の中身は時代とともに変化を続けた。ネイティヴ・アメリカン、英領植民地に移住した白人プロテスタント、奴隷として輸入され多くがプロテスタントとなったアフリカ系の人々に加え、一九世紀以降はカトリックやユダヤ教徒がヨーロッパからの移民によって増加した。一九世紀末から強化された人種主義的政策のため、アジア人は帰化不能と位置付けられて移民や帰化が制限されたが、一九六五年におけるその撤廃以降、ヒンズー教、イスラーム、仏教など、ユダヤ・キリスト教以外の宗教を信じるアメリカ人は次第に増加しつつある。現代の合衆国への移民の多くは中南米諸国出身者であり、これらの地域ではカトリックをはじめキリスト教が有力であるため、二〇一五年に発表された調査においてもアメリカ人の約七割はキリスト教徒である。(1) だが、その人口構成は変化しつつあり、例えば現在人口の〇・九％にすぎないムスリムは増加傾向にある。ムスリム人口は二〇五〇年には二・一％となってユダヤ教徒を追い越し、最大の非キリスト教宗教集団の地位を占めると予想されている(Lipka 2015)。

現代の合衆国の宗教的多様性を考える上でもう一つ見逃せないのが、「どの宗教にも属していない」(unaffiliated)と答える人々の増加である。ある調査によれば、一九七〇年代以降一九九〇年代初頭まで、その割合は五％から八％で推移していたが、その後急激な増加が見られ、二〇一六年には二五％に至った(Jones et al. 2016)。この「属していない」には、宗教に敵対的な無神論者から、「宗教的でなくスピリチュアル」という言葉に表されるような個人主義的霊性の保持者まで様々な立場が含まれるため、内部の均質性を想定することは危険だが、世俗化論の反証例としてしばしば言及されてきた合衆国において、いまや四人に一人が特定宗教との繋がりを持たないと自認するという状況は新しいものである。

宗教学者ホセ・カサノヴァは、近代以降の西欧の宗教に起こった変化は、「世俗」の領域と「宗教」

の領域の分化による多元化、そしてグローバル化による複数の宗教の多元化という二つのプロセスの複合的産物として見るべきだと述べ、合衆国はその両者が同時進行した典型的ケースであると指摘している(カサノヴァ 二〇一五、一八頁)。現代の合衆国において、カサノヴァがいうこの二重の多元化は、移民の出身地域がより多様化したことに伴うアメリカ人の宗教的多様性の増大、そして宗教的アメリカ人と世俗的アメリカ人の間の溝の深まりという形で一層深化しているように思われる。

本稿ではカサノヴァがいう二重の多元化を前提に、宗教的多様性という現実を肯定しつつ合衆国市民の結束を図るという、合衆国の古くて新しい課題がどのような困難に直面しているかを整理する。また、合衆国は宗教だけではなく、人種によっても深く分断された社会である。本稿末尾では、両者の関係性についても簡単な考察を加える。

二　合衆国における二重の多元化とその困難

異なる諸宗教の共存

一九六五年、社会学者ロバート・ベラーは「アメリカの市民宗教」と題した論考を発表し、合衆国は市民の多くが信じるユダヤ・キリスト教を抽象化した「市民宗教」によって統合されていると論じた(ベラー 一九七三)。ベラーはまた、市民宗教は大統領の就任式における神や聖書的モチーフへの言及によって、もっともよく可視化されると指摘したが、その例証として引用したのは合衆国史上初のカトリックの大統領、ケネディの就任演説だった。二〇世紀半ばまでの合衆国で、カトリックは移民とその子孫の宗教と見なされていたが、一九六〇年大統領選挙におけるケネディの勝利は、それまでプロテスタントであることがアメリカ人であることと同一視された時代が終わり、カトリックやユダヤ教徒も「神の下のアメリカ」を支える普通のアメリカ人となったことを象徴したものだった。

そしてケネディの大統領就任から約半世紀を経た二〇〇九年、アメリカ初の黒人大統領となったオバマの就任演説では、合衆国が「キリスト教徒の、ムスリムの、ユダヤ教徒の、ヒンズー教徒の、そして無宗教者(non-believers)の国である」ことが語られ、演説は定番どおりの「神よアメリカ合衆国に祝福を」で締めくくられた。市民宗教の伝統に則りつつ、一九六〇年代には言及されなかった宗教的少数派を含めたこの演説は、アメリカの人種関係だけではなく、宗教的多様性もまた新たな段階に至ったことを謳いあげたものといえよう。

合衆国における非ユダヤ・キリスト教徒の包摂の進展は、例えばムスリム女性の被り物をめぐる判決にその跡を見ることができる。二〇一五年、合衆国連邦最高裁判所は、ヒジャブを被って面接を受けたことで衣料品チェーン店の採用を断られたムスリム女性の申し立てを認め、宗教的衣装の着用を理由とした採用拒否は雇用差別にあたり許されないとの判断を下した。この判決は、現在の合衆国について二つのことを告げるものだろう。第一に、合衆国では個人がその宗教的アイデンティティを目に見える形で表明することが信教の自由として強く肯定されていること、そして第二に、その原則を少数派であるムスリムに対しても平等に適用する姿勢が示されたことである。二〇〇〇年代以降、EU諸国ではムスリム女性を暗黙のうちに標的としつつ、宗教的な被り物や、顔を覆うタイプの衣類の着用に対する法的制限を拡大する傾向にある。対照的に、合衆国では着用の自由が重視され、こうした法制度を求める機運は高まってはいない。

しかしその一方で、合衆国における少数派宗教への差別や宗教間対立が根深い問題として存在することも事実である。とりわけ、二〇〇一年の九・一一テロ事件とその後の合衆国によるアフガニスタン・イラク侵攻、中東諸国の政変、ＩＳ誕生とその共鳴者による世界各地でのテロ事件という国内外の情勢は、合衆国内のイスラーム嫌悪を煽り立てた。ＦＢＩによれば、二〇〇〇年から二〇一五年まで、宗教を理由にしたヘイトクライムの報告数は、約一〇〇〇件から一六〇〇件以内で推移し、近年は漸減傾向にある。しかしながら、二〇〇〇年に二八件の報告だった反イスラーム事件数は、二〇〇一年に四八一件に急増、その後は一〇〇件台で推移するも、二〇一五年には二五七件、二〇一六年には三〇七件に再び増加した。合衆国のムスリムの割合が未だ人口の一％程度であることを勘案すれば、彼らが宗教を理由としたヘイトの対象となりやすいことが見て取れる。

イスラーム嫌悪が合衆国内に確かに存在するのと同時に、暴力的テロリズムに走るムスリムはごく少数であり、大多数のムスリムは合衆国内で平和的に生活しているとの声も見られる。例えば九・一一事件直後の二〇〇一年九月一七日、当時の大統領ジョージ・Ｗ・ブッシュはワシントンＤＣにあるイスラーム・センターを訪れ、イスラームは平和の宗教であり、ムスリムのアメリカ人は国家に貴重な貢献を成しているとの擁護を行い、国内のイスラーム嫌悪を抑えようとした。

だが同時に、政治学者エリザベス・ハードが指摘するとおり、こうした言説は「良い宗教」と「悪い宗教」、「良いムスリム」と「悪いムスリム」の間に恣意的な線引きを行うものであり、線引きが政府主導で行われる際には「悪い」と認定された対象への影響は特に多大なものとなる（Hurd 2015）。

二〇一七年、トランプ大統領は就任後早々に、複数の「ムスリム多数派国家」からの入国を禁止する大統領令を発し、合衆国は混乱に見舞われた。またトランプ政権や共和党内部には、世界的なネットワークを持つイスラーム主義団体、ムスリム同胞団を、「国外テロ組織」として認定し、合衆国内における活動を取り締まろうとの動きがあるが、同胞団の影響を恐れ活動を制限する諸国が確かに存在する一方、その慈善活動や教育活動は多くの国の多数の市民の支持を受けており、国内外で困惑が広がっている。

二〇一六年七月、一一月の大統領選挙に向けた民主党大会では、カイザー・カーンとガザラ・カーンの夫妻が登壇し、ヒラリー・クリントンの応援演説を行ったが、演説と巻き起こした反響、その後の展開は、合衆国における多様な宗教の包摂の進展とその限界や問題、双方をまざまざと示すようなものだった。

カーン夫妻はパキスタン出身の移民でムスリムであり、帰化によってアメリカ市民となった。夫妻の息子の一人、フマユーンはイラク戦争に従軍し、二〇〇四年、任務中に爆弾によって命を落としている。カーン氏は、自分たちは「フマユーン・カーン大尉の両親として、そして国を愛するアメリカのムスリムとして、我が国に対するゆるぎない忠誠をもって」演壇に上がったと述べ、ポケットから合衆国憲法の冊子を取り出し、移民やムスリム、少数派を誹謗してきたトランプに対して、憲法の中の「自由」や「平等」の文字を読んだことがあるのか、なければ自分のものを貸そうと呼びかけた。カーン氏はまた、戦没者の墓所であるアーリントン国立墓地には、国家のために多大な犠牲を払った「あらゆる信仰、ジェンダー、民族」の人々が眠っていると述べ、トランプ自身は何の犠牲も払っていないとの批判を加えた。カーン氏の演説は「神よあなた方に祝福を」で締めくくられた。

カーン氏のこの演説は、歴代大統領の就任演説などと同様、合衆国の市民宗教に訴え、その宗教的価値観に照らしてトランプを批判するものだったといえるだろう。演説では合衆国市民宗教の聖典たる合衆国憲法と、自由、平等というその理念が示され、聖なる場所としてのアーリントン国立墓地と、国家に殉じた戦没者たちが言及された。カーン氏はムスリムのアメリカ人として語ったが、トランプへの批判はイスラーム的見地からという以上に、非ムスリムのアメリカ人にも共有される市民宗教的見地から行われたのであり、カーン氏が最後に言及した「神」は、カーン氏にとっての神であると同時に、他の多くのアメリカ人にとっても受け入れ可能な、より一般的で抽象化された神だったと解釈できる。もと移民の帰化市民として、宗教的少数派であるムスリムとして、人種的少数派であるアジア人として、そして息子を国家のために捧げた両親として、全米の注目が集まる民主党大会の壇上に身をさらした夫妻の姿は、夫妻のような少数派のアメリカ人に対する差別や排除が誤ったものであることを見る者に強烈に印象付けたはずである。

演説は民主党支持者だけではなく共和党支持者にも強い感動を与え、翌日のメディアはこの演説を大きく取り上げた。また、トランプが、イスラームは女性を抑圧するとのステレオタイプ的理解を匂わせながら、カーン夫人が夫の傍らに立ったまま一切発言しなかったことを「発言を許されなかったのだろう」とコメントしたことに対しては、夫妻の人格を不当に貶める発言として共和党内からも大きな批判の声が上がった。トランプの反論によって報道はしばらくの間過熱し、演説とその後の顚末は一時、トランプ敗北へと向かう転換点になるかとさえ予想された。

だが結果として、この演説に関するトランプのコメントは他の多くの不適切発言同様、トランプが大統領に当選することを阻むものとはならなかった。カーン氏の演説が支持政党を問わない全米的な共感を呼び起こしたことは、宗教、人種、民族、移民かアメリカ生まれかを問わず、合衆国の理念に殉じる者は等しくアメリカ人であるとの理解が人々の間に深く浸透していることを示したものだろう。それにもかかわらず、その後の大統領選で投票したアメリカ人の約半数は、この理念を否定するかのようなトランプの言動を積極的には支持しないまでも、トランプが大統領にふさわしくないとまでは見なさなかったのである。

カーン夫妻の演説はまた、合衆国の市民宗教がはらむ暴力性の無視という観点からも、その限界を指摘することができる。民主党大会という場で発されたこの演説は、投票権を持つアメリカ市民のみを聴衆として想定したものであり、国家への忠誠と犠牲は至上の価値を持つものとして語られた。二〇〇三年のイラク侵攻開始の直接的理由となった、イラクが大量破壊兵器を隠し持っているという情報は誤りだったことが明らかになり、侵攻の正当性は大きく損なわれたが、演説中カーン一家の犠牲が強調された一方、犠牲の原因となった国家政策の是非は不問に付された。この演説は、侵攻を受けたイラクの人々の存在を無視したものでもあり、フマユーン・カーン大尉が戦った敵や、戦闘に巻き込まれた民間のイラク人もまた、彼と信仰を共有するムスリムだったことが示唆されるようなことはなかった。この演説からは、市民宗教が発揮しうる外部に対する攻撃性や、外部と内部の切断、目的を見失った犠牲そのものの賛美による内部の人々の抑圧など、その暴力的側面を読み取ることもできるだろう。

宗教と非宗教の共存

宗教的少数派との共存が問題を抱えながらも少しずつ進展している一方、合衆国におけるもう一つの意味での少数派、すなわち、宗教的「所属なし」、「無宗教」、「無神論」など、宗教とは距離がある人々と、宗教的な人々の間の溝は広がりつつあり、合衆国内の分断を深刻化させている。上述したとおり、宗教的な所属なしと回答する人々は既に合衆国の四人に一人を占め、ある意味では最大の宗教的少数派集団と呼ぶこともできる規模である。所属なしの人々が増加傾向にあることからも、この分断は保守とリベラルの間の「文化戦争」(Culture Wars)に関わって、今後の合衆国を揺さぶり続けることが予想される。

合衆国が文化戦争のために保守とリベラルの間で二分されつつあるとの認識は、一九九〇年代以降広く共有されるようになったものである(Hunter 1991)。このうち保守派の中核には宗教的で保守的な価値観を持つ「宗教右派」が存在する。人数の多さから福音派プロテスタントの姿が目立つものの、カトリックやモルモン教徒、ユダヤ教正統派、ムスリムなど、同様の価値観を持つ人々は宗教の垣根を越えて政策実現の面で共闘する関係にある。一方、リベラル派の全てが非宗教的なわけではないが、宗教的所属なしを自認する人々の価値観を調査すれば、全米平均よりも相当にリベラルであることが明らかになる。また、プロテスタントの中でも主流派プロテスタント教会に属する人々はリベラルな価値観を持つ傾向があるが、漸減過程にあることが指摘されている(二〇〇七年調査で約一八%、二〇一四年調査で約一五%)。宗教的かつリベラルという中間的立場の喪失は、宗教的な保守派と、宗教に関心の薄いリベラル派との断絶を深め、両者の対話を一層困難にするのではないかと懸念されている。

宗教右派が特に強い関心を寄せるのは性と家族に関わる道徳問題だが、二〇世紀後半以降の合衆国はこれらについてよりリベラルになったのであり、宗教右派の政治進出はそれに対する反発として進行した。結婚した男女が家族の核であり、性交渉と生殖はその中だけに限られるという規範は過去のものとなり、婚外の性交渉がありふれたものになるとともに、結婚しないカップルが作る家庭、単親家庭、同性カップルの家庭など、多様な形の家庭が当たり前に存在するようになった。また、性革命は生殖に関する女性の決定権を求める運動と並行して進み、避妊や人工妊娠中絶が広く許容されるようになった一方、生殖を目的としない性交渉を否定する宗教道徳はあまり顧みられなくなった。リベラル派は一定の勝利を収め、一九七三年には人工妊娠中絶が、二〇一五年には同性婚が、連邦最高裁判所の判決によって全米で合法化され、保守派が強力な州においてもこれらを違法とすることはできなくなった。

性と家族の問題は今でも保守とリベラルの衝突の最前線であり続け、二〇〇〇年代以降、対立はこれまでとはやや異なる形をとり始めている。近年の宗教右派は保守的立場を反映した立法を求めるだけではなく、自分たちがリベラルな法律の拘束を逃れるための方法を探っており、信教の自由の保護の拡大を求めるという形でその実現を図っているのである。例えば二〇一五年の同性婚合法化前後にはいくつかの州で「信教の自由回復法」制定へ向けた動きが加速し、宗教を根拠にした同性愛者差別に法的根拠を与える道が開かれた(2)。合衆国の信教の自由概念が孕む諸問題については、本シリーズ第4巻のトーマス論文に譲るが、性や家族をめぐる現代の論争は、宗教的な「自由」に訴える保守派と、万人の「平等」な取り扱いを求めるリベラル派の対立という形をとっており、ともに合衆国で尊重されてきた二つの価値のうちのどちらを優先するのかという問題は容易に決着がつかないであろう。そしてもし、保守的宗教者の自由が、万人の平等よりも優先される空間が合衆国内に拡大していくならば、保守とリベラルの対話は一層困難になり、両者の間の溝を埋める試みそのものが勢いを失う可能性もあるだろう。宗教的価値観はアメリカ人をまとめる共通基盤としての力を失うだけではなく、亀裂を深める要因とすらなりかねない。

三　結び――アメリカ合衆国の人種と宗教

本稿ではここまで合衆国における宗教的多様性の一層の進展を扱ってきたが、多様性を嫌い、一元的アメリカを求める声は根強く存在している。前節で述べたとおり、福音派プロテスタントをはじめとする宗教右派は信教の自由の一層の保護を求め、公的空間における宗教の現出を拡大しようとしているが、こうした動きは、合衆国は本来的にキリスト教国であり、行き過ぎた政教分離がそれを失わせてしまったという彼らの主張とも関わっている（佐藤 二〇一七）。さらに宗教史家ティサ・ウェンガーが論じるように、合衆国の宗教的分断は人種的分断と様々な関係を結び、信教の自由の国家・プロテスタント国家としての合衆国はしばしば、白人国家としての合衆国とともに求められてきた（Wenger 2017）。こうした指摘を裏付けるかのように、二〇一六年大統領選挙に際しては、白人福音派の五人に四人がトランプに投票し、その当選を支えたことが明らかとなっている。宗教的にも人種的にも多数派である白人福音派は、彼らの宗教、彼らの文化こそが合衆国を規定するべきだとの確信の下、保守派の一角として今後も存在感を発揮するだろう。

とはいえ、白人福音派の人々をオルト・ライト(3)のような白人至上主義者と同一視することも誤りである。例えば二〇一七年には、奴隷制時代以来合衆国南部に根づいてきた福音派の巨大教派、南部バプテスト派が、アフリカ系牧師の提言をうけ、オルト・ライトと白人至上主義を非難する公式声明を発表した。ニュース報道では教派が声明文の表現を軟化させた点が批判的に取り上げられたが、少なくとも南部バプテスト派のような大組織では、奴隷制の過去に対する反省が行われて多数の非白人が加わり、人種差別は否定されている。福音派は合衆国内外で積極的な布教活動を行っている人々でもあり、福音派としての同胞意識は人種や民族の壁をも超える潜在的力を備えている。

その一方で、合衆国の宗教の問題を人種問題と無関係と見なすこともあまりに楽観的に過ぎるだろう。現在人口の約二〇%を占めるカトリックは、移民であり宗教的他者である存在から、約百年をかけて普通のアメリカ人と見なされるようになったが、その際、二〇世紀以降の白人主流社会が黒人に対する差別を解消できないままに、ヨーロッパ出身の移民の多くを「白人」として包摂していった歴史的経緯を忘れるべきではない。肌の色が白か黒かが社会を長らく分断してきた合衆国において、移民や宗教的少数派はしばしば、自らを黒ではない存在として提示することで白人主流社会に接近してきたのであり、カトリック差別は人種差別の深化と引き換えに解消されたという面が否めないのである。アジアや中東出身移民、そして黒人を多く含む現代のムスリムへの差別を考える上では、人種差別や移民差別など、宗教だけではない様々な要因に目を配りながら考察を加える必要がある。

冒頭でも述べたとおり、世界各地からの移民が絶え間なく流入を続けた合衆国において、異なる宗教を信じる人々・信じない人々の共存、そして異なる肌の色の人々の共存は、継続的に試みられてきた。合衆国はしばしば、ヨーロッパ諸国と比較してその新しさが強調され、過去に囚われない国家として理解されてきたが、建国から既に二〇〇年を経て、その経験は参照すべき伝統としての厚みを備えつつある。例えば政治学者マーサ・ヌスバウムが、宗教的な平等をアメリカ合衆国の伝統と呼び（ヌスバウム 二〇一一）、社会学者フィリップ・ゴースキが市民宗教を偏狭な宗教ナショナリズムとも厳格な世俗主義とも異なる合衆国統合の伝統と見なし、その再生を訴えているように（Gorski 2017）、研究者たちも宗教的に多様な人々の共生のヒントを過去の中に見出そうとしている。

今後の合衆国の行く末は、合衆国の人々が暴力ではなく対話の中で、過去の歴史をどのように捉え返していくのか、そしてその中から共存を可能にする伝統を積み上げてゆけるかどうかにかかっているはずである。

注

（1）米国宗教についての統計数字は特に断らない限り、ピュー研究所が二〇一四年に実施、二〇一五年に発表した調査報告書に基づく。

（2）連邦最高裁判所には、コロラド州のケーキ店が同性カップルのウェディングケーキ制作を拒否した事件が持ち込まれ、注目が集まっていた。二〇一八年に判決が下され、信教の自由を理由にサービスを拒否できるとしたケーキ店側の主張が認められた。

（3）オルト・ライト（alt-right）は「もう一つの右派」（alternative right）の略称として広く使用されるよう

になった語である。既存の右派よりもさらに極端な保守的政策を求め、特に白人至上主義をあからさまに主張する点が共和党主流派とは異なっている。二〇一六年のアメリカ大統領選挙では、オルト・ライトによるトランプ支持、さらに当選後は、オルト・ライトのメディアを主催するスティーブ・バノンの重職への採用が話題を呼んだ(二〇一八年現在は公職を辞任)。

参照文献

カサノヴァ、ホセ　二〇一五、佐藤清子訳「グローバルな世俗化とグローバルな宗教諸派の共生、絡み合う二つの道」日本宗教学会第七四回学術大会実行委員会『公開シンポジウム「宗教の未来　宗教学の未来」』。

佐藤清子　二〇一七、「現代合衆国における歴史認識と信教の自由理解――キリスト教国論をめぐって」『東京大学宗教学年報』三四号。

ヌスバウム、マーサ　二〇一一、河野哲也監訳『良心の自由――アメリカの宗教的平等の伝統』慶応義塾大学出版会。

ベラー、R・N　一九七三、河合秀和訳「アメリカの市民宗教」『社会変革と宗教倫理』未来社。

Gorski, Philip 2017, *American Covenant: A History of Civil Religion from the Puritans to the Present*, Princeton University Press.

Hunter, James Davison 1991, *Culture Wars: The Struggle to Define America Ideal*, BasicBooks.

Hurd, Elizabeth Shakman 2015, *Beyond Religious Freedom: The New Global Politics of Religion*, Princeton University Press.

Wenger, Tisa Joy 2017, *Religious Freedom: The Contested History of an American Ideal*, University of North Carolina Press.

Jones, Robert P., Daniel Cox, Betsy Cooper, and Rachel Lienesch 2016, "Exodus: Why Americans Are Leaving Religion—and Why They're Unlikely to Come Back." (https://www.prri.org/research/prri-rns-

poll-nones-atheist-leaving-religion/)（二〇一八年八月二八日閲覧）。
Lipka, Michael 2015, “Muslims Expected to Surpass Jews as Second-Largest U.S. Religious Group”(http://www.pewresearch.org/fact-tank/2015/04/14/muslims-expected-to-surpass-jews-as-second-largest-u-s-religious-group/)（二〇一八年八月二八日閲覧）。

ＵＲＬ

①http://www.pewforum.org/religious-landscape-study/（ピュー研究所による二〇一四年の米国宗教統計）（二〇一八年八月二八日閲覧。以下同）
②https://www.whitehouse.gov/blog/2009/01/21/president-barack-obamas-inaugural-address（オバマ大統領第一就任演説）
③https://ucr.fbi.gov/ucr-publications（ＦＢＩヘイトクライム報告書）
④https://georgewbush-whitehouse.archives.gov/news/releases/2001/09/20010917-11.html（ジョージ・Ｗ・ブッシュ大統領の二〇〇一年九月一七日のスピーチ）
⑤http://edition.cnn.com/TRANSCRIPTS/1607/28/se.02.html（カーン夫妻の演説トランスクリプト）

第13章　「超スマート社会」の宗教
——電脳化は何をヴァージョンアップするのか

藤原聖子

「超スマート社会」(別称：Society 5.0)とは日本政府が二〇一六年に掲げた第五期「科学技術基本計画」のスローガンで、ロボット・人工知能・ビッグデータ・ＩｏＴ(Internet of Things)などを駆使する未来像を指す。「超スマート社会」が、「必要なもの・サービスを、必要な人に、必要な時に、必要なだけ提供」することによって誰もが「活き活きと快適に暮らすことのできる社会」という、ひたすら明るい達成目標を示すのに対し、インターネットやＡＩの発達が宗教に対して及ぼす影響は両面的であると言われてきた。一方では、たとえばムスリムがいつどこにいても一日五回の礼拝を遵守できるよう、便利なスマホ用アプリが開発されている。しかし、同じスマホで自由に情報にアクセスし、世界に多様な宗教や宗教批判があることを知るならば、信仰は相対化されてしまうのか。あるいは、ＡＩが何でも世話をしてくれる便利な社会になったら、人間は宗教を必要としなくなるのか、それとも逆に生きる意味の希求が強まるのか。

本稿はグローバル化の推進役とされてきたインターネット、さらにＡＩと宗教に関しての先行する研究・議論をふり返り、問題群を整理した上で今後の展望を記す。

一　インターネットは宗教をどう変えたか

まず、二一世紀に入って早々に出版された、日本と北米の宗教学者による「インターネットと宗教」をテーマとした論集（井上編 二〇〇三、Hadden and Cowan eds. 2000）から、インターネットが宗教に及ぼす影響について、当時はどのような観察・見通しがあったかを見てみよう。

◎利用の形態

・教団による布教・啓蒙活動・募金・広報、信者の人生相談やヴァーチャル礼拝・参拝が、教団ウェブサイトや双方向性を生かした掲示板において展開されている。

◎インターネットが宗教界に及ぼす影響

・宗教メーカー（教団）と宗教ユーザー（信者）の区別が消失する傾向。たとえば、教典・教義を個人が自由に解釈し、別の個人に伝えることができるようになった。特定の教団を批判する個人や団体のサイトも存在する。

・教団の内部と外部の間もボーダレス化し、たとえば教団の情報が組織の外に出ていく危険性が増す一方、個人の側から見ると、匿名化が可能であるため、教団に接触しやすくもなっている。

・アメリカ側（テロを批判する側）の情報もテロリスト側の情報も同時に存在するような情報の並列。

・既成教団においては、差別を受けた同性愛者などのマイノリティや、マイナーな関心や共通の悩みを持つ人たちが連帯する場となっている。
・ITを利用して抗議や反対を表明する運動(サイバー・アクティヴィズム、サイバー・テロ)が展開している。
・インターネット上の新しい教団は簡単にはできそうにない/実際に例がない。教団の活動がインターネットに完全にとって代わられることはないだろう。

日本・北米間の違いとしては、後者には前者よりもスピリチュアル関係の情報・体験サイトが多く、サイバー・アクティヴィズムが活発であり、特定の教団によらない総合的宗教情報サイトが充実し、利用も多いといったことがあったが、これらは現実社会での文化差に対応していたと言えるだろう。

さて、それから一五年ほど経過した現在、状況はどう変わっただろうか。先にまとめて言えば、情報量が飛躍的に増加したことは指摘するまでもないが、宗教メーカーとユーザーの間の、あるいは教団内外でのボーダーレス化、コミュニティの多様化、結果としての宗教的権威の拡散、サイバー・アクティヴィズムやテロなどの現象も規模や程度を増している。とはいえ、だからと言って教団の活動がインターネットに完全にとって代わられたということもない。日本では実際に足を運ぶ伊勢神宮参拝や四国巡礼、パワースポット巡りといったブームは、二〇〇〇年代後半以降に相次いで起こり、ヴァーチャル礼拝よりもはるかに話題になった。イスラーム世界でも、今ならネット上でヴァーチャル・ハッジ(メッカ巡礼)が可能だが、それが実際のハッジの代わりになるとは考えられていない。

いくつか例を紹介すれば、本巻第1章で詳細に論じられているように、インターネットはイスラーム世界の「ファトゥワー・カオス」状況を促進した。ファトゥワーとは、一般の信者が日常生活内の何らかの行動の適・不適について相談する場合に、シャリーア(イスラーム法)解釈の専門家から出される判断のことである。昔であれば、近所のウラマー(イスラーム法学者)に相談に行くしかなかったところを、ネット上のウラマーたちの見解も自由に目にすることができ、しかもそれらの見解が一致していないだけでなく、人々の批判にさらされることもあるという状況が生じている。イスラーム、とくにスンナ派では、伝統的にもシャリーア解釈において唯一の最高権威といったものは存在せず、複数の解釈が並存するのはおかしいことではなかったが、今はあまりにも雑多な解釈が入り混じるようになったのである。

他方、インターネットのおかげで求心力が増したイスラーム団体もある。一九世紀後半にインドで興ったアフマディーヤ教団は、二〇世紀を通じて度々迫害も受け、信者集団が各国に散らばった「ディアスポラ」的団体である。しかし、Eメールという通信手段が出現したことにより、このような教団の教主(カリフ)も、離散する信者一人ひとりと会話をすることが物理的に可能になった。この教団の特筆すべきことは、実際に一般の信者たちがカリフに直接メールし、そしてカリフがまめに返信しているという点である(少なくともそのような形式がとられており、そのメール処理能力が、信者からはカリフのカリスマの一部とみなされている)(嶺崎 二〇一七)。

教団の極秘情報が広く流出したり、教団と批判的な活動家との間で対立が激化したりといった問題の典型例としては、二〇〇八年以降、アメリカの新宗教教団であるサイエントロジーとハクティヴィズム（ハッキングを手段とするアクティヴィズム）集団であるアノニマスの間に繰り広げられたネット戦争がある。[1] サイエントロジーは、日本ではあまり聞かないが、アメリカではハリウッド俳優らが信者である一方、危険な〝カルト〟の代表格としてしばしば名指しされる。インターネットの普及とともに、元信者が教団の内部情報をネット上で暴露するということが度々起こった。

二〇〇八年にアノニマスがサイエントロジーを攻撃しだしたのは、ユーチューブ上に投稿されたある動画の削除をサイエントロジーが求めたのがきっかけである。この動画は教団が内部向けに作成したもので、信者のトム・クルーズが教団を称える内容だった。これを隠そうとする教団に対してアノニマスが「情報の自由」を突きつけたのである。DDoS攻撃で教団のサーバをダウンさせ、さらに世界の一〇〇近い都市でサイエントロジーを批判する路上デモ行進を行った（図）。サイエントロジーから報復されないよう、デモ行進では（コミックに由来する）仮面を被り、その異様な姿からアノニマスたちもまた広く社会に知られるところとなった。

図　ロサンゼルスのサイエントロジー教会前に集まったアノニマス
撮影：Vincent Diamante.

動画そのものはとりたててどうと言うほどではなかったため、なぜアノニマスの攻撃が過激で執拗だったのかがわかりにくいが、「情報の自由」の大義の裏には「宗教嫌い」のメンタリティが存在するようだ。宗教嫌悪はアノニマスを育てたアメリカのインターネット・オタク文化（4chan 文化）の一つの特徴と言われてきた。

サイエントロジーはアメリカの教団のなかでもとりわけ秘密主義であり、ジャーナリストらに批判的な記事を書かれれば訴訟に持ち込むということを繰り返してきた。その教団がネットの情報の流通をも阻害しだしたのを見て、いわゆるネットの〝祭り〟を始めたのである。

テロ組織と他から名指しされる宗教ネットワークがインターネットを介して拡散するという問題も深刻化した。ＩＳ(イスラム国)は欧米圏のムスリムに対する広報手段として、英語で読める凝った内容の機関誌『ダービク』をオンラインで発行していた。ＩＳで使われる学校教科書も誰でもアクセスできる形でアップされていた。また、こういった団体が故意に暴力的で残忍な動画を作成しネット上で公開するような、テロリズムのショー化が大いに問題視されるようになった。

二　インターネット上に降臨した神

他方、二〇〇〇年代初頭の段階では未確認だった新しい現象としては、ネット上に出現した教団や神が挙げられる。日本の研究者の間では、ネット上の宗教現象はまとめて「サイバー宗教」と呼ばれてきたが、少なくとも、初期から存在していた、既成教団がインターネットを利用してそれまでの活動の一部を展開するケースと、より新しい現象である、ネット上で形成された宗教集団や宗教活動のケースは分ける方がよいだろう。カナダの社会学者、Ｃ・ヘランドは、前者を「レリジョン・オンライン」(religion online)、後者を「オンライン・レリジョン」(online religion)と呼んでいる。この分類に照らせば、「サイバー宗教」の例としてしばしば引き合いに出される「ヘヴンズ・ゲイト」(一九九七年の集団自殺が大きく報道されたアメリカの教団）は、一九七〇年代から存在していた教団が、インターネットを使って布教をしたという例のため、レリジョン・オンラインの方になる。

それに対して、本巻第10章でも取り上げられた「空飛ぶスパゲッティ・モンスター教」は、オンライン・レリジョンの例と言ってよい。一人の大学院生の遊び心ある創造説批判に端を発し、まさにネット上で誕生し拡大した〝宗教〟である。同じくインターネット発の「ジェダイズム」（第10章参照）とともに、現実社会においても〝信者〟の活動が広がるようになった。さらに二〇一七年（本稿執筆時）ならではの例としては、トランプ大統領の支持基盤の一つとされる、アメリカの「ネトウヨ」にあたる「オルタナ右翼」（alt-right）を自認する人たちが作った「ケク教」（Cult of Kek）がある。これは、もとはコミックのキャラクターであるカエルのペペが、（アメリカの「2（5）ちゃんねる」にあたる）4chan上で、ヘイト・スピーチならぬヘイト・シンボルのミーム（文化的遺伝子）として拡大するうちに、古代エジプト神話の破壊の神と融合したもので、トランプの一種の守護神として〝崇拝〟されるようになったのである。(2)

右に筆者も〝宗教〟〝信者〟というように〝　〟をつけたが、「これらはただの悪ふざけであって宗教ではないだろう」と言う人は多いのではないか。悪ふざけであればあるほど、やっている本人たちに聞けば「まじめに信じています」という返事がくるものなので、これらを「パロディ宗教」「冗談宗教」と呼んで「真正な宗教」から区別することには異論もあるだろう。むしろ、この種の真剣なのか遊びなのかがわかりにくい現象こそが現在のネット文化の一つの特徴であり、それに対応した宗教現象であると位置づける方が、現代の宗教現象を読み解く上では生産的であろう。真剣なのか遊びなのかわかりにくいということでは、オウム真理教の地下鉄サリン事件後まもなく、日本では若者が「宗教にはまる」という言い方をすることが話題になった時期があった。その後インターネット上に広がったのは、自ら作った上で自らはまってみせ、そして布教というより感染するかのように広がっていく宗教なのである。

これらの、現実社会にも活動が広がる、主として若者を発信源とするネット宗教に対して、インターネット上に留まるからこそ意味をなすネット宗教もある。その代表が、3D仮想世界である「セカンド・ライフ」のなかに存在する、キリスト教教会の類である。セカンド・ライフは二〇〇三年にアメリカのリンデンラボ社がスタートさせたオンライン・ゲームで、自分の分身であるアバターを使い、仮想の社会のなかで「第二の人生」を楽しむことができる。日本ではヒットしなかったが、海外では二〇一〇年代に入っても約一〇〇万人の常用者がいるとされる。

あくまで仮想世界とはいえ、実際に商取引も行われているように、既存のキリスト教の特定教派が教会を出し、悪ふざけには見えない信仰生活が営まれている。二〇〇三年の日本にもあった、寺社のウェブサイトでのヴァーチャル参拝と、セカンド・ライフ内の教会の日曜礼拝ではどこが違うのだろうか。セカンド・ライフ教会の草分けである、ユニテリアン・ユニバーサリズム教会(the First Unitarian Universalist Congregation of Second Life)による趣旨説明には次のようにある。

セカンド・ライフの仮想世界のなかで、私たちは、七つの指針〔筆者注：教義にあたるもの〕を暮らしのなかで実践するための、リアルな教会(congregation)を作りました。私たちは、集う場所は仮想環境ですが、あくまで現実世界のユニテリアン・ユニバーサリズム教会です。ゲームではなく、世界中の人が出会い、意見を述べ合い、教育とサポートを受けて人格的に成長するために有効な、新たなテクノロジーなのです。(3)

すなわち、ポイントはただ礼拝をするのではなく、セカンド・ライフ内で新たなコミュニティを作り、積極的に交流するというところにあるらしい。現実社会内では、宗教的なことに関心があるとわかると周りに敬遠されてしまいそうだと思う人たちが、仮想世界でふだんとは異なる自分を装い、ともに礼拝をし、宗教論議をする仲間と暮らしているのである。(4)

「神」については、ネット上に誕生した神と聞いて、多くの人が連想しやすいのは、ヴォーカロイドである「初音ミク」が、熱心なファンの間で神秘化・偶像化されているような現象だろう。しかしこれは、宗教学で言うところの宗教の「機能的定義」にしたがって、宗教の神と信者の関係に似たものが、ミクと一部のファンの間に生まれていると言っているにすぎない。

これに対して、宗教の「実体的定義」からして「神」に該当するネット神も出現している。一例として"igod"がある。これもアメリカで作成されたものだが、つまりはインターネット上の人工知能であり、ユーザーが何か質問したり悩みを相談したりすると、それに対して自動で返答するチャット・ボットである。たとえば「神さま、悪いことをしてしまいました、ごめんなさい」と書き込むと、「謝る必要はない」と返ってくる。サイトの冒頭に「改悛するのも簡単な時代になりました」というキャッチ・コピーがあるので、遊び心から作ったということを作成者側も明確にしている。他方、二〇一七年に比較的大きな話題になったのは、元グーグル・エンジニアがＡＩを神とし真剣に崇拝するオンライン教団、ウェイ・オブ・ザ・フューチャー(Way of the Future)教会を立ち上げたというニュースである。ただしこれは二〇一八年の段階では、教会のサイトを見ると「人間の知能を凌駕するＡＩと共存する未来をめざす」ことをもっぱら謳っており、ＡＩを神としているとまでは述べていない。人工知能と宗教の問題については後述する。(5)

三　ＳＮＳという宗教

さて、二〇〇〇年代初頭に予期されたことがその後どうなったかという観点からは、以上のような指摘ができる。ところが、超スマート社会の宗教現象はこれに尽きるわけではない。重要なこととして、ＳＮＳの発達と、子ども・若者(のみではないが)の間の人間関係の変化が同時期に起こったことが挙げられる。なるほど二〇〇三年の段階でもＳＮＳは全くなかったわけではない(日本のＳＮＳ、ミクシィやＧＲＥＥが始まったのは二〇〇四年)。だがかつては、インターネット中毒として問題になるのがネットゲームのやりすぎであったならば、最近は日本の子どもたちのＬＩＮＥ依存症に代表されるような、ＳＮＳのヘビーユースがよく問題になる。アメリカでも二〇一七年のニュースとして、創立者マーク・ザッカーバーグがフェイスブックを「新しい教会」だと述べたことが取り上げられた。フェイスブックのようなＳＮＳは人々に共同体の一員であるという感覚を与えるからだと言う。もはやセカンド・ライフの例のようにネット上にヴァーチャルな教会ができてどうこうというより、ＳＮＳ

自体が教会になっているという意味である。

かつて宗教学者の柳川啓一は、日本人の宗教は「人間関係の宗教」であると主張した（柳川 一九九一）。クリスチャンやムスリムにとっては、神を信仰することが宗教の中心にくるが、日本では、共同体の人間関係を支えるものとしての祭りや、死者との人間関係を維持するものとしての先祖供養が主な宗教活動になっているという説である。「人間関係の宗教」が日本人特有だと言い切るのはややオリエンタリズムである。ザッカーバーグがフェイスブックは「教会」だと言うのも、コミュニティの感覚が宗教の本質だというとらえかたがアメリカ人にもあることを示唆している。つまり、日曜礼拝出席率が高いアメリカ人の場合も、何のために毎週教会に行くのかと言えば、そこにコミュニティがあるからで、一人で神に祈ってそのまま帰るという関わり方ではないのである。

ただし、しばしばノスタルジーをもって語られる宗教的コミュニティ（アメリカで言えば『大草原の小さな家』に描かれる教会と集落）に比べると、最近のSNS利用については病的側面が問題化されている。常に友だちとつながっていないと不安だという「つながり過剰症候群」だの、インスタグラムやツイッターに現れる過剰な「承認欲求」だの、社会学者や心理学者が次々症状をネーミングしている。同じ学校のクローズドなグループのなかでのみ延々と会話を続ける子どもたちを指して、インターネット空間がもはや公共圏というより親密圏に転じたと言う者もいる。グローバル化とは反対方向で、かつローカル化よりもさらに狭く内に向かう志向性である。伝統的な教会が提供していた支え合いをSNSが受け持つようになった、つまりSNSが宗教の機能を代替するようになった、という段階を越えて、SNS的な密な人間関係自体が聖化・絶対化されるようになった状態と言おうか。

このような状況に既存の宗教団体はどのように対応しているだろうか。ＳＮＳに対し危機感を募らせる宗教者たちもいる。単に信者を奪われるからというだけでなく、今のところ有効な医学的処方箋がないとされるＳＮＳ依存症に対し、何とか救いの手をさしのべたいという関心がある。他方、ローマ教皇がツイッターを始め、フォロワーが一千万人を超えるといった、ＳＮＳを宗教者や教団が積極的に利用する現象も起きている。教団に特化してオンライン・コミュニケーションのノウハウを教えるビジネスも出現している。

四　ＡＩと考える宗教

二〇一六―一七年は、コンピュータ囲碁プログラムである Alpha Go が韓国や中国の天才棋士に勝利するといった事件があり、近い将来ＡＩが人間の知能を超えるという「シンギュラリティ問題」が現実味をもって受け止められた。宗教研究の分野でも、「ＡＩと宗教」という話題が国内外で盛り上がりを見せた。ＡＩを宗教に利用する例として、葬儀で読経をするロボット Pepper のことが報道されたが、中国ではそれより早くロボット僧侶が作られていたりもした。

「ＡＩと宗教」というテーマは多様な問いを喚起する。たとえば「進化したＡＩは神を信じることができるか」「進化したＡＩは「魂をもつ」とみなしうるものになるのか。その場合、ＡＩが「死んだ」際、人間や他のＡＩは死亡したＡＩの霊魂を弔うのか」。参加した人たちが霊魂を認めていたかは不明だが、日本ではペットロボットＡＩＢＯの葬儀が実際に行われた。

しかし考えてみれば、答える上で問題になることは結局、「神を信じる」と言うときの「信じる」とはどういうことなのか、「魂」(あるいは生命、意識)とは何なのかといった、古来より哲学で、最近であれば認知科学や生物進化学でも問われている問題に帰着する。いわゆる定義問題だと言うと矮小化かもしれないが、ジョン・サールの「中国語の部屋」[6]と同様の循環が生じてしまう。つまり、「AIは神を信じることができるか」という問いは、前述のigodの立場を逆転させ、AIを人間側に置いた場合、そのAIが「神よ、私は罪を犯しました」「神が見守っているからがんばろう」などと言うなら、信仰を持っているとみなしてよいのかという問題である。おそらく、多くの人は直観的に、それは信者の会話の仕方をビッグデータから学習したAIが、典型的なフレーズを反復しているだけで、本心から神を信じているわけではないとか、あるいはもっと単純に、人間がそのような発言をするよう機械にプログラミングしただけだと言うだろう。

だが、いわゆる「洗脳」とはそのような操作・現象とみなされてきたのではなかったか。〝カルト〟と言われる団体のメンバーを強制的に脱会させるために、洗脳を説くための臨床心理学的方法のことを、まさに「デ・プログラミング」(*deprogramming*)と言うように。となると、「洗脳」や「マインドコントロール」概念についても、自ら主体的に信じているケースと信じ込まされているケースはそんなに明確に線引きできるのかという議論がなされてきたのだから、AIの宗教的信仰は本物の信仰と言えるのかどうかをめぐっても同様の議論が起こるだろう。

それでは、「AIの進化は宗教界に何をもたらすか」といった類の問いはどうか。まず、シンギュラリティ論に見られるようなAI脅威論に対して宗教団体や宗教者はどのような見解を示すかは今後注目すべき点である。(7) 生物工学の発達とともに浮上した生命倫理問題に比べると、ＡＩが引き起こす倫理的問題には、「生命の尊厳」や「命の始まりはどこか」論だけでなく、人間のプライドが関わってくる。ある種の運動能力で人間が機械に負けることは受け入れられるが、囲碁で負けることは恐怖や不安を引き起こすように。ＡＩが頭脳労働を占有し続けた末、人間が人間であることに存在意義を見出せなくなった時、宗教者はこれにどう対応していくのか。

また、いわゆる「強いＡＩ」(自律的に課題を発見・解決できるＡＩ)と「弱いＡＩ」(すでに実現されている、機能を限定したＡＩ)の違いは、伝統的な神学概念で言えば「自由意志」の有無である。人間がＡＩに自由意志を持たせられる段階に到達したならば、とくにユダヤ・キリスト・イスラム教の宗教者たちはどのような見解を示すだろうか。筆者の予想では、少なからぬ宗教者たちが、ＡＩに伝統的な宗教信仰を持たせようと言い出すのではないか。つまり、もはや「ＡＩは神を信じることができるか」とＳＦ的に問うのではなく、「自由意志を持つＡＩは、神や死後の裁きを信じてくれなくては困る。そうでなくては倫理的に行動しないだろう」と現実的に要請する人たちが出てくるのでは、ということだ。現時点では、車の自動運転に関しＡＩにどのような善悪判断をさせるかが議論されているが、今後はより広く、ＡＩ-倫理問題に宗教界が発言することが増えそうだ。

ＡＩがさらに進化し全知全能化したら、ＡＩこそが神になるのだろうか。これも本質は、宗教固有の問題というより、極端な管理社会であっても、万人が幸福になるという保証があればそれは受け入れられるのかという問いにあると考えられる。技術の進歩とともに人間に関する往年の哲学的問いが、多様な宗教形態ごとに2・0、3・0、とヴァージョンアップされていくのである。

注

(1)「アノニマス――〝ハッカー〟たちの生態」NHK BS世界のドキュメンタリー、二〇一三年放送(“We Are Legion: The Story of the Hacktivists,” Luminant Media, 2012)。

(2)先に、4chan文化には宗教嫌いの傾向ありと記した。北米の宗教研究ではこの特徴を「無神論」と評することがあったが、これは、アノニマスのようなサイバー・アクティヴィズムには政治的にリベラリズムないしアナーキズム的傾向が強かったことに呼応していた(政治的に左寄りになるほど唯物論・無神論になるということ)。近年は、4chan文化にも「オルタナ右翼」のように政治的には逆方向が展開しているのだが、ゆえに宗教的にも保守的になり、宗教や神を作り出しているのかというと、そこは留保が必要である。ケク教は、北米の保守的な(福音派プロテスタントなどの)宗教性とは明らかに異なるからである。

(3)“The First Unitarian Universalist Congregation of Second Life”(http://www.fuucsl.org/wp/)(二〇一八年一月二〇日閲覧)。

(4)さらに二〇一七年から二〇一八年にかけてオンライン・レリジョンが登場した。ブロックチェーンをベースにした「0xΩ」。創立者のアメリカの起業家は、「ジョークではない」と言っている。

(5)他に、【争点4】で触れた「グローバル化した神道」にも、「レリジョン・オンライン」というより「オンライン・レリジョン」の面がある。神道に関心がある、あるいは信者を自認する多様な国籍の人々が英語を媒介にSNSコミュニティを形成しているのである。A・ロッツ前掲論文によれば、「Shinto, Religion of the Forest」は、神道に関する情報交換を主とするフェイスブックのグループだが、神棚の正しい使い方などがテーマになっていることからも、一定数の実践者がいることがわかる。このような「グローバル神道」の動きと、本シリーズ第2巻でとりあげた、日本国内の政治化する神道界の動向が今後どのように関わり合うのかについては継続的な研究が必要である。

（6）ある小部屋に、中国語で質問を書いた紙きれを入れると、質問に対応した答えが出てくるとする。この場合、質問者は、「中にいる人は中国語を理解しているのだ」と思うが、実は中の人は、中国語を習ったことはなく、マニュアルにしたがって記号を並べていただけである。サールはこの場合、中の人が中国語を理解しているとは言えないとしたが、純行動主義（機能主義）の立場からは、これを「理解」と呼んでもよいではないか、という反論がある。結局この論争は、どの理論的観点から人間の意識や知性をとらえ、どうそれらを定義づけるかに左右されるのである。

（7）情報学では、シンギュラリティ論は科学的仮説というより一神教文化圏で人々を支配するための神話だとする説もあるが（西垣 二〇一八）、宗教界自体が陰謀説を含めどのような解釈を行っていくかを注視したい。

参照文献

井上順孝編 二〇〇三、『ＩＴ時代の宗教を考える』中外日報社。

西垣通 二〇一八、『ＡＩ原論——神の支配と人間の自由』講談社選書メチエ。

保坂修司 二〇一四、『サイバー・イスラーム——越境する公共圏』山川出版社。

嶺崎寛子 二〇一七、「グローバル化を体現する宗教共同体——イスラーム、アフマディーヤ教団」『現代宗教２０１７』国際宗教研究所。

柳川啓一 一九九一、『現代日本人の宗教』法藏館。

Campbell, Heidi ed. 2017, *Religion and the Internet*, Routledge.

Hadden, Jeffrey K. and Douglas E. Cowan eds. 2000, *Religion on the Internet: Research Prospects and Promises*, JAI Press.

シリーズ「いま宗教に向きあう」について

本シリーズは、二〇一〇年代も終わりに近づき、元号も変わるという時に、「私たちはどこからどこへ向かっているのか」を「宗教」という参照点から大局的にとらえたものです。本シリーズには、「現代と宗教」をテーマとするこれまでの論集にはあまり見られない特色があります。

第一に、宗教研究を専門とする執筆者が中心であることです。二〇〇〇年代に入って、J・ハーバーマス、C・テイラーといった著名な社会学者、哲学者等が宗教に関する書を出し、それに触発された議論が国内でも広がりました。しかし、世俗化後の宗教復興、宗教の私事化などは二〇世紀から宗教学者も議論してきたことなのです。その蓄積があまり参照されず、基礎的語彙・認識にも混乱が見られるようになりました。そこで二〇〇〇年以降の事象や諸分野での議論を踏まえつつ、宗教学の蓄積を改めてまとめ、ヴァージョン・アップし、参照されやすい形で提供しようと考えました。各巻の「争点」で、諸分野での議論と宗教学の議論を突き合わせ、論争の見取り図を示すことでバランスを取るようにしたのも、この種の論集にない新機軸です。

第二の特色は、いわゆる「世界の諸宗教」だけでなく、世間で「宗教」と見なされていない個人的な信念や漠然とした宗教的志向性や行為・慣習をも対象に含めている点です。これは宗教現象の多様化を押さえたというだけにとどまりません。従来の「宗教」という言葉が、個人の内面的信仰こそ本質だとするような西洋近代の宗教観を前提としていたことに対して、国内外の研究者の間で反省が進んだことを反映しています。

本シリーズはさまざまな具体的事例を扱いながらも、これらの問題意識を根底に置いているため、大事件のたびに左右されるジャーナリストや著名人による論評とは異なります。宗教を恒常的に観察する者からの情報を盛り込み、事例を大きな歴史的・社会的文脈の中に位置づけ、一般性のある理論で整理することにより、「いま宗教に向きあう」のに必要な耐久性のあるパースペクティブを提案するものです。

ＪＳＰＳ科研費基盤研究（Ｂ）（課題番号２６２８４０１１）の助成による研究の成果が含まれます。

編者

【執筆者】

八木久美子（やぎ くみこ）
1958年生．東京外国語大学教授．イスラーム研究．『慈悲深き神の食卓――イスラムを「食」からみる』(東京外国語大学出版会)，『グローバル化とイスラム――エジプトの「俗人」説教師たち』(世界思想社)など．

嶋田弘之（しまだ ひろゆき）
1980年生．大東文化大学非常勤講師．イスラーム研究，インドネシア研究．「インドネシアイスラーム社会においてムスリムはいかに病気を経験するか――病気経験の〈共同性〉構築についての考察」(『東京大学宗教学年報』第31号)など．

志田雅宏（しだ まさひろ）
1981年生．日本学術振興会特別研究員．ユダヤ学．『書物の民――ユダヤ教における正典・意味・権威』(M.ハルバータル著，翻訳，教文館)，「ナフマニデスのメシアニズム――バルセロナ公開討論からの展開」(『宗教研究』第86巻1号)など．

新免光比呂（しんめん みつひろ）
1959年生．国立民族学博物館准教授．東欧研究．『祈りと祝祭の国――ルーマニアの宗教文化』(淡交社)，『比較宗教への途2 人間の社会と宗教』(保坂俊司・頼住光子・新免光比呂著，北樹出版)など．

井上まどか（いのうえ まどか）
1971年生．清泉女子大学准教授．近現代ロシア宗教史．『ロシア文化の方舟――ソ連崩壊から二〇年』(野中進・三浦清美・V.グレチュコ・井上まどか編，東洋書店)，「現代のロシア正教会における女性像」(『宗教と社会』第18号)など．

宮田義矢（みやた よしや）
1977年生．駒澤大学非常勤講師．中国の民間宗教．「世界紅卍字会の慈善観」『戦争・災害と近代東アジアの民衆宗教』(武内房司編，有志舎)，「山東省の乩壇と地方官僚――済南道院前史」『近代中国の地域像』(山本英史編，山川出版社)など．

古田富建（ふるた とみたて）
1977年生．帝塚山学院大学教授．韓国近現代宗教．「韓国キリスト教系新宗教の祈禱院文化」(『韓国朝鮮の文化と社会』第14号)，「世界平和統一家庭連合(統一教)の天宙清平祈禱苑(清平祈禱院)と日本人信者」(『東京大学宗教学年報』第34号)など．

久保田浩（くぼた ひろし）
1965年生．明治学院大学教授．近現代ドイツ宗教史．『文化接触の創造力』(編集，リトン)，*Religionswissenschaftliche Religiosität und Religionsgründung*(Peter Lang)など．

大澤千恵子（おおさわ ちえこ）
1969年生．東京学芸大学准教授．宗教児童文学．『見えない世界の物語――超越性とファンタジー』(講談社)，「メルヘンと児童文学の女神」『世界女神大事典』(松村一男・森雅子・沖田瑞穂編，原書房)など．

谷内 悠（やち ゆう）
1982年生．東京大学大学院博士課程．宗教哲学．「現代における宗教・科学・フィクションが重なり合う領域の事例と理論的分析」(博士論文)，「宗教はなぜ科学による基礎づけを求めるのか――創造論運動を事例とした分析哲学的考察」(『宗教研究』第88巻1号)など．

大久保教宏（おおくぼ のりひろ）
1964年生．慶應義塾大学教授．ラテンアメリカ宗教史．『プロテスタンティズムとメキシコ革命――市民宗教からインディヘニスモへ』(新教出版社)，『ラテンアメリカ出会いのかたち』(清水透・横山和加子・大久保教宏編著，慶應義塾大学出版会)など．

佐藤清子（さとう せいこ）
1982年生．成城大学非常勤講師．アメリカ宗教史．「19世紀合衆国における回心と「呪術」――チャールズ・G・フィニーの新手法擁護論とその批判を中心として」『「呪術」の呪縛』(江川純一・久保田浩編，リトン)，「信教の自由の下の宗教・宗派間対立――内外キリスト教連合とアンテベラム期合衆国の反カトリシズム」(『史潮』第82号)など．

【責任編集】

藤原聖子

1963年生. 東京大学教授. 比較宗教, 現代宗教論. 『ポスト多文化主義教育が描く宗教――イギリス〈共同体の結束〉政策の功罪』(岩波書店), 『「聖」概念と近代――批判的比較宗教学に向けて』(大正大学出版会)など.

いま宗教に向きあう 3
世俗化後のグローバル宗教事情〈世界編 I〉

2018年11月22日 第1刷発行

編　者　藤原聖子《ふじわらさとこ》

発行者　岡本 厚

発行所　株式会社 岩波書店
〒101-8002 東京都千代田区一ツ橋 2-5-5
電話案内 03-5210-4000
http://www.iwanami.co.jp/

印刷・理想社　カバー・半七印刷　製本・松岳社

ISBN 978-4-00-026509-6　Printed in Japan

いま宗教に向きあう

（全4巻）

池澤 優，藤原聖子，堀江宗正，西村 明 編

四六判・並製カバー・平均280頁・本体各2300円

第1巻 現代日本の宗教事情〈国内編Ⅰ〉

［責任編集］堀江宗正

一　岐路に立つ伝統宗教
二　新宗教の現在
三　現代人のスピリチュアリティ
四　在留外国人と宗教

第2巻 隠される宗教，顕れる宗教〈国内編Ⅱ〉

［責任編集］西村 明

一　「政教分離」のポリティックス
二　宗教の「公益性」をめぐって
三　見えない宗教，見せる宗教

第3巻 世俗化後のグローバル宗教事情〈世界編Ⅰ〉

［責任編集］藤原聖子

一　伝統的宗教の復興／変容
二　新宗教運動・スピリチュアリティの現在
三　グローバル化とダイバーシティ

第4巻 政治化する宗教，宗教化する政治〈世界編Ⅱ〉

［責任編集］池澤 優

一　ナショナリズムと宗教
二　世俗・人権・宗教
三　宗教の公共化

岩波書店刊

定価は表示価格に消費税が加算されます
2018年11月現在